C

Leurs Majestés

Leurs Majestés

Tous droits de traduction et de reproduction réservés pour tous les pays, y compris la Suède, la Norvège, la Hollande et le Danemark.

S'adresser, pour traiter, à la Librairie Paul OLLENDORFF, 50, Chaussée d'Antin, Paris.

XAVIER PAOLI

Ancien Commissaire délégué auprès des Souverains en France.

Leurs Majestés

PRÉFACE DE RENÉ LARA

Cinquième édition

PARIS
Société d'Éditions Littéraires et Artistiques
LIBRAIRIE PAUL OLLENDORFF
50, CHAUSSÉE D'ANTIN, 50

Tous droits réservés.

IL A ÉTÉ TIRÉ A PART

Quinze exemplaires sur papier de Chine numérotés à la presse.

PRÉFACE

— Paoli, où est Paoli ?

J'entends encore, sur le quai de la gare maritime de Calais, la voix sonore et un peu traînante du roi Édouard ; je revois surgissant tout à coup d'un groupe de personnages compassés que le respect tenait à l'écart, un petit homme vif, correct, élégant, alerte. Il était vêtu d'un pantalon noir, d'une redingote noire, dont l'un des revers de soie s'ornait de la rosette de la Légion d'honneur ; un impeccable « huit reflets », légèrement incliné, abritait ses cheveux blancs abondants et légers qui faisaient un piquant contraste avec sa juvénile allure.

Sa mince silhouette évoquait celle d'un diplomate de l'Empire ou d'un gentilhomme toscan. Son visage à l'ovale fin accusait des traits extrêmement mobiles ; son nez mince et droit indiquait un esprit judicieux, la finesse de son sourire et la malice de son regard trahissaient une attention toujours en éveil, un sens d'observation qui saisissait les moindres nuances, scrutait les plus intimes pensées...

Il s'était avancé au-devant du souverain ; il s'inclina sans obséquiosité sur le *shake-hands* royal. Édouard VII lui prit familièrement le bras et ils se dirigèrent vers le train spécial qui attendait sous pression.

Ce petit homme, c'était M. Paoli.

Lorsqu'on s'avisera d'écrire l'histoire de la Troisième République — non pas l'histoire politique qui nous est déjà suffisamment connue, mais l'autre, l'histoire intime, anecdotique et pittoresque, celle qui nous découvre les coulisses du régime et nous apprend les petites causes qui souvent ont produit les grands effets ; lorsqu'on s'avisera d'écrire cette histoire-là, on ne manquera pas d'y consacrer un long chapitre — et ce sera peut-être le plus intéressant — à M. Paoli.

C'est, en effet, une figure unique et curieuse, un personnage « à part », prodigieusement attachant, un peu déconcertant mais extrêmement sympathique, dans le groupe des fonctionnaires français qui ont rendu de réels et de précieux services à leur pays. Son titre officiel était hier encore et fut pendant vingt-cinq années celui de « commissaire spécial des chemins de fer, délégué au ministère de l'Intérieur. » Ce titre assez banal par lui-même, passablement et volontairement obscur, ne nous apprend rien. Mais de même que le proverbe dit : « l'habit ne fait pas le moine », on pourrait ajouter ici que le titre ne désigne pas toujours la fonction... Attaché à la police politique, mais nullement policier d'apparence, M. Paoli eut la triple et délicate mission de surveiller les souverains et les princes étrangers qui, pendant vingt-cinq ans, sont venus incognito en France, de faciliter leurs rapports avec le Gouvernement et de rendre enfin, ainsi que le raconte M. Paoli lui-même, « leur séjour chez nous aussi agréable que possible ». Le « gardien de Rois » comme le surnomma un jour le roi de Grèce, était en même temps doublé d'un fin diplomate ; il personnifia, par le fait, et remplit un emploi qui, malgré son aspect paradoxal, prouva son incontestable utilité : il fut, selon la savoureuse expression d'un chroniqueur célèbre, le Grand Chambellan de la République.

Comment fut-il amené à jouer ce rôle, important et difficile ? Comment s'explique-t-on qu'il eut toutes les qualités nécessaires pour s'en acquitter, comme il l'a fait, avec une habileté, une aisance et un tact également remarquables ? Le psychologue ne manquera pas de répondre qu'il en faut chercher les motifs dans les origines, les débuts, la vie de la personnalité qui nous occupe.

De même que Napoléon auquel il a voué un culte touchant, M. Paoli est originaire de la Corse. Il naquit en 1835 à la Porta, pittoresque petite ville accrochée en nid d'aigle au flanc d'une colline, sur le versant oriental de l'île d'où le regard embrasse la mer, l'île d'Elbe et la côte toscane. Il eut pour ancêtre le célèbre et fougueux général Paoli qui suscita à la fin du siècle dernier une patriotique agitation en Corse ; par sa mère enfin, il descend du maréchal Sébastiani qui fut ambassadeur et ministre des Affaires Étrangères sous le règne de Louis-Philippe.

A peine adolescent, Xavier Paoli s'était, comme tous les Corses, passionné pour la politique. En 1859, un décret de l'empereur Napoléon III, qui estimait beaucoup cette famille honorable et populaire, ayant nommé le jeune Paoli maire de la Porta, celui-ci, ainsi qu'il était d'usage, crut devoir aller présenter à Ajaccio ses hommages au préfet. En l'apercevant, ce haut fonctionnaire ne dissimula point sa surprise :

— Je suis fort aise de faire votre connaissance, jeune homme, lui dit-il, mais je croyais que monsieur votre père serait venu lui-même.

— C'est que mon père est mort depuis quelques années déjà...

— Comment ! ce n'est pas lui qui a été nommé maire de la Porta ?

— Non, monsieur le Préfet, c'est moi.

Il n'avait que vingt-cinq ans.

Élu, deux ans après, conseiller général de son canton, il cumula les deux fonctions, donnant à ses concitoyens le témoignage d'une expérience précoce des affaires administratives, et sachant défendre avec ardeur les intérêts de ses administrés. Toutefois, la politique locale, comme on le sait « ne nourrit pas son homme », surtout lorsqu'on la pratique, comme M. Paoli, avec un complet désintéressement. Le commerce des huiles auquel se livrait la famille Paoli et qui lui assurait une suffisante aisance périclitait depuis que l'on s'en occupait avec moins de persévérance et d'attention. Le jeune Paoli comprit qu'il ne devait pas compter sur sa maison pour faire fortune ; la politique, d'autre part, engloutissait ses modestes revenus. Il résolut donc de modifier l'orientation de sa vie et de quitter l'île où il avait connu une précoce popularité, et où il était estimé et aimé. Ses amis de Paris lui avaient proposé une sous-préfecture, il préféra un simple poste de commissaire de police de 1.800 francs, au grand scandale de sa famille qui estimait qu'en entrant dans la police, il dérogeait...

— Laissez faire, répliquait M. Paoli, je sens que mon avenir est là et j'estime qu'il y a plus de sécurité à passer inaperçu...

Effectivement, lorsque quatre années plus tard, l'Empire tomba, M. Paoli dut à la modestie de ses fonctions de ne point être entraîné dans la chute du régime impérial. Il était à ce moment commissaire de police à la gare de Modane sur la frontière d'Italie. Il sut se rendre si utile au nouveau préfet dont il dépendait que, malgré qu'il s'abstînt comme tant d'autres de faire sa cour au nouveau gouvernement, celui-ci s'empressa de le maintenir dans ses fonctions. La gare de Modane était un merveilleux avant-poste de surveillance et d'observation sur la grande route de l'Europe; princes incognito, hommes d'État en voyage, anarchistes italiens quittant leur pays pour quelque mystérieuse mission, tous y passaient. Aucun d'eux n'échappait à l'œil vigilant de M. Paoli qui, dans ce poste, donna aussitôt la mesure de ses qualités de perspicacité et de tact. On l'envoya à Nice, autre centre cosmopolite où toutes les sociétés se rencontrent et se confondent; on l'appela ensuite à Paris. Ce fut à cette époque et grâce à la reine Victoria que sa mission de « gardien des Rois » se précisa.

*
* *

La République française, en effet, n'était point alors *persona grata* auprès des cours étrangères. Issue de la Commune de 1871, ayant encore sur son bonnet de vagues taches de sang et des allures suspectes, on se méfiait d'elle : on n'osait la recevoir ou la fréquenter. Il fallut pourtant se décider : on ne saurait bouder longtemps le beau pays de France.

Un petit roi sans importance — c'était, je crois, le roi de Wurtemberg — se risqua d'abord chez nous. Ce fut le premier client de M. Paoli.

Lorsqu'enfin la reine d'Angleterre, sur le conseil

de ses médecins, résolut de fuir les rives embrumées de la Tamise pour les jardins ensoleillés de la Côte d'Azur, ce fut encore à M. Paoli que le gouvernement de la République confia le soin de lui faire les honneurs du territoire français et d'assurer sa sécurité durant son séjour parmi nous. Il s'acquitta avec tant de succès de sa tâche délicate qu'il conquit du coup, les sympathies de la vénérable reine ; à tel point qu'elle fit écrire par son ambassadeur au ministre des Affaires Étrangères français que désormais elle ne voudrait plus d'autre fonctionnaire que M. Paoli pour l'accompagner dans ses déplacements en France. Chaque année, elle le retrouva fidèle à son poste, l'attendant soit à Cherbourg, soit à Calais.

M. Paoli devint dès lors le personnage indispensable aux souverains et aux princes qui se mirent à visiter notre pays, indispensable par suite au Gouvernement républicain qui trouvait en M. Paoli un intermédiaire parfait entre lui et eux. Pendant vingt-cinq ans, il pilota successivement à travers nos stations balnéaires, et nos villes d'eaux, quinze empereurs ou rois, une demi-douzaine d'impératrices et de reines et une quantité innombrable de princes du sang, de grands-ducs ou de roitelets exotiques. Il fut de leur intimité, reçut souvent leurs confidences, connut leurs impressions. Pour la plupart d'entre eux qui voyaient paraître ou disparaître continuellement nos ministères, et qui, à chacun de leurs voyages, recevaient l'hommage de personnages nouveaux, il représentait la stabilité, il personnifiait la République qui, en dépit des petites querelles de l'office et des changements de personnel, continuait calme et souriante à recevoir au salon. M. Paoli se créa donc de précieuses amitiés, dont bénéficia la France. « C'est le modèle des fonctionnaires, il a su faire aimer la République aux monarques », s'écriait un jour devant moi, M. Félix Faure. Et je me souviens de cette autre réflexion si piquante du regretté Président le jour où, sortant de l'hôtel de l'impératrice d'Autriche qu'il avait été visiter au Cap Martin, on lui demandait quel avait été l'objet de son entretien avec la souveraine.

— L'Impératrice, Messieurs, ne m'a parlé que de M. Paoli dont elle loue sans réserve la distinction et le tact...

Mais quel hommage plus flatteur que l'invitation qu'il reçut de la reine Victoria d'assister à son jubilé et d'accepter l'hospitalité dans son palais de Buckingham? De même, la famille royale lors des obsèques de la Reine le pria de se joindre à elle pendant la triste solennité et le traita en ami fidèle et dévoué.

Quel plus bel éloge enfin pour le protecteur des souverains que cette réflexion du roi d'Angleterre — alors prince de Galles — à son entourage lorsqu'il essuya à la gare de Bruxelles un coup de feu du jeune anarchiste Sipidot.

— Si Paoli avait été ici, remarqua-t-il, ce gamin aurait été arrêté avant d'avoir pu faire usage de son arme.

M. Paoli, en effet, sut toujours éviter à ses clients de fâcheuses surprises et de dramatiques alertes. Ce fut son art de paraître toujours ignorer qu'il existât même des anarchistes de par le monde tout en les tenant continuellement sous une étroite surveillance. Jamais de violence, jamais de bruit : je crois bien qu'il était populaire même parmi eux et que si grande était l'estime qu'ils éprouvaient pour cet homme juste et bon qu'ils n'eussent voulu pour rien au monde lui causer des... désagréments.

Détail curieux : il n'a jamais porté d'arme sur lui, ce qui stupéfia et inquiéta le roi de Siam lorsqu'il apprit que M. Paoli était chargé de le protéger durant le séjour qu'il fit en France en 1896.

« Où sont vos pistolets et vos poignards ? » lui demandait-il à tout instant.

***

Des augustes sympathies dont il a été honoré, du rôle important qu'il a rempli avec tant de correction et d'intelligence pendant vingt-cinq ans, M. Paoli ne garde nulle vanité. Il est demeuré l'homme affable et simple qu'il a toujours été. Il a beau être le fonctionnaire le plus décoré de France — il possède 42 décorations étrangères — il n'en paraît ni plus fier, ni plus heureux ; son unique joie est de vivre tranquille dans la retraite, parmi ses souvenirs. Il en a tant ! Photographies ; dédicaces, autographes précieux, tous ces témoignages par quoi s'atteste la haute et affectueuse estime que lui gardent les princes, dont il fut le «protecteur» et dont il est resté l'ami, lui constituent une collection unique. M. Paoli, enfin, est le seul Français qui puisse à la fois arborer une épingle de cravate donnée par l'empereur d'Autriche, une montre offerte par le roi de Grèce, une chaîne présentée par la reine Victoria, une canne du roi de Suède, un porte-cigarette de l'empereur de Russie, un porte-allumettes du roi d'Angleterre, une bague du shah de Perse... et j'en passe.

Comme bien on le pense, le « Gardien des Rois » fut fréquemment sollicité d'écrire ses mémoires : on n'a pas été vingt-cinq ans dans l'intimité des souverains sans avoir tout un livre — et même plusieurs volumes — d'impressions et de souvenirs dans le cerveau. Mais précisément parce qu'il avait été le compagnon de voyage et d'excursion de nos illustres hôtes, il se croyait par cela même, tenu à un mutisme absolu.

Les raisonnements ont heureusement triomphé de ces scrupules exagérés ; M. Paoli a compris qu'en relatant ses souvenirs personnels, il apporterait une contribution utile à l'histoire de notre temps, en ce qu'il corrigerait bien des erreurs que l'on y a volontairement ou involontairement glissées sur le compte de certains souverains contemporains.

M. Paoli s'est donc décidé à refaire par écrit, ses nombreux voyages en compagnie des rois, et à revivre ses impressions d'antan. J'ai été heureux d'apporter ma collaboration à cet homme intéressant et charmant, et je souhaite que nos lecteurs passent à lire ses souvenirs des heures aussi agréables que celles que j'ai passées moi-même à l'entendre me les raconter, et à les transcrire.

RENÉ LARA.

INTRODUCTION

MON ROLE AUPRÈS DES SOUVERAINS

« La France, disait volontiers le roi Oscar de Suède, est le paradis des souverains en vacances... »

La prédilection qu'ils éprouvent pour notre pays et qui tient à la diversité de ses climats, à son charme, aux jouissances intellectuelles qu'ils y trouvent, à l'oubli qu'ils y goûtent, impose au Gouvernement français des responsabilités assez délicates. Il doit en effet, se préoccuper de la sécurité de nos hôtes princiers et s'arranger de façon à organiser autour d'eux une constante et vigilante surveillance bien que suffisamment discrète pour leur laisser, lorsqu'ils se rendent « incognito » en France, l'illusion de la liberté, la satisfaction de pouvoir s'affranchir de toute contrainte et de se confondre dans la foule anonyme.

Tel fut pendant vingt-cinq ans l'objet de ma mission.

Dès que, par voie diplomatique, le Gouvernement était avisé de la prochaine arrivée d'un souverain ou d'un prince, mon rôle commençait... Je recevais « une lettre de service » du ministère de l'Intérieur qui m'indiquait à la fois le lieu de villégiature choisi par notre hôte, le titre et le nom sous lesquels il voyageait, le nombre et l'identité des personnes qui devaient l'accompagner, l'heure exacte enfin de l'entrée du train impérial ou royal en territoire français. Muni de ces renseignements, je bouclais aussitôt ma valise et me rendais avec mes secrétaires, soit dans la ville d'eau, soit dans la station balnéaire où le souverain était attendu. Sitôt débarqué, je me mettais en rapport avec le préfet du département, le maire de la commune et le chef de la police locale ; je prenais des renseignement détaillés sur les personnes appelées à fréquenter le royal visiteur, notamment sur les domestiques de l'hôtel où il devait descendre ; j'examinais leurs papiers d'identité et leur faisais subir un interrogatoire minutieux. Je me livrais ensuite à une enquête sur les étrangers habitant la localité : j'étudiais enfin la topographie du pays.

La promenade joue, en effet, un rôle considérable dans la villégiature des souverains. Qu'ils soient jeunes ou âgés, qu'ils viennent du Midi ou du Nord, le tourisme constitue leur sport et leur passe-temps préférés. Dès leur arrivée jusqu'à leur départ, soit à pied, soit en voiture, ils se plaisent à parcourir les routes : ils tiennent à visiter tous les sites et à explorer tous les alentours : un roi à l'étranger est un peu comme l'écolier en vacances : il aime à se griser d'air vif, d'espace et de mouvement.

J'estimais donc fort important de connaître par avance toutes les promenades du pays : je me rendais compte ainsi de celles qui pouvaient présenter quelque danger, soit à cause de leur solitude et des facilités naturelles qu'elles offraient à l'organisation d'un guet-apens, soit encore en raison des individus suspects que l'on y rencontre habituellement. Un souci d'ordre purement esthétique m'incitait également à ces investigations préliminaires. Je savais combien mes augustes... clients appréciaient, au point de vue de leurs distractions, l'avis désintéressé d'une personne connaissant déjà la région. J'avais, d'autre part, la coquetterie de leur dissimuler autant que possible le côté quelque peu obsédant et parfois agaçant de ma mission. Gardien des Rois : je m'appliquais à être leur Baedeker, un Baedeker toujours ouvert à la page qu'ils désiraient consulter...

Lorsque mon enquête sur place était terminée, lorsque les grandes lignes de la discrète surveillance étaient établies et que je n'avais plus rien à apprendre sur les gens et sur les lieux, je partais au-devant de notre hôte; j'allais l'attendre à la gare frontière. Elles s'associent intimement à mes souvenirs ces petites gares souvent perdues en de mornes campagnes, avec leur animation particulière, leur aspect un peu mélancolique, l'atmosphère mystérieuse et inquiétante que notre imagination leur crée... Que de fois n'ai-je pas arpenté leurs quais, épiant là-bas, au bout du long ruban de voies ferrées, l'apparition d'un fanal blanc et d'un panache de fumée.

Sitôt que le train spécial stoppait, on me priait de monter dans le wagon royal. La présentation était rapide, l'accueil, presque toujours aimable et presque toujours l'auguste voyageur me disait en souriant : « Monsieur Paoli, je vous connais déjà... » La glace était rompue; j'avais pris, à partir de ce moment, possession de mes fonctions : fonctions multiples, bien que nullement déterminées. Elles ne se bornaient pas seulement, en effet, comme je l'ai expliqué ailleurs, à exercer une surveillance continuelle autour de la personne royale dont nous avions assumé la protection ; elles se résumaient surtout dans cette formule vague : « rendre à notre hôte son séjour en France aussi agréable que possible afin qu'il emporte de notre pays la meilleure impression... » Je n'ai pas besoin d'insister sur l'intérêt politique de ce mandat.

Je commençais donc à m'enquérir, auprès des personnes de la suite royale des habitudes et des goûts du souverain, voire de ses particularités, de ses préférences. Je m'efforçais de prévenir ses désirs, de lui épargner les mille petites tracasseries auxquelles un voyageur, fût-il un roi, ne peut se soustraire. Je m'ingéniais aussi à écarter les importuns, les solliciteurs — et ils sont légion — qui se faufilent toujours sur le chemin d'un chef d'État.

Dès que nous parvenions à destination, les agents de mon service que j'avais fait poster à la gare, d'un coup d'œil me rassuraient ou d'un mot hâtif glissé à l'oreille m'avertissaient d'un danger éventuel. Aussi m'est-il souvent arrivé au dernier moment, et sans qu'il n'en sût jamais le motif, de prier respectueusement, mais résolument, notre hôte de modifier son itinéraire ou bien encore d'ordonner au cocher de la voiture de prendre un autre chemin que celui qu'il devait suivre.

Une fois installé à l'hôtel, je recevais chaque jour par télégraphe des renseignements de nos commissaires spéciaux de province : tantôt ils me signalaient le passage dans leur département d'un anarchiste dangereux qui imprudemment avait tenu des propos menaçants sur notre visiteur royal ; tantôt ils m'annonçaient la brusque disparition d'étrangers suspects ; tantôt ils me prévenaient de l'arrivée prochaine de quelque individu mal intentionné. Je prenais des mesures en conséquence et je transmettais des indications personnelles à la police et à la gendarmerie de la région. Chaque soir, j'adressais au ministère de l'Intérieur un rapport chiffré dans lequel je consignais les moindres incidents de la journée. Les rapports étaient fréquemment envoyés au président de la République, qui, grâce à ce moyen, était tenu au courant des impressions de notre hôte; parfois à propos d'un désir que celui-ci avait exprimé ou pour le règlement d'une question protocolaire qui ne nécessitait pas d'intervention officielle, j'étais appelé à être l'intermédiaire officieux entre le Gouvernement et le souverain, de telle sorte que les choses s'arrangeaient sans que l'appareil trop solennel de la diplomatie eût à s'en mêler.

Comme on le voit, mes fonctions étaient multiples. Je dois reconnaître que l'activité incessante qu'elles m'obligèrent à déployer fut largement compensée par l'intérêt des souvenirs qu'elles m'ont laissés. J'ai vécu pendant vingt-cinq ans dans une galerie de souverains; j'ai eu l'occasion de les surprendre et de les observer dans l'intimité de leur vie familiale.

Ce sont les impressions que j'ai recueillies pendant ce quart de siècle que j'ai voulu transcrire ici.

XAVIER PAOLI.

LEURS MAJESTÉS

I

L'IMPÉRATRICE ÉLISABETH D'AUTRICHE

Si j'évoque tout d'abord l'image infiniment troublante et mélancolique de l'impératrice Élisabeth d'Autriche, c'est qu'elle offre parmi toutes les Majestés Royales ou Impériales auxquelles j'ai eu l'honneur d'être attaché pendant leurs divers séjours en France un exemple particulier, tant dans sa vie qui fut un roman, que par sa mort qui fut une tragédie.

C'était une âme douloureuse et singulière et elle a disparu brusquement comme dans une épouvante. Auréolée de la poésie du malheur, elle plane sur mes souvenirs et en prenant la plume c'est tout de suite à elle que je pense...

La première fois que je la vis, ce fut à Genève ; et je ne puis me rappeler ce détail sans émotion, puisque c'est à Genève qu'elle devait mourir assassinée. Donc vers le commencement du mois de septembre de l'année 1895, le Gouvernement français avait été avisé par la Chancellerie de Vienne que l'Impératrice allait se rendre à Aix-les-Bains en Savoie ; elle venait de son château de Miramar par la voie d'Italie et de Suisse et comme il était d'usage, j'avais reçu du ministère de l'Intérieur ma fameuse « lettre de service » m'enjoignant d'aller chercher la souveraine à la gare internationale de Genève. Elle était ainsi libellée :

MINISTÈRE
DE
L'INTÉRIEUR

RÉPUBLIQUE FRANÇAISE

Paris, le 29 août 1895.

Le Directeur de la Sûreté Générale à Monsieur Paoli, commissaire spécial attaché à la Direction de la Sûreté Générale.

« J'ai l'honneur de vous faire connaître que S. M. l'Impératrice d'Autriche, Reine de Hongrie, voyageant dans le plus strict incognito sous le nom de *comtesse Hohenembs* et se rendant à Aix-les-Bains arrivera à la gare de Genève le 10 septembre 1895 à 8 h. 45 du matin.
La suite impériale se composera des personnes suivantes :
1° Madame la comtesse Irma Sztaray, dame d'honneur ;
2° Son Excellence le Major Général de Berzeviczy (« Oberstabelmeister », grand maître des tournois) ;
3° M. Marinaki, lecteur grec ;
4° M. Chevalier de Feifalick, secrétaire;
5° Mademoiselle de Meissel, femme de chambre ;
6° Madame de Feifalick, coiffeuse;
7° Cinq domestiques.
Le gros des bagages impériaux comprenant soixante-trois colis sera confié au valet de chambre Melchior Marz qui, muni d'un passe-port et d'un laissez-passer délivré par l'Ambassade de France à Vienne précédera de quelques heures Sa Majesté. Je vous donne mission d'assurer le service de Sa Majesté pendant son séjour sur le territoire

français, et de prendre toutes les mesures propres à cet effet, de veiller également à ce que son incognito soit scrupuleusement respecté ».

Le Directeur de la Sûreté Générale.

J'avoue qu'en prenant le train j'éprouvais un vif sentiment de curiosité à l'idée que j'allais me trouver en présence de Celle que les Autrichiens surnommaient « l'Impératrice Errante » et autour de laquelle flottait déjà une atmosphère de légende. On m'avait conté de nombreux épisodes plus ou moins véridiques de sa vie inquiète et romanesque ; on m'avait dit qu'elle parlait peu, qu'elle souriait rarement et semblait toujours poursuivre un rêve lointain...

Ma première impression, lorsque je la vis descendre de son wagon sur le quai de la gare de Genève, fut pourtant très différente de celle que j'étais préparé à recevoir. L'Impératrice avait alors cinquante-huit ans. Elle paraissait une jeune fille, elle en avait la silhouette, la légèreté et la grâce.

Grande, élancée, avec un peu de raideur dans le maintien, elle avait un visage assez coloré, des yeux sombres et profonds extraordinairement lumineux, d'abondants cheveux châtains. Je constatai dans la suite qu'elle devait ce teint animé aux continuelles et longues marches qu'elle accomplissait chaque jour.

Elle portait une élégante toilette « tailleur » entièrement noire qui accusait la finesse de sa taille : une taille de guêpe. Elle en eut, du reste, toujours la coquetterie un peu naïve et dont elle ne se cachait pas : elle se pesait chaque jour... Je fus frappé aussi de la petitesse de ses mains, du timbre musical de sa voix, de la pureté avec laquelle elle s'exprimait en français bien qu'elle eût des intonations légèrement gutturales.

Une déception pourtant m'attendait : son accueil fut glacial. Quelque expérience que j'eusse acquise dans l'exercice de mes fonctions spéciales dont j'étais chargé, je n'en demeurais pas moins déconcerté. Mon malaise ne fit qu'augmenter lorsqu'arrivé à Aix-les-Bains, le général Berzeviczy, chambellan de l'Impératrice, à qui j'avais demandé un entretien afin de m'entendre avec lui sur l'organisation de mon service, me répondit sèchement :

— Nous n'avons besoin de personne.

Nous n'avons besoin de personne... C'était là, sans doute, une façon de congé en règle, une invitation aussi claire que brève à reprendre le train pour Paris. Ma situation devenait singulièrement embarrassante. Investi d'une mission de confiance, je commençais par inspirer de la méfiance à ceux précisément auxquels cette mission s'adressait ; chargé de surveiller, d'éloigner les « suspects », il se trouvait que c'était moi qui étais le plus suspecté !

Je résolus pourtant de ne point me laisser éconduire. J'organisai mon service à l'insu de nos hôtes. Chaque matin, je retournai voir le général Berzeviczy. Évitant toute allusion au véritable objet de ma visite, je m'attachais à décourager sa froideur. Le général était au demeurant un très aimable homme et un causeur charmant. Je lui contais donc la chronique du jour, les nouvelles de Paris, les « potins d'Aix ». Je conseillais des excursions, j'indiquais les curiosités à voir, je remplissais consciencieusement mon rôle de Baedeker... Et quand négligemment, j'interrogeais le général sur les intentions de l'Impératrice concernant l'emploi de sa journée, il s'oubliait jusqu'à me les confier : c'était tout ce que je voulais savoir.

Au bout d'une semaine, nous étions devenus les meilleurs amis du monde : l'Impératrice avait daigné se montrer sensible à l'attention que j'avais eue de faire déposer chaque jour des journaux et des revues sur sa table. Elle s'habituait peu à peu à me voir surgir juste à temps pour prévenir ses désirs... La partie était gagnée. Lorsque plus tard, curieux de connaître les causes de ce que m'avait semblé être un malentendu, je demandai un jour au général Berzeviczy de m'expliquer les motifs de son déconcertant accueil :

— Tout simplement, me répondit-il, parce qu'à l'étranger l'on nous envoie généralement des fonctionnaires qui, sous prétexte de nous protéger, nous terrorisent ! Ils nous apparaissent comme le spectre de Banquo ; la figure triste, l'œil inquiet : ils voient des assassins partout, ils empoisonnent nos vacances. Voilà pourquoi vous nous fûtes d'abord si suspect.

— Et maintenant ?

— Maintenant, reprit-il en souriant, l'expérience est faite. Vous avez heureusement rompu avec la fâcheuse tradition. Avec vous, nous oublions le fonctionnaire et nous gardons l'ami.

*
* *

J'ai eu en effet, au cours des quatre séjours que l'Impératrice fit en France de 1895 à 1898, l'occasion d'étudier dans l'intimité de sa vie quotidienne, cette petite cour errante, que dominait la figure si mélancolique et si troublante de la souveraine.

L'Impératrice menait une vie active et solitaire. Levée

hiver comme été à cinq heures, elle commençait par se plonger dans un bain tiède d'eau distillée suivi d'un massage électrique, après quoi, même s'il faisait encore nuit, elle sortait sans prévenir son entourage.

Vêtue d'une robe de lainage noir tellement simple qu'une bourgeoise un peu cossue ne s'en fût pas contentée, chaussée de bottines à lacets, coiffée tantôt d'une mantille qui lui enveloppait la tête, tantôt d'un chapeau de paille également garni de noir, elle parcourait d'un pas rapide soit les allées du jardin, soit, en cas de pluie, les longues galeries sur lesquelles s'ouvrent habituellement les « Halls » d'hôtels.

Parfois elle s'aventurait sur les routes, cherchait un beau site — de préférence une pointe de rocher — où elle s'attardait à contempler le lever de l'aurore.

A sept heures, elle était de retour, déjeunait légèrement d'une tasse de thé avec un seul biscuit. Elle disparaissait ensuite dans ses appartements et consacrait deux heures à sa toilette.

A onze heures, second repas. Il se composait d'une tasse de bouillon, d'un œuf et d'un verre ou deux de jus de viande qu'un appareil spécial qui la suivait dans ses voyages, extrayait chaque matin de plusieurs kilogrammes de filet de bœuf. Elle goûtait également à des mets légers et marquait une prédilection pour les friandises.

Sitôt après le déjeuner, elle repartait accompagnée cette fois de son lecteur grec.

Le lecteur grec était un personnage d'importance : il faisait partie de tous les voyages. Choisi parmi les jeunes érudits de l'Université d'Athènes et souvent désigné par le Gouvernement hellène, il était remplacé chaque année. J'en connus pour ma part trois. Leurs fonctions consistaient à causer avec l'Impératrice en langue grecque, moderne et ancienne, qu'elle parlait avec une égale facilité.

Cette fantaisie pouvait paraître bizarre : elle s'expliquait dès que l'on connaissait mieux la mentalité de la souveraine.

Poursuivie par la hantise continuelle d'un passé douloureux, romanesque de tempérament, poétique d'instinct, elle s'était réfugiée dans la littérature et dans les arts. La Grèce personnifiait à son imagination la terre de Beauté que son rêve évoquait sans cesse ; elle aimait l'antiquité avec passion, elle aimait ses artistes et ses poètes ; elle voulait pouvoir en tout lieu, à toute heure, lorsque l'obsession des mélancoliques souvenirs devenait par trop intense, échapper à ses fantômes impitoyables et isoler en quelque sorte sa pensée de la réalité. La conversation du jeune savant grec, lui facilitait cet effort; dans les décors changeants et pittoresques que recherchait son esthétique, elle se faisait accompagner d'Homère et de Platon, et ainsi la joie des yeux s'unissait pour elle aux plus délicates satisfactions de l'esprit.

Le lecteur grec était donc le plus fidèle compagnon de toutes ses promenades de l'après-midi qui se prolongeaient jusqu'au crépuscule et où il arrivait à l'Impératrice de faire couramment de vingt à trente kilomètres à pied. Vêtue comme le matin, invariablement de noir, elle emportait, quel que fût le temps, un « en-cas » et un éventail. S'étant obstinément refusée depuis vingt ans à se laisser photographier, elle craignait l'indiscrétion professionnelle des photographes amateurs; aussi, dès qu'elle apercevait un « kodak » braqué dans sa direction, vivement, elle déployait son éventail de plumes noires et voilait avec pudeur ses traits, laissant au-dessus des plumes uniquement apparaître, immenses et inoubliables, ses larges yeux qui avaient conservé leur splendeur et leur flamme de jadis.

Le jeune Grec n'avait pas seulement pour mission de causer avec la souveraine pendant ses promenades. Parfois ce lecteur lisait... Toujours muni d'un livre qu'elle lui avait d'avance désigné, il lui en lisait quelques chapitres pendant les haltes au bord des chemins, au sommet des montagnes ou sur les grèves désertes; il y joignit plus tard le dossier quotidien des coupures de revues et de journaux que je préparais à l'intention de Sa Majesté, sachant l'intérêt qu'elle prenait aux événements de l'actualité courante.

Il emportait également un vêtement sombre : c'était une jupe.

L'Impératrice en effet, avait l'habitude au cours de ses longues marches de troquer la jupe qu'elle avait revêtue avant de sortir, contre une autre, d'étoffe plus légère.

Question de commodité et d'hygiène. Le petit changement de toilette s'opérait le plus simplement du monde. Elle disparaissait derrière un rocher ou derrière un arbre tandis que le lecteur accoutumé à ce manège rapide et discret, attendait sur la route en ayant soin de regarder d'un autre côté... L'Impératrice lui tendait la jupe qu'elle venait de quitter, et la promenade continuait.

Rentrée à l'hôtel, elle dînait frugalement, parfois même d'un bol de lait glacé, d'œufs crus arrosés d'un verre de Tokay : régime presque barbare, auquel elle s'était astreinte afin de conserver cette sveltesse de taille à laquelle elle tenait tant !

Elle prenait tous ses repas seule, dans un salon particulier et passait rarement la soirée avec sa suite. On ne la voyait presque jamais ; parfois la dame d'honneur, demeurait des jours entiers sans l'apercevoir. En désespoir de cause, elle s'adressait tantôt au lecteur grec, tantôt à moi, et nous abordait avec cette question piquante :

— Comment se porte l'Impératrice ?

.˙.

De ses diverses villégiatures en France, celle qu'elle affectionna le plus, fut incontestablement le Cap Martin près de Monaco où elle se rendit pendant trois années successives. La douceur de son climat, la sauvage beauté de ses sites, la splendeur de sa luxuriante végétation et le poétique recueillement de ses bois de pins et d'orangers lui rappelaient à la fois son domaine d'Achilleon dans l'île de Corfou et son château de Miramar sur les bords de l'Adriatique. Elle y était chez elle plus que partout ailleurs et elle s'y était créée une installation charmante. Elle avait choisi en effet pour résidence l'immense hôtel qui s'élève à l'extrémité du promontoire, parmi les grands pins, les champs de romarins, les bosquets d'arbousiers et de myrtes. L'édifice destiné aux séjours princiers et aux villégiatures de milliardaires tenait autant du palais que du monastère.

Ouvert au voyageur depuis un an à peine, cet hôtel était encore fort peu connu à l'époque où l'Impératrice y vint chercher la solitude et le repos. Il lui avait été recommandé par l'impératrice Eugénie qui y était descendue pendant que l'on construisait sa villa Cyrnos ; le malheureux tzarevitch Georges déjà atteint du mal dont il devait mourir, y avait également fait un court séjour.

L'impératrice Elisabeth occupait le rez-de-chaussée, dans l'aile droite. Son appartement se composait de six pièces desservies par un couloir qu'une lourde portière en velours rouge séparait du hall public. Elles s'ouvraient sur une terrasse d'où le regard embrassait le merveilleux panorama qui se développe depuis les pittoresques maisons étagées sur la péninsule de Monaco jusqu'à la pointe verdoyante de Bordhigera semée de claires villas. Au delà de la ligne lumineuse de la côte et de son rempart de rochers, l'immensité de la mer étendait sa nappe bleue que baignait un radieux soleil et sur laquelle continuellement fuyaient des voiles blanches. L'Impératrice s'attardait volontiers à les suivre du regard jusqu'à ce qu'elles eussent disparu derrière l'horizon.

L'ameublement des appartements impériaux était extrêmement sobre, mais d'une sobriété qui n'excluait pas l'élégance la plus raffinée. Les meubles étaient pour la plupart de style anglais. Dans la chambre de la souveraine, nul aménagement spécial. C'était la chambre d'hôtel traditionnelle avec le lit de cuivre doré surmonté d'une moustiquaire, la table de toilette en acajou et quelques eaux-fortes appendues au mur. Par contre, l'administration de l'hôtel avait, à sa demande, fait poser à côté du lit plusieurs jeux de sonnettes électriques désignées par les couleurs blanche, jaune, verte ou bleue, qui lui permettaient d'appeler la personne de sa suite dont elle requérait la présence sans être obligée d'en déranger quelque autre.

Elle était d'ailleurs des plus faciles à servir : elle ne s'adressait qu'avec la plus exquise politesse aux domestiques étrangers lorsque par hasard elle avait quelque chose à leur demander. Le cas était rare, car son service était exclusivement fait par ses deux femmes de chambre.

Bien qu'elle ne fût point exigeante, elle poussait jusqu'à la dernière rigueur le souci de la propreté ; elle ne pouvait en particulier souffrir, même pour les usages de sa toilette, que l'eau lui fût apportée autrement que dans des carafes à bouchon de cristal. Sa simplicité, il est vrai, provenait moins d'un goût inné que d'une sévère discipline exercée sur ses habitudes. Ainsi jamais elle ne dormait sur un matelas ; le sommier lui suffisait ; et pourtant voilà qui s'accordait bien peu avec l'aristocratique finesse de sa personne !

En dehors du rez-de-chaussée, il était encore une pièce qui, durant ses séjours, lui était réservée chaque dimanche : la salle de billard.

La salle de billard était, ce jour-là, transformée en chapelle. Lorsqu'en effet, l'Impératrice vint pour la première fois à l'hôtel de Cap Martin, elle s'enquit d'une église, car elle était fort pieuse. Il ne s'en trouvait point dans le voisinage ; il fallait aller pour assister au service religeux, jusqu'au village de Roquebrune dont dépend le Cap Martin. L'Impératrice décida alors que l'on improviserait une chapelle dans l'hôtel même ; elle désigna à cet effet la salle de billard où elle pouvait se rendre sans éveiller l'attention. Mais les rites de l'Église exigent que toute pièce où se célèbre le culte soit au préalable consacrée : or seul l'archevêque du diocèse a qualité pour procéder à cette consécration. Une pareille cérémonie dans un hôtel, dans une salle de billard eût été quelque peu embarrassante. On tourna la difficulté d'une façon inattendue et curieuse. Il existe une antique règle d'après laquelle les grands dignitaires de l'ordre religieux de Malte jouissent du privilège de consacrer toute pièce où ils laissent tomber leur manteau. On se souvint que le général Berzeviczy, chambellan de l'Impératrice occupait l'un des grades les plus élevés dans la chevalerie de Malte. On le pria donc de laisser tomber son manteau dans la salle de billard... Depuis lors, tous les dimanches matin, le valet de chambre de la souveraine déployait un autel portatif devant la grande cheminée de chêne : il disposait des chaises dorées alentour, et le vieux curé de Roquebrune venait y célébrer la messe, suivi d'un petit enfant de chœur à qui une dame d'honneur remettait lorsqu'il s'en retournait, une belle pièce d'or...

L'Impératrice était en effet d'une générosité extrême et cette générosité revêtait les formes les plus délicates. Elle, si triste, voulait qu'il n'y eut autour d'elle que des visages heureux. Aussi bien, elle distribuait toujours de larges gratifications à ceux qui la servaient et secourait tous les malheureux de la contrée. Dès qu'elle apercevait, au cours de ses promenades, quelque humble maisonnette perdue dans la montagne parmi les oliviers, elle y pénétrait, interrogeait les paysans, prenait sur ses genoux les petits enfants et comme elle craignait qu'une somme d'argent brusquement offerte ne froissât ceux qu'elle voulait obliger, elle usait de charmants subterfuges. Elle demandait à goûter leurs fruits qu'elle payait royalement... ou bien elle leur achetait plusieurs litres de lait, quelques douzaines d'œufs qu'elle les priait de lui apporter le

L'IMPÉRATRICE ÉLISABETH A TRENTE ANS

lendemain à l'hôtel. Ces braves gens ignoraient la qualité de leur cliente ; ils la prenaient pour quelque riche étrangère qui avait eu des chagrins et qui était compatissante aux misères des autres : et souvent à l'aube naissante quelques-uns d'entre eux descendaient de la montagne avec des bouquets de fleurs sauvages qu'ils remettaient au portier de l'hôtel pour la « dame en noir ».

Elle avait fini naturellement par connaître toutes les promenades du Cap Martin et de ses environs. Elle partait chaque jour, selon son habitude, escortée de son fidèle compagnon de marche, le lecteur grec. Tantôt elle parcourait les rochers de la côte, tantôt elle s'en allait à travers les bois, tantôt elle gravissait les monts escarpés, grimpant jusqu'aux « chèvres » comme disent les pâtres...

Elle n'indiquait jamais le but de ses excursions, ce qui m'ennuyait fort, bien que j'eusse fait explorer d'avance toute la région. Mais comment la surveiller ?

— Tranquillisez-vous, mon cher monsieur Paoli, me disait-elle, en riant, il ne m'arrivera rien, que voulez-vous qu'on fasse à une pauvre femme ? D'ailleurs, nous ne sommes rien de plus qu'une fleur de pavot ou une vague...

Toutefois, je n'étais point tranquille, d'autant qu'elle refusait obstinément qu'un de mes hommes la suivit, même de loin. Un soir pourtant, ayant appris que des terrassiers italiens qui travaillaient sur la route de Menton avaient tenu des propos assez menaçants sur les souverains qui fréquentent le pays, je priai l'Impératrice de bien vouloir éviter de diriger ses pas de ce côté. Mal m'en prit.

— Encore vos craintes, me répondit-elle ; je vous

répète que je n'ai pas peur d'eux... et je ne vous promets rien !

J'étais fixé ; je doublai la surveillance et me décidai à envoyer sur la route de Menton, un de mes agents corses solidement armé, grimé, et vêtu d'un accoutrement de terrassier avec mission de se mêler aux Italiens qui cassaient des pierres. Il s'était, en conséquence, affublé d'un bourgeron, d'un pantalon de velours, et fait « une tête » qui le rendait méconnaissable. Parlant couramment l'italien, il dépista tout soupçon chez ses compagnons qui le prirent pour un compatriote nouvellement embauché.

Il était là, l'œil au guet, l'oreille tendue, tout en s'efforçant de son mieux à casser des pierres, lorsque soudain une silhouette qu'il reconnut aussitôt, apparut au tournant de la route. La nuit commençait à tomber : l'Impératrice accompagnée de son lecteur rentrait au Cap Martin. Penché sur son tas de pierres, le faux terrassier attendait un peu anxieux. Lorsqu'elle fut à la hauteur de son groupe, elle s'arrêta, hésita un instant, puis l'avisant — sans doute parce qu'il était le plus vieux — elle s'avança vers lui et doucement lui dit :

— C'est un dur métier que vous faites là, mon brave homme ?

N'osant lever la tête il balbutia quelques mots en italien.

— Vous ne parlez pas français ?
— *No, Signora.*
— Vous avez des enfants ?
— *Si, Signora.*
— Alors, voici pour eux — elle lui glissa un louis dans la main — et vous leur direz que c'est de la part d'une dame qui aime beaucoup les enfants...

Et l'Impératrice s'éloigna.

Le soir même, m'apercevant à l'hôtel, elle vint à moi les yeux rieurs :

— Eh bien, Monsieur Paoli, grondez-moi ? Je vous ai désobéi. J'ai été sur la route de Menton. J'ai causé avec un terrassier et, vous voyez, je suis encore vivante !

Je n'osai jamais lui avouer que le brave homme de terrassier était un de mes inspecteurs corses !

Parfois elle s'aventurait au delà du rayon de ses promenades habituelles. C'est ainsi qu'un après-midi elle me fit appeler au retour d'une excursion matinale :

— Monsieur Paoli, vous allez être aujourd'hui mon cavalier. Vous allez m'amener au casino de Monte-Carlo que je ne connais pas. Il faut qu'une fois dans ma vie, je sache ce qu'est une salle de jeux...

Nous voici partis : l'Impératrice, la comtesse Sztaray, sa dame d'honneur et moi. Il était décidé que nous prendrions le train. Nous montons dans un compartiment de première classe, où deux dames anglaises sont déjà installées. L'Impératrice très amusée de son incognito, s'assoit à côté d'elles. Arrivée à Monte-Carlo, elle veut se rendre de suite au casino. Nous pénétrons dans la salle de la roulette. L'auguste visiteuse, qui s'est glissée parmi la foule des joueurs penchés autour d'une table, suit les coups, étonnée et ravie comme un enfant devant un joujou nouveau. Soudain elle tire 5 francs de son réticule.

— Voyons si j'ai de la chance, nous dit-elle. Je crois au numéro 33.

Elle dépose l'écu d'argent sur le numéro 33 plein. Au premier tour elle perd ; elle recommence, perd encore. La troisième fois enfin le 33 sort. Le croupier avec son rateau lui passe 175 francs qu'elle ramasse. Puis se tournant joyeusement vers nous :

— Allons-nous-en bien vite, s'écrie-t-elle, je n'ai jamais gagné autant d'argent !

Et elle nous entraîne hors du casino...

Chaque fois qu'elle se rendait à Monte-Carlo, elle ne manquait jamais d'aller goûter chez Rumpelmayer le célèbre pâtissier viennois : car elle adorait, comme je l'ai déjà dit, les « délicatessen » et les petits gâteaux. Les Rumpelmayer de Menton, de Nice et de Monte-Carlo n'ignoraient pas, bien entendu, la qualité de leur fidèle cliente, mais elle les avait priés de ne point trahir son incognito. Lorsqu'il y avait du monde dans le magasin, elle s'asseyait à une petite table près du comptoir et nul se serait douté que cette dame en noir, si gracieuse et si simple, qui causait familièrement avec la caissière et les demoiselles vendeuses, n'était autre que l'impératrice d'Autriche, reine de Hongrie !

D'autres fois, elle s'aventurait sur la jolie route de Beaulieu, bordée de villas dont les jardins fleuris étaient pour elle un sujet de perpétuel enchantement. Elle y était presque toujours suivie de ces petits Italiens aux cheveux bouclés qui vendent des statuettes de plâtre. Ils avaient le don d'apitoyer son âme compatissante.

— Ils sont malheureux avant l'âge, expliquait-elle, comme pour s'excuser ; pourquoi ne pas leur donner un peu de joie, quand cela coûte si peu ?

Et elle achetait régulièrement toute leur marchandise. Les petits Italiens étaient naturellement ravis de cette aubaine, d'autant, que l'Impératrice leur laissait les statuettes qu'ils s'empressaient de revendre...

Elle allait souvent aussi jusqu'à Nice. Néanmoins

elle préférait aux routes fréquentées, les chemins abruptes et solitaires qui grimpaient sur les hauteurs.

Il y a précisément derrière Monte-Carlo une montagne de rocs extrèmement escarpée : elle est couronnée par un fort très important : celui de Mont-Agel.

Il commande la longue chaîne des Alpes ; on y parvient par une route de onze kilomètres établie par le génie militaire, et l'on y découvre une vue splendide sur les montagnes et sur la mer.

Un jour l'Impératrice me dit :

— Pourrait-on visiter ce fort ? Je veux y aller ; faites le nécessaire, nous y monterons après-demain.

La visite du fort était interdite au public. Je préviens donc le général Gebhardt, alors gouverneur de Nice, du désir de la souveraine. Le général, soucieux de se montrer courtois, non seulement s'empresse d'accorder l'autorisation demandée, mais envoie au capitaine Giacobbi, commandant le fort, l'ordre de guetter l'Impératrice afin de lui faire les honneurs du lieu. Mais il advint que l'Impératrice oublia son projet ce qui lui arrivait assez fréquemment.

Cependant le pauvre capitaine n'osait plus quitter son fort, s'attendant toujours à la voir paraître. Les jours s'écoulaient, les semaines passaient. Sa femme et ses enfants qui habitaient Nice se lamentaient de son absence prolongée. Au bout de deux mois, n'y tenant plus, il m'écrivit ses doléances. Je pris alors le parti de conter la chose à l'Impératrice. Désolée, elle en informa l'Empereur qui se trouvait précisément au Cap Martin. Celui-ci pria aussitôt le général Gebhardt de lever la consigne du capitaine, auquel il envoya en guise de dédommagement la Croix de François-Joseph.

II

François-Joseph vint, à trois reprises, rejoindre l'Impératrice durant ses séjours au Cap Martin. Cet événement créait bien entendu une diversion à la monotonie de nos villégiatures. Bien qu'il voyageât incognito sous le nom du « comte Hohenembs », il était accompagné d'une assez nombreuse suite dont la présence apportait une grande animation dans notre petite colonie.

François-Joseph passait généralement une quinzaine de jours auprès de sa femme. J'eus ainsi occasion de constater, en dépit des racontars dont certaines feuilles se sont faites le complaisant écho, la touchante affection qu'ils se témoignaient mutuellement. Rien de plus simple et de plus charmant que leurs rencontres. Dès que le train impérial stoppait dans la gare de Menton où l'Impératrice venait l'attendre avec sa suite, à laquelle se joignaient le consul d'Autriche à Menton, le préfet des Alpes-Maritimes, le maire de Menton et moi, l'Empereur dont la fine et haute silhouette apparaissait dans l'encadrement d'une portière, sautait lestement sur le quai et se précipitait, tête nue, au-devant de la souveraine qu'il embrassait sur les deux joues. Son visage expressif, encadré de favoris blancs, s'éclairait d'un bon sourire : il mettait gentiment le bras de l'Impératrice sous le sien, et adressait à chacun de nous, avec une exquise affabilité, de gracieuses paroles.

Pendant la villégiature de l'Empereur, l'Impératrice sortait un peu de son farouche isolement. Ils se promenaient tantôt à pied, tantôt en voiture : ils recevaient les princes de passage sur la Côte d'Azur, notamment le prince de Galles, l'archiduc Renier, le tzaréwitch, le prince de Monaco, le roi et la reine de Saxe, le grand-duc Michel Michailowitch. Parfois ils allaient soit chez la reine d'Angleterre, alors installée à Nice, soit chez l'impératrice Eugénie, leur voisine. C'était comme une réduction de la Cour de Vienne, transportée au Cap Martin.

François-Joseph, toujours fidèle à ses habitudes, se levait à cinq heures du matin, pour travailler avec ses secrétaires. Il s'interrompait à six et demie — le temps de prendre une tasse de café au lait — et s'enfermait de nouveau dans son cabinet de travail jusqu'à dix heures. Le télégraphe fonctionnait pour ainsi dire continuellement avec Vienne : j'ai compté jusqu'à 80 dépêches reçues et transmises dans l'espace d'une matinée ! De dix heures à midi, l'Empereur parcourait lentement les allées du parc avec l'Impératrice. On eut dit de loin un couple en voyage de noces, tant ils semblaient jeunes tous deux. ... Elle, souple, fine, fragile ; Lui, mince, vif, élégant, ayant conservé sa tournure de lieutenant de cavalerie qu'accusaient encore la coupe de son complet bleu et la manière dont il campait, légèrement incliné sur l'oreille, son chapeau de feutre noir.

L'Impératrice déjeunait souvent seule à cause de son régime : elle dînait, par contre, assez fréquemment à la table impériale. Les dîners étaient empreints d'une certaine solennité. L'Empereur et les personnages de sa suite y assistaient en habit avec décorations et les femmes en toilettes décolletées. François-Joseph ne buvait que de la bière brune et après le repas allumait une cigarette au bout d'un fume-cigarette en papier, qu'il jetait ensuite. A l'issue du dîner, les souverains « formaient le cercle » pendant quelques instants, puis se retiraient dans leurs appartements. Les deux suites, par contre, s'attardaient à causer : et dans ce décor cosmopolite, dans le cadre du hall de l'hôtel, surgissait comme une évocation des antichambres impériales de Schœnbrunn ou bien encore celle d'une cour en exil. Des groupes se formaient autour des guéridons en osier et des « rocking-chairs » : ici le prince de Lichtenstein, grand-écuyer, et le comte Paar, aide de camp général, devisaient gaiement avec la toute gracieuse baronne Miczi Sennyey, une des plus jolies femmes de la Cour de Vienne. Plus loin, le général Berzeviczy causait avec le docteur Kerzl, médecin de l'Empereur et non loin d'eux la comtesse Emsidel bavardait avec le chevalier Claudi, directeur des voyages, le baron Weber Von Ebenhoff et le baron Braun, secrétaires particuliers de l'Empereur.

François-Joseph recevait assez fréquemment à sa table le général Gebhardt, gouverneur de Nice, et manifestait un vif intérêt pour les choses militaires. Aussi, lorsqu'il rendit au président Félix Faure à Menton, la visite que celui-ci était venu lui faire au Cap Martin, voulut-il passer en revue le régiment de cuirassiers que le Gouvernement avait fait venir de Lyon.

J'eus également l'idée, lors de son séjour dans le Midi au printemps de 1896, de lui procurer l'occasion d'assister à une « petite guerre » organisée sur les hauteurs de Roquebrune par le 27e bataillon de chasseurs alpins.

La manœuvre se déroula un matin à l'aurore dans

le merveilleux cercle de collines couvertes d'oliviers et couronné par les cimes blanches des Alpes.

Pendant deux heures, l'Empereur suivit avec une extrême attention les épisodes du combat, félicitant chaudement les officiers.

Le lendemain, il invitait à déjeuner le commandant du bataillon, aujourd'hui le général Baugillot. C'était un brave militaire plus accoutumé à parler le langage des camps que celui des cours. Aussi continuait-il à appeler l'empereur tantôt « Sire » tantôt « Monsieur ». François-Joseph, souriait, très amusé. Finalement n'en sortant plus, le commandant s'écria :

— Faut m'excuser, j'ai plutôt l'habitude des montagnes que des salons !

L'Empereur aussitôt de lui répondre :

— Appelez-moi comme vous voudrez, j'aime mieux un soldat qu'un courtisan.

François-Joseph était, avec les femmes, d'une exquise et délicate courtoisie et qui semblait d'un autre âge. J'en surpris un témoignage charmant lorsqu'il quitta le Cap Martin après sa dernière villégiature avec l'Impératrice. Tous deux partaient le même jour ; lui, s'en retournait à Vienne où des affaires politiques urgentes sollicitaient sa présence ; elle, s'en allait à Corfou où l'appelait son éternelle nostalgie des pays de soleil. Ils avaient quitté ensemble l'hôtel. La voiture qui les conduisait à la gare filait à travers les pins, lorsque soudain apparaît au détour du chemin, se détachant sur le vert panache d'un palmier, une femme en deuil, toute droite sous ses cheveux blancs et qui portait encore dans la finesse de ses traits, la noblesse de sa taille, les traces d'une souveraine beauté. Appuyée sur une canne à pomme d'or, elle semblait les attendre.

Effectivement elle leur fait signe. L'Empereur aussitôt descend de voiture avec l'Impératrice, se découvre et s'inclinant très bas, lui baise la main ; puis ils font, dans la bruyère, quelques pas en causant; mais les minutes fuient : il faut partir ; l'Impératrice alors l'embrasse avec un tendre respect, l'Empereur ému, s'incline de nouveau très profondément devant elle. Et la voiture repart à vive allure emportant les augustes voyageurs tandis que la noble dame, immobile, appuyée sur sa grande canne, les suit du regard jusqu'à ce qu'ils aient disparu.

... Ils venaient de saluer l'impératrice Eugénie, qui ne se doutait pas que dans le baiser de l'impératrice Élisabeth il y avait un suprême adieu...

* * *

Le Cap Martin et Aix ne furent pas les seules villégiatures de la souveraine ; elle eût au cours de l'automne de 1896 la curiosité de connaître Biarritz ; elle y retourna l'année suivante et j'eus également l'honneur de l'y accompagner. L'inclémence du temps abrégea le dernier séjour qu'elle y devait faire ; et pourtant la rude et pittoresque poésie de la côte basque avait pour elle un incontestable attrait. Elle passait ses journées tantôt sur les pointes les plus escarpées des rochers où elle regardait pendant de longues heures, monter la marée et revenait souvent trempée par l'embrun ; tantôt enfin elle parcourait la campagne sauvage qui s'étend au pied des Pyrénées, causant avec les paysans basques, s'intéressant à leurs travaux.

A ce propos une anecdote piquante : elle avait, dans

tous les pays qu'elle visitait pour la première fois, la manie d'acheter une vache. Elle la choisissait elle-même au cours de ses promenades et la faisait expédier dans une de ses fermes de Hongrie. Dès qu'elle apercevait un de ces ruminants dont la robe lui plaisait elle s'adressait au paysan, lui demandait son prix et le priait d'amener sa bête à l'hôtel.

Or un jour, dans les environs de Biarritz, elle voit une superbe vache noire, l'achète aussitôt, donne son nom de « comtesse de Hohenembs » au propriétaire de l'animal et l'envoie avec son acquisition à l'hôtel. Mais, quand celui-ci se présente au portier et demande la « comtesse Hohenembs » le brave cerbère qui n'était pas prévenu, le prend pour un fou, et veut le renvoyer. Le paysan insiste, on s'explique, il apprend enfin que la « comtesse Hohenembs » n'est autre que l'Impératrice d'Autriche. Une Impératrice ? Mais alors on l'a trompé, on lui a fait manquer une belle affaire, et le voilà qui se lamente, crie, proteste, se fâche.

— Si j'avais su, clame-t-il, que c'était une reine, j'aurais demandé plus cher ! J'veux une augmentation...

La discussion dura deux heures. Il fallut que j'intervinsse pour y mettre fin.

Ce ne fut point d'ailleurs la seule aventure plaisante qui lui advint durant son séjour à Biarritz. Un jour, en effet, revenant d'une excursion à Fontarabie, elle attendait un train sur le quai de la gare de Hendaye : son lecteur qui l'accompagnait était allé demander un renseignement au chef de gare. La conversation n'en finissait pas et le train venait d'arriver. Impatientée, elle appelle un employé :

— Vous voyez ce Monsieur en noir, lui dit-elle,

allez le prier de se dépêcher, sinon le train va partir.

L'employé court au lecteur de la souveraine et lui crie :

— Dépêchez-vous, sinon votre femme partira sans vous !

L'Impératrice s'amusa fort de cet incident, elle, que rien pourtant ne pouvait distraire... En effet, l'étrange neurasthénie dont elle souffrait, loin de s'atténuer avec le temps, comme on l'eût espéré, devenait semblait-il, plus obsédante et plus douloureuse au fur et à mesure que les années s'enfuyaient. Elle finissait par altérer peu à peu sa santé, non que l'Impératrice eût une maladie déterminée ; elle éprouvait simplement une lassitude infinie, une lassitude perpétuelle contre laquelle elle essayait de lutter, avec une énergie rare, en poursuivant quand même sa vie active, sa vie vagabonde et ses longues marches quotidiennes.

Elle avait horreur des remèdes, et estimait que l'hygiène simple et saine remplaçait avantageusement les ordonnances des médecins. Un jour pourtant la voyant plus fatiguée que d'habitude je lui demandai la permission de lui offrir quelques bouteilles de vin Mariani, dont j'avais personnellement éprouvé les vertus reconstituantes.

— Si cela peut vous faire plaisir, me répondit-elle en souriant, j'accepte. Mais à mon tour, laissez-moi vous offrir de notre fameux vin de Tokay : c'est également un reconstituant et il est, de plus, fort agréable au goût.

Quelque temps après, en effet, le comte de Wolkestein Trosburg me remettait de la part de l'Impératrice, une magnifique cave à liqueurs contenant six flacons de Tokay que je me proposais de déguster après mes repas comme simple vin de dessert, lorsque le comte me dit :

— Savez-vous que c'est un précieux cadeau que vous avez reçu là... Le vin vient directement des propriétés de l'Empereur. Pour vous donner une idée de sa valeur, sachez que dernièrement dans une vente à Francfort, on en a payé six flacons onze mille francs...

Du coup, je cessai de le traiter comme un vulgaire madère. Le propriétaire de l'hôtel qui, sur ces entrefaites, avait appris que le royal présent m'était échu, me proposa cinq mille francs des six flacons. Bien entendu, je refusai. Il m'en reste encore quatre : je les garde.

Vers les derniers jours de cette année 1897 alors qu'elle villégiaturait pour la seconde fois à Biarritz, l'Impératrice plus inquiète et plus mélancolique que jamais, résolut d'accomplir, à bord de son yacht, le *Miramar*, une croisière dans la Méditerranée. Mais auparavant elle désira passer quelques jours à Paris.

Elle avait fait retenir un appartement dans un hôtel de la rue Castiglione et voulut naturellement conserver le plus strict incognito. On savait toutefois qu'elle était à Paris et le service de protection dont je l'entourais, n'en devait être que plus rigoureux. Du matin au soir elle était dehors, elle s'en allait à pied à travers les rues, visiter les églises, les monuments, les musées puis vers quatre heures elle se rendait régulièrement dans une laiterie de la rue de Suresne où on lui servait un verre de lait d'ânesse — sa boisson préférée — après quoi elle s'en retournait à l'hôtel.

Un jour pourtant nous eûmes une chaude alerte :

sept heures, elle n'était pas encore rentrée. Inquiet, j'envoyais aussitôt chez ses sœurs la reine de Naples et la comtesse de Trani qu'elle se plaisait souvent à venir surprendre : on ne l'avait pas vue. Pour comble, elle avait réussi à dépister la surveillance de l'Inspecteur qui était chargé de la suivre à une certaine distance. Nous avions perdu l'Impératrice en plein Paris... C'était humiliant...

J'allais donc partir moi-même à sa recherche, lorsque la porte s'ouvrit; elle apparut, fort tranquille.

— Je viens de contempler « Notre-Dame » au clair de lune, nous dit-elle, c'était exquis : et je suis revenue à pied le long des quais. Perdue dans la foule des promeneurs attardés, personne n'a fait attention à moi...

De même qu'à Biarritz et au Cap Martin, elle passait ses soirées seule et se retirait de très bonne heure dans sa chambre. Elle tenait toutefois à ce que les personnes de sa suite profitassent des loisirs qu'elle leur laissait pour se distraire et elle aimait à ce qu'elles lui fissent le récit de leurs impressions.

Je me souviens à ce propos que son lecteur grec, alors M. Barker, ainsi que son secrétaire le docteur Kromar, m'ayant exprimé le désir de connaître les coins pittoresques et caractéristiques de Paris, je les emmenai un soir aux Halles Centrales. La visite terminée, je les avais invités, selon la tradition, à manger une soupe à l'oignon dans un des petits restaurants populaires du quartier. Enchantés de cette modeste débauche, il contèrent le lendemain leur excursion à l'Impératrice et lui vantèrent notre fameux potage national dont elle n'avait encore jamais goûté.

— Monsieur Paoli, me déclara-t-elle aussitôt, il faut

que je sache ce qu'est la soupe à l'oignon. M. Barker m'en a fait une description bien tentante...

— Rien de plus facile, Madame, je vais dire à l'hôtel de vous en confectionner une.

— Jamais de la vie! on me servirait un potage savamment préparé et qui n'aurait certainement pas la saveur du vôtre. Je désire qu'il me soit servi dans la même vaisselle. Je tiens à la couleur locale...

Ici, un aveu s'impose : comme je tenais, moi, — question d'amour-propre patriotique — à ce que la souveraine ne fut pas déçue, je jugeais plus prudent de m'adresser à l'hôtel qui, se prêtant aimablement à mon innocente supercherie, prépara la soupe à l'oignon et se procura au premier bazar venu l'assiette et la soupière « couleur locale » dont se réjouissait si fort l'Impériale Voyageuse. L'illusion fut complète... l'Impératrice trouva le potage excellent et la vaisselle délicieusement pittoresque : il est vrai que nous avions eu soin de l'ébrécher avant de la lui servir...

L'unique séjour de la souveraine à Paris fut bref : comme je l'ai dit, elle s'était décidée, cette année-là, à promener sa mélancolie sur les flots bleus de la Méditerranée. Son itinéraire comportait d'abord un certain nombre d'escales le long de la Côte d'Azur, elle m'avait prié de l'accompagner.

Nous partîmes le 30 décembre de Paris pour Marseille où nous attendait le yacht impérial commandé par le capitaine Moriz Sacks de Bellenau, officier des plus distingués ; et ce fut en pleine mer, en face du château d'If, que le matin du 1ᵉʳ janvier de l'année 1898 qui devait être si tragique pour Élisabeth d'Autriche, je présentai mes vœux de bonheur et de longue vie à l'Impératrice. Elle me sembla, ce matin là, plus triste et plus préoccupée encore que de coutume.

— Je vous souhaite, moi aussi, me dit-elle, à vous et aux vôtres, bonheur et santé.

Puis, avec une soudaine expression d'amertume infinie :

— Quant à moi, je n'ai plus confiance dans l'avenir...

Était-ce un pressentiment qui déjà la hantait ? Qui sait...

Pendant ce voyage, elle se mêla fort peu à nous. Elle passait ses journées sur le pont, s'intéressant à l'activité silencieuse, à la vie humble et poétique des marins.

L'équipage avait pour elle une sorte de vénération, car il éprouvait à toute occasion les effets de sa discrète et de sa délicate bonté. Il respectait comme nous, sa mélancolie et son isolement. Et le soir, tandis que la petite Cour réunie dans le grand salon d'arrière s'amusait aux jeux innocents ou bien encore improvisait des concerts charmants ; cependant qu'à l'autre bout du navire, couchés sous le rouf d'avant, les matelots chantaient, en s'accompagnant sur un accordéon, des chansons tyroliennes ou hongroises, là-haut, toute seule sur le pont, les yeux perdues au loin, l'Impératrice rêvait aux étoiles.

En quittant Marseille, nous allâmes à Villefranche, près de Nice en longeant la côte : l'Impératrice voulut également s'arrêter à Cannes, puis revoir de la mer, Monaco, le Cap Martin, Menton : elle se proposait de retourner aussi en Grèce, en Sicile, à Corfou. Il semblait qu'elle éprouvât le secret désir d'accomplir, comme un pèlerinage, vers toutes les patries éphémères que sa vie errante et son âme douloureuse s'étaient créées.

Quelque agrément qu'eût pour moi cette croisière, je dus pourtant songer à l'abandonner. Mon service auprès de la souveraine prenait régulièrement fin en effet, dès qu'elle avait quitté les eaux françaises.

— Restez quand même, insistait-elle aimablement, vous serez mon hôte et je vous montrerai mon beau palais de Corfou.

Mais le devoir m'appelait hélas ailleurs. Il me fallait retourner à Nice, pour recevoir le roi et la reine de Saxe qui y étaient attendus. Il fut donc décidé que je quitterais le *Miramar* à San-Rémo. Sitôt, en effet, qu'il eut jeté l'ancre devant la petite ville italienne, je pris congé de l'Impératrice et de mes aimables compagnons de voyage.

— A bientôt, car je reviendrai en France, me dit la souveraine.

Et tandis que la chaloupe du yacht m'emmenait à terre, je regardais sa fine et sombre silhouette penchée sur les bastingages et qui, après s'être détachée sur le couchant tout rouge, s'estompait peu à peu dans le lointain et dans la nuit...

. . . .

Sept mois s'étaient écoulés depuis que je l'avais quittée à San-Rémo. J'étais à ce moment à Paris : les journaux m'avaient appris qu'elle venait d'arriver à Caux, station d'été située au-dessus de Montreux et qui domine le lac de Genève. Je m'étais aussitôt empressé d'écrire à tout hasard à M. Barker, son lecteur grec, afin d'avoir de ses nouvelles, lorsque le 9 septembre au soir, comme je rentrais chez moi, on me remit une lettre.

C'était la réponse de M. Barker que voici : j'en transcris scrupuleusement le texte :

Caux, le 8 septembre 1898.

Mon cher Monsieur Paoli.

J'étais très heureux de recevoir votre estimée du 6 courant pour laquelle je vous remercie fortement.

Sa Majesté compte passer le mois de septembre à Caux, mais plus tard je ne sais pas ce que Sa Majesté va faire. Sa Majesté m'a chargé de vous dire qu'elle sera heureuse de vous voir ici en cas que vos affaires vous mènent à Genève. En même temps, Sa Majesté vous salue cordialement. Sa Majesté a l'intention de se rendre à Nice (Cimiez) le 1er du mois de décembre et elle espère que vous serez attaché par le Ministère auprès de sa personne.

Maintenant je dois vous remercier pour toutes les nouvelles que vous me donnez à propos de vous. Quant à moi, je me porte très bien et je jouis de notre séjour à Caux.

Sa Majesté part demain pour Genève où elle compte passer deux jours. La comtesse Sztaray accompagne Sa Majesté. Le docteur Kromar est parti déjà hier pour engager à l'hôtel Beau Rivage des chambres pour Sa Majesté.

Le général Berzeviczy reste à Caux avec moi.

Je ne sais pas si je vous ai écrit que le général a été créé il y a quelque temps feld marshall.

En vous priant, cher Monsieur Paoli, de me saluer votre aimable fils, veuillez agréer l'expression de mes sentiments les plus dévoués.

FRÉDÉRIC G. BARKER.

L'Impératrice, me disait M. Barker, devait passer quarante-huit heures à Genève... Puisque rien ne me retenait à Paris et que je me trouvais en congé pourquoi n'irais-je pas saluer la souveraine qui si aimablement exprimait le souhait de me revoir? Ma résolution fut aussitôt arrêtée : le lendemain matin je prenais l'express pour Genève. J'avais calculé qu'en arrivant le soir j'avais des chances de trouver encore l'Impératrice à l'hôtel Beau Rivage ; rien ne m'empêcherait d'ailleurs d'aller le lendemain jusqu'à Caux où j'avais la certitude de la voir et de pouvoir en même temps serrer la main au général Berzeviczy et à M. Barker.

En arrivant à la gare de Genève, je remarquai sur les quais une animation insolite : des groupes discutaient avec animation, les visages paraissaient consternés ; je ne fis pas, pourtant, autrement attention car j'étais pressé ; je hélai une voiture et jetai au cocher :

— A l'hôtel Beau Rivage.

Nous n'avions pas fait vingt mètres que le cocher se tournant vers moi :

— Quel épouvantable crime ! me dit-il.

— Quel crime ?

— Comment, vous ne savez pas ? L'Impératrice a été tout à l'heure assassinée...

— Assassinée !

Livide, effaré, j'écoute à peine le lamentable récit du drame : je n'en saisis que la conclusion : elle était morte...

Morte ! C'était vrai, c'était bien vrai, sinon pourquoi cette grande foule muette, immobile, sur la place Brunswick qui regardait fixement, inlassablement dans la nuit deux fenêtres aux volets clos ? Vivement, je saute de voiture devant le perron de l'hôtel, je me précipite dans le hall, rempli de monde, je grimpe l'escalier encombré, et m'engage dans un corridor où des voyageurs anglais, allemands et russes, effarés se pressent, anxieux de voir... Avisant enfin un domestique :

— La comtesse Sztaray ? lui dis-je.

— Là, me répond-il, en m'indiquant une porte entr'ouverte.

Je frappe, la porte s'ouvre, la comtesse Sztaray, le visage bouleversé, les yeux rougis, me jette un regard navré, puis dans un sanglot :

— Notre pauvre Impératrice ! me dit-elle.
— Où est-elle ?
— Venez.

Et me prenant par la main, elle m'amène ainsi que le général Berzeviczy, qui vient d'arriver, dans la chambre voisine. Étendue sur un petit lit de cuivre doré, couverte d'un léger voile de tulle blanc, la voici rigide, et déjà froide. Son visage, qu'éclairent de leurs flammes tremblantes, deux grands cierges, ne porte pas trace de souffrance... Un mélancolique sourire semble errer encore sur ses lèvres pâles, à peine entr'ouvertes ; deux longues nattes de cheveux retombent sur ses épaules frêles ; les traits si fins de son visage se sont émaciés ; sous ses sourcils deux ombres violettes font ressortir l'arête du nez et la blancheur des joues... elle semble dormir d'un sommeil apaisant et heureux. Ses mains si petites sont croisées sur un crucifix d'ivoire : des roses presque flétries — les roses qu'elle avait cueillies le matin même et qu'elle tenait dans ses bras lorsqu'elle reçut le coup mortel — ces roses sont éparpillées à ses pieds.

Longuement, je la regarde et devant ce cadavre, mon sang-froid m'abandonne : malgré moi les larmes me montent aux yeux et je pleure comme un enfant.

*
* *

Pourquoi la fatalité a-t-elle voulu que l'Impératrice

se rendit à Genève? Chose curieuse, l'idée lui en est venue brusquement, paraît-il, le jeudi 8 septembre. Elle avait projeté d'aller rendre visite à son amie la baronne Adolphe de Rothschild, alors en villégiature à son château de Prégny situé à l'autre extrémité du lac. Mais comme l'excursion était longue, l'Impératrice, malgré les conseils de la comtesse Sztaray, décida d'aller coucher à Genève après avoir quitté Prégny et de ne rentrer que le lendemain à Caux. Elle arriva à l'hôtel Beau Rivage le soir et sortit après le dîner. Le lendemain à cinq heures du matin elle était debout. Après avoir occupé une partie de sa matinée aux soins compliqués de sa toilette et à sa correspondance, elle avait fait une promenade le long des quais ombragés du Rhône. Rentrée à l'hôtel à une heure, elle avait bu en hâte une tasse de lait. Puis accompagnée de sa dame d'honneur, la comtesse Sztaray, elle s'était dirigée à pas rapides vers l'embarcadère des bateaux à vapeur : elle voulait, en effet, prendre le bateau pour Territet qui partait à une heure quarante. Elle était arrivée à deux cents mètres environ de la passerelle qui reliait le navire au quai du Mont-Blanc, lorsque Luccheni se jeta sur elle et lui porta avec une lime triangulaire grossièrement fichée dans une poignée de bois, un coup violent sous le sein gauche. La mort ne fut pas instantanée. Elle eut la force de marcher jusqu'au bateau... et voici pourquoi : l'instrument avait dans son trajet transpercé le ventricule gauche du cœur de haut en bas et en ressortant de l'organe. Mais la lame était très aiguisée et très mince, l'effusion du sang avait été d'abord presque insignifiante. Les gouttes de sang ne s'étant échappées du cœur que très lentement son activité n'avait pas tout d'abord été troublée. C'est ainsi qu'elle put faire un assez long chemin à pied tout en ayant le cœur traversé. Quand l'hémorragie augmenta, l'Impératrice s'affaissa sur elle-même. Si l'arme était restée dans la blessure, elle aurait pu vivre plus longtemps encore. Le duc de Berry qui a été frappé exactement comme l'Impératrice a vécu quatre heures parce que Louvel n'avait pas arraché le poignard de la blessure.

La malheureuse souveraine eut donc l'énergie de se traîner jusqu'au bateau où des tziganes jouaient des czardas hongroises — le hasard a parfois de ces cruelles ironies!

A peine arrivée à bord, elle eut une syncope. La comtesse Sztaray qui ne la croyait qu'étourdie par suite d'un coup de poing, car personne n'avait vu l'arme aux mains de l'assassin, essaya de la ranimer avec des sels. Elle revint à elle en effet, prononça quelques paroles; jeta un long regard étonné, éperdu, autour d'elle, puis brusquement retomba en arrière : elle était morte... On juge de l'émotion. Le bateau qui venait de franchir les passes revint aussitôt au port et comme on ne trouvait pas de civière, le corps fut ramené à l'hôtel enveloppé dans des voiles de navire et porté sur des avirons entrecroisés.

L'Impératrice avait-elle eu le pressentiment de sa fin tragique qu'un bohémien à Wiesbaden et qu'une diseuse de sorts à Corfou, lui avaient jadis prédit ? Deux phénomènes étranges tendraient à le laisser supposer. La veille, en effet, de son départ pour Genève elle avait prié M. Barker de lui lire quelques chapitres d'un volume de Marion Crawford intitulé : *Corleoné* où l'auteur décrivait les abominables mœurs perpétrées par la Maffia en Sicile. Or, tandis que la souveraine écoutait ces récits tragiques, un corbeau était venu tournoyer autour de l'Impératrice attiré par l'odeur des fruits dont elle humectait ses lèvres altérées. Vivement impressionnée elle avait vainement essayé de le chasser mais il revenait toujours, emplissant les échos de ses croassements lugubres. Alors, elle s'était brusquement éloignée car elle savait que les corbeaux annoncent la mort lorsque leurs ailes de mauvais présage s'obstinent à battre l'air autour d'une personne vivante.

Enfin la comtesse Sztaray me racontait que le matin même de sa mort lorsqu'elle était entrée comme d'habitude dans la chambre de l'Impératrice pour lui demander comment elle avait passé la nuit, elle avait trouvé la souveraine pâle et triste.

— J'ai éprouvé cette nuit une impression étrange lui dit-elle. J'ai été réveillée au milieu de la nuit par la clarté de la lune qui emplissait ma chambre, car on avait oublié de fermer les persiennes. Je voyais l'astre de mon lit et il semblait une figure humaine qui pleurait. Est-ce un pressentiment? Mais j'ai l'idée qu'il va m'arriver malheur.

. . . .

Pendant les trois jours qui précédèrent le départ de la dépouille mortelle pour Vienne, je restai auprès d'elle partageant les veillées funèbres avec la petite cour jadis si heureuse, maintenant si lamentablement désemparée. Le général Berzeviczy, la comtesse Sztaray et moi demeurions de longues heures à évoquer le souvenir de Celle qui dormait son éternel sommeil à côté de nous.

C'était tantôt une anecdote, tantôt quelque futile et

charmant détail, grâce auquel nous revivions, nous semblait-il, les heures d'intimité d'autrefois. C'était déjà un passé presque lointain que nous ressuscitions une dernière fois ; tout un passé souriant et exquis qu'Elle venait d'emporter à tout jamais avec elle.

Oh ! ces trois journées auprès de la chère Morte quelle vivante impression j'en ai gardé ! Comme je me rappelle ces repas silencieux qui le plus souvent s'achevaient dans des larmes, et la douleur si poignante et si vraie de ces êtres si fidèlement dévoués, qui constamment avaient suivi la pauvre souveraine à travers sa vie errante !

Je voulus voir l'assassin dans sa cellule. Je trouvai un être parfaitement lucide qui se vantait de son crime comme d'un acte héroïque ; quand je lui demandais quel avait été le mobile qui l'avait incité à choisir pour victime une femme, une souveraine qui vivait aussi éloignée que possible de la politique et du trône, qui était si compatissante aux humbles et aux déshérités :

— J'ai pris au hasard, me répondit-il, la première tête couronnée qui m'est tombée sous la main : Peu importe ; j'ai voulu faire une manifestation et j'ai réussi.

La destinée de la malheureuse Impératrice devait être étrange et romanesque jusqu'à la fin, jusqu'après sa mort. Ramené dans une chambre d'hôtel, son corps partit sans apparat pour l'Autriche au milieu d'une foule immense et silencieuse. Le Gouvernement suisse n'avait pas eu le temps de lever un régiment pour lui rendre les honneurs, mais cela était mieux ainsi car elle eut pour l'escorter un peuple recueilli et pour la saluer les cloches de toutes les villes et de tous les villages que le train funèbre traversa. Et ce fut là, j'en suis certain, l'hommage simple et poétique que son cœur eut souhaité.

. . . .

Quelques jours après le drame, l'empereur François-Joseph daigna se rappeler le respectueux attachement que j'avais voué à celle qu'il avait tant aimée : il me fit adresser la dépêche que voici :

Wienburg, 15 septembre 1898.

A Monsieur Paoli, Ministère de l'Intérieur, Paris.

Sa Majesté l'Empereur vivement touché de votre part sincère, se rappelle très ému, le soin dévoué que vous preniez à feu l'Impératrice et vous en remercie encore de tout cœur.

PAAR.
*Aide de Camp Général
de S. M. l'Empereur d'Autriche.*

Je reçus également des Archiduchesses, ses filles, le couteau de chasse que leur mère, affectionnait tout particulièrement.

Je le conserve pieusement dans mon petit musée, je le regarde quelquefois et il évoque pour moi un des plus chers, un des plus émouvants souvenirs de ma vie.

II

LE ROI ALPHONSE XIII

— Je manquais à votre collection, n'est-ce pas, Monsieur Paoli ?

Le train présidentiel venait de quitter Hendaye ; de lointains échos de l'hymne espagnol arrivaient encore jusqu'à nous à travers le silence et la nuit. Accoudé à la portière du « Sleeping-car » je regardais disparaître peu à peu les dernières lumières de la petite ville frontière...

Au son de cette voix claire et joyeuse, je m'étais brusquement retourné. Debout, à l'entrée du compartiment un jeune homme svelte, élancé, la cigarette aux lèvres, le feutre rabattu, m'adressait de la main un petit signe amical. Sa haute et fine silhouette s'accusait avec une élégante aisance, dans un complet gris clair ; un large sourire éclairait son visage fortement hâlé, son visage imberbe d'adolescent qu'ornait un grand nez à la courbe bourbonienne campé en bec d'aigle entre deux yeux très noirs, pleins de flamme et de malice.

— Oui, oui, Monsieur Paoli, si vous ne me connaissez pas, moi, je vous connais déjà ; ma mère m'a beaucoup parlé de vous et quand elle a su que c'était vous qui étiez chargé de veiller à ma sécurité, elle a dit : « avec Paoli, je suis tranquille ».

— Cette bienveillante marque de confiance, répondis-je, me flatte et me touche infiniment, Sire,... Votre Majesté, en effet, manquait à ma collection !

C'est ainsi que je fis, au printemps de 1905, lors de son premier voyage officiel en France, la connaissance d'Alphonse XIII.

« Le petit Roi », comme on l'appelait encore, venait d'atteindre sa dix-neuvième année. Majeur depuis un an à peine, il débutait alors, si j'ose dire, dans la carrière royale. L'Europe attentive commençait à observer, avec une sympathique curiosité, les premiers gestes de ce monarque qui, à la solennité un peu compassée de la galerie des souverains, apportait avec la grâce de sa belle jeunesse exubérante et confiante, un contraste inattendu et piquant. Bien qu'il n'eût point encore d'histoire, maintes anecdotes circulaient déjà sur son compte et, déjà l'on en dégageait des moralités diverses. « C'est une nature toute de spontanéité », disait-on de lui ; « c'est un caractère », déclaraient ceux qui l'avaient approché » ; c'est un charmeur comme son père », m'avait affirmé un vieux diplomate espagnol.

« En tout cas, il n'est point banal », pensais-je, interloqué encore de la façon imprévue, si plaisante et si espiègle, dont il venait d'interrompre mes contemplations nocturnes.

Banal, non certes, il ne l'était point ! Dès l'aube, en effet, on le vit le lendemain matin, curieux et ravi aux fenêtres du wagon, dévorant du regard les spectacles qui se succédaient, tandis que le train filait à toute vapeur à travers les verdoyantes plaines de la Charente. Rien n'échappait à son juvénile enthousiasme : prairies, forêts, rivières, choses et gens, tout était sujet à de pétillantes exclamations :

— Quel beau pays que le vôtre, Monsieur Paoli, s'écria-t-il en m'apercevant, il me semble que je suis encore chez moi, que je connais tout le monde ; tous les visages me sont familiers. C'est « épatant ! »

Une expression aussi parisienne sur des lèvres royales ! C'était à mon tour d'être « épaté ». J'ignorais encore dans ma candeur qu'il connaissait toutes nos formules d'argot et qu'il en usait avec libéralité...

Sa verve était aussi inlassable que son activité : nous avions, ma foi, peine à le suivre. Tantôt courant d'une vitre à l'autre pour ne « rien manquer » comme il le disait en riant, tantôt penché sur le dossier d'un fauteuil ou juché sur une table, tantôt arpentant le wagon de long en large, les mains dans les poches, l'éternelle cigarette aux lèvres, il nous questionnait sans cesse. L'armée et la marine excitaient au plus haut point son intérêt ; les provinces que nous traversions, leurs coutumes, leur passé, leur organisation administrative, leur industrie, lui fournissaient le sujet d'un interrogatoire précis auquel nous tâchions de répondre de notre mieux ; nos lois sociales, notre parlement, nos hommes politiques sollicitaient avec un égal empressement, sa curiosité en éveil... Puis c'était Paris, ce Paris qu'il allait voir enfin, dont il connaissait déjà par des lectures et des descriptions les splendeurs et les particularités, ce Paris qu'il entrevoyait comme une féerie, comme une terre promise et à propos duquel la pensée qu'il allait y être solennellement accueilli, lui mettait une légère émotion aux joues.

— Ce doit être merveilleux ! nous disait-il, les yeux brillants d'impatience et de plaisir.

Il voulait aussi qu'on lui donnât des détails copieux sur les personnages qui devaient le recevoir :

— Comment est M. Loubet, et le président du Conseil, et le gouverneur de Paris ?

Quand il n'interrogeait pas, il narrait des anecdotes, évoquait des impressions sur ses récents voyages en Espagne.

— Avouez, Monsieur Paoli, me dit-il tout à coup, que vous n'avez jamais eu à vous occuper d'un roi aussi jeune que moi ?

— C'est vrai, Sire, mais je ne le regrette pas.

Sa conversation tantôt plaisante, tantôt sérieuse, émaillée de réflexions judicieuses, de saillies piquantes, de boutades, de digressions inattendues découvrait, en effet, une jeune et vive intelligence avide de s'instruire, une âme toute fraîche ouverte aux effusions, une imagination toute vibrante, pondérée cependant par un esprit réfléchi. Je me souviens de l'étonnement des officiers français qui étaient allés le chercher à la frontière et qui l'accompagnaient durant ce voyage, en l'écoutant discuter sur des questions de stratégie militaire, avec l'autorité et la science d'un vieux tacticien ; je me souviens aussi de la stupeur de ce haut fonctionnaire qui était monté avec nous en cours de route et dont le Roi depuis un instant écoutait attentivement les explications, lorsque — le train étant passé à un certain moment sur un pont au-dessus de la Loire où s'ébattaient des poules d'eau, — le souverain l'interrompant lui dit :

— Ah ! quel dommage, de ne pas avoir une arme !

Puis faisant le geste d'épauler :

— Quel beau coup de fusil ! »

Je me rappelle encore, dans l'élan d'admiration que suscitaient chez lui les beautés de notre Touraine, la façon spontanée et gentille dont il s'écria en me tapant sur l'épaule.

— Décidement j'aime la France : Vive la France !

Quelle ne fut pas ma surprise ensuite lorsqu'à Orléans où l'on avait fixé la première étape officielle, je le vis apparaître cette fois en grand uniforme de capitaine général, la physionomie empreinte d'une singulière noblesse, la démarche altière, imposant à tous le respect, par l'impressionnante dignité qui se dégageait de sa personne, ayant le mot juste pour chacun, soucieux des moindres nuances de l'étiquette, évoluant, causant, souriant au milieu des uniformes chamarrés, avec une aisance souveraine, montrant du premier coup qu'il connaissait mieux que quiconque son métier de Roi.

Il est notamment un geste, en apparence fort simple mais en réalité plus difficile qu'on ne pense d'après lequel on juge un souverain lorsqu'il se rend à l'étranger : c'est le salut au drapeau. Devant l'Étendard entouré de sa garde d'honneur, quelques-uns se contentent de passer en portant la main à leur casque où à leur képi ; d'autres s'arrêtent et s'inclinent ; d'autres, enfin, s'étudient à un geste large qui trahit une affectation parfois quelque peu théâtrale.

Le salut d'Alphonse XIII ne ressemble à aucun : dans sa rigidité militaire il est à la fois simple et grave, d'une élégance suprême et d'une déférence profonde. Sur le quai de la gare d'Orléans, en face du bataillon immobile, en présence de la multitude de fonctionnaires et d'officiers, ce salut qui si visiblement adressait un délical hommage à l'armée et au pays, ce joli salut plein de respect et de grâce sut, mieux que tous les discours, plus que tous les toasts, nous émouvoir et nous flatter.

Et lorsqu'enfin le soir je rentrais chez moi à Paris après avoir assisté à l'arrivée du jeune souverain dans la capitale et constaté l'impression qu'il avait produit sur le Gouvernement et sur le peuple, je me rappelais la réflexion du vieux diplomate espagnol : « le Roi est un charmeur »...

* *

Durant son premier séjour à Paris, je le vis peu. La surveillance des Souverains lorsqu'ils sont les hôtes officiels du Gouvernement n'incombait point, en effet, à mon service. Je l'avais donc quitté à la gare et ne devais rejoindre ma place dans sa suite, qu'au moment de son départ. MM. les anarchistes révolutionnaires ignoraient sans doute cette particularité, car je recevais chaque jour, un assez grand nombre de lettres anonymes qui pour la plupart contenaient des menaces plus ou moins vagues contre la personne de notre royal visiteur. L'une d'elles que j'avais trouvée dans mon courrier au moment de me rendre au gala donné en son honneur à l'Opéra, m'avait plus particulièrement frappé en raison de la netteté de l'avertissement qu'elle formulait et de l'absence des habituelles injures qui accompagnaient ces sortes de missives.

« Malgré toutes les précautions prises, disait-elle, que le Roi se méfie de la sortie de l'Opéra ce soir ».

Ce mot, tracé d'une écriture grossière et contrefaite ne portait, bien entendu, aucune signature, je l'avais néanmoins communiqué aussitôt à qui de droit. La surveillance extrêmement rigoureuse qui avait été établie excluait sans doute la possibilité qu'un complot pût réussir. Restait l'attentat individuel, le geste meurtrier de quelque « solitaire » et je savais par expérience que pour se défendre de celui-là, il fallait s'en remettre exclusivement à la « police du ciel » selon la pittoresque expression du Ministre espagnol, M. Maura.

Hanté par un funeste pressentiment, je n'en n'avais pas moins voulu — à titre de simple passant bien entendu — demeurer auprès de la voiture du Roi à la sortie de l'Opéra, jusqu'à ce qu'il y fût monté avec M. Loubet et que l'équipage encadré de son escadron de cavalerie eût disparu. Une demi-heure plus tard, l'attentat avait lieu au coin de la rue de Rohan et de la rue Rivoli et le Roi ainsi que M. Loubet échappaient miraculeusement, comme on le sait, à la mort. Mon pressentiment ne m'avait donc pas trompé.

Je n'ai pas à rappeler ici, car il est encore présent à toutes les mémoires, le sang-froid dont témoigna le jeune Monarque en cette circonstance, ni la belle insouciance avec laquelle il envisagea le tragique incident. « J'ai reçu le baptême du feu, me disait-il quelques jours plus tard, et, ma foi, c'est beaucoup moins émotionnant que je ne le croyais. » Alphonse XIII a, en effet, essentiellement le mépris du danger. De même que son père, il estime que l'attentat est le casuel du métier de Roi. Il l'a magnifiquement prouvé lors de la bombe de Madrid dont je parlerai plus tard ; il me fut donné de le constater par moi-même quarante-huit heures après l'attentat de la rue de Rohan.

En quittant Paris, en effet, notre hôte se rendit à Cherbourg où je l'accompagnais, afin de s'embarquer sur le yacht du roi Édouard qui devait le conduire en Angleterre. En arrivant le matin aux portes de la ville, le train présidentiel avait été aiguillé sur la ligne spéciale qui aboutit directement à l'Arsenal.

Soudain, tandis que nous marchions à une assez vive allure, un brusque arrêt se produit provoquant dans tous les wagons un choc terrible. On juge de l'affolement ! Employés, officiers, chambellans, se précipitent sur la voie, courent vers le wagon royal.

— Encore un attentat? dit en riant le Roi dont la tête paraît à une portière.

Au premier moment, nous le supposions tous. Ce n'était heureusement qu'un simple accident : le fourgon de queue avait déraillé par suite d'une erreur d'aiguillage. Je me hâtais d'apporter l'explication au Roi.

— Vous verrez, me répondit-il aussitôt, on racontera quand même que c'est un attentat : il faut vite prévenir ma mère afin qu'elle ne s'inquiète pas.

Le Roi avait raison : quelqu'un — qui ? on ne l'a jamais su — avait déjà trouvé le moyen de télégraphier à la reine Régente qu'un nouvel attentat avait été commis contre son fils !

Je quittais de nouveau le Roi à Cherbourg pour le reprendre la semaine suivante à Calais d'où je devais l'accompagner jusqu'à la frontière d'Espagne puisqu'il rentrait directement dans ses États.

Le voyage officiel était cette fois terminé : je retrouvai l'adolescent aimable et enjoué au complet gris clair et au feutre rabattu. L'accueil chaleureux qu'il venait de recevoir en Angleterre n'avait pas effacé le souvenir enthousiaste qu'il gardait de la France.

— Dieu que je suis content, déclarait-il, de revoir encore ce beau pays, même derrière les fenêtres du wagon !

En quittant Calais une violente averse s'était mise à tomber, le train engagé sur une voie que l'on réparait alors, avait dû considérablement ralentir sa marche ; à ce moment ayant aperçu des équipes d'ouvriers qui travaillaient sous la pluie diluvienne, trempés jusqu'aux os, le Roi se pencha à la portière et les interpellant :

— Attendez un peu, pour vous réchauffer je vais vous offrir de quoi fumer.

Et le Roi après avoir vidé dans leurs mains calleuses le contenu de son porte-cigarettes, prit successivement toutes les boîtes de cigares et de cigarettes qui traînaient sur les tables et les passa par la fenêtre, d'abord aux ouvriers ravis, puis aux soldats échelonnés de chaque côté de la voie. Des cigarettes d'Orient tombaient dans leurs poches : ils n'avaient jamais été à pareille fête ! Quand il n'en resta plus, le souverain fit appel aux personnes de sa suite qu'il dévalisa au profit de ces braves gens. Ceux-ci ignorant sa qualité lui criaient joyeusement :

— Merci monsieur ; à la prochaine fois !

Nous n'eûmes qu'un regret : Celui de rester sans fumer jusqu'à ce qu'il nous fût possible de renouveler pendant un arrêt, nos provisions de tabac si plaisamment épuisées...

Lorsque nous arrivâmes le lendemain matin à la gare d'Hendaye — gare frontière comme on le sait — un incident des plus comiques divertit fort le jeune voyageur.

Par une coïncidence due uniquement au hasard, on

attendait au moment de notre passage, le train du Roi Carlos de Portugal qui allait rendre une visite officielle au Gouvernement français. Les autorités et les troupes étaient donc réunies sur le quai afin de rendre à ce nouvel hôte les honneurs réglementaires.

Notre soudaine arrivée à laquelle on ne songeait pas d'autant qu'Alphonse XIII ne voyageait plus officiellement, avait déconcerté cette multitude chamarrée. Le roi d'Espagne n'allait-il pas croire que c'était à son intention qu'elle était là, et ne se froisserait-t-il pas s'il s'apercevait de son erreur ? Grand embarras. Que faire ? Le préfet n'hésite pas. Il donne l'ordre puisque le roi de Portugal n'est pas encore signalé, de rendre les honneurs à Alphonse XIII.

Dès l'arrêt de notre train, fonctionnaires et généraux se précipitent donc vers nous, la musique du régiment qui avait préparé l'hymne portugais, attaque hardiment l'hymne espagnol.

Mais à ce moment, le Roi qui sait à quoi s'en tenir, se penche à la portière et malicieusement s'écrie :

— De grâce, Messieurs ! je sais que vous n'êtes pas là pour moi, mais pour mon confrère d'en face !

A Irun, première gare d'Espagne où je devais quitter notre hôte, nouvelle surprise. Plus aucune trace de surveillance, plus de soldats, plus d'agents de police. Librement, une foule immense a envahi les quais. Et quelle foule ! Des milliers d'hommes, de femmes d'enfants du peuple criant, chantant, gesticulant, se bousculant pêle-mêle et tirant en signe d'allégresse des coups de fusil en l'air cependant que le Roi tranquille et souriant se fraye pour se rendre du train présidentiel au train royal, un chemin de ses propres mains tout en jetant en passant une caresse aux enfants, un compliment à leurs mères, un signe amical aux hommes qui bruyamment l'acclament.

Ainsi, pensais-je, alors que chez nous, pays démocratique, on emprisonne les chefs d'État dans un infranchissable cercle de surveillance, ici dans un pays monarchique où règne une soi-disant terreur, le monarque circule au milieu d'inconnus sans qu'aucune mesure de précaution ne le protège ? Que de matières à réflexion pour un honnête fonctionnaire de la République !

Mais ma mission était terminée. En me tendant la main, le Roi toujours riant me dit :

— Eh bien, monsieur Paoli, vous ne direz plus désormais que je manque à votre collection ?

— Pardon Sire, répliquai-je, vous y manquez encore.

— Comment cela ?

— Dame, je n'ai toujours pas votre portrait.

— Qu'à cela ne tienne !

Se tournant alors vers le grand maître de sa cour :

— Santa Mauro, prenez un crayon et inscrivez : « Photo pour monsieur Paoli ».

Effectivement, quelques jours plus tard, je la reçus datée et signée.

***

Cinq mois après, Alphonse XIII revenant d'Allemagne où il avait accompli sa visite d'avènement à la Cour de Berlin, s'arrêtait « incognito » une journée à Paris.

Tel je l'avais quitté, tel je le retrouvais, joyeux, enthousiaste, bon enfant, heureux de vivre :

— C'est encore moi ! mon bon monsieur Paoli, me dit-il, en m'apercevant à la frontière où selon la coutume j'étais allé le chercher ; mais cette fois du moins je ne vous causerai pas trop de tracas ; il faut que je rentre chez moi, je ne resterai donc hélas ! que vingt-quatre heures à Paris.

En revanche, il n'y perdit pas son temps. Sautant, à peine débarqué du train dans une automobile, il se fit d'abord conduire à l'hôtel Bristol où il ne prit juste que le temps de changer de vêtements, après quoi il trouva moyen durant son bref séjour, d'assister au service divin à l'église Saint-Roch, car c'était un dimanche, de rendre visite à M. Loubet, de faire des emplettes dans les principaux magasins, de déjeuner chez sa tante, l'infante Eulalie, d'accomplir en automobile une randonnée sous une pluie battante jusqu'à Saint-Germain, de dîner à l'ambassade d'Espagne et de finir la soirée au théâtre des Variétés.

— Et c'est tous les jours comme ça quand il est en voyage ! me disait quelqu'un de sa suite.

Le Roi, il est vrai, supplée à cette dépense quotidienne d'activité par un formidable appétit. J'ai remarqué d'ailleurs que la plupart des souverains possédaient une belle fourchette. Celle d'Alphonse XIII exige chaque matin en guise de premier déjeuner, un solide bifteck entouré de pommes de terre, souvent précédé d'œufs, et parfois suivi de salade et de fruits. Le Roi par contre ne boit jamais de vin et se contente d'un grand verre d'eau additionné de *zucharillos*, boisson nationale composée de blancs d'œufs battus avec du sucre.

Malgré ce besoin continuel de mouvement, ce goût passionné pour les sports, et notamment pour l'automobile, cette jeunesse si expansive, un peu folle mais si sympathique, Alphonse XIII même dans ses hâtifs voyages ne perd jamais, comme on l'a déjà vu, l'occasion de s'instruire. Il saisit vite, possède une remarquable faculté d'assimilation, et bien qu'il lise peu, car il n'a pas de patience, il est très renseigné sur les moindres détails qui l'intéressent. Un jour, par exemple, m'interpellant à brûle-pourpoint :

— Savez-vous combien vous avez de gendarmes en France ?

J'étais, je l'avoue, fort embarrassé de répondre, n'ayant jamais eu la curiosité de consulter les statistiques.

— Dix mille, hasardai-je donc au petit bonheur...

— Dix mille ! Voyons Paoli à quoi pensez-vous ? c'est le nombre que nous avons en Espagne. Dites plutôt vingt mille.

Ce chiffre, en effet — je l'ai contrôlé ensuite — était rigoureusement exact.

Quant aux affaires de l'État, j'ai constaté également que le Roi leur consacrait plus de temps que ne laisserait supposer sa vie agitée. Levé hiver comme été à six heures, il s'enferme et travaille régulièrement pendant la première partie de la matinée et souvent recommence dans la soirée : un de ses ministres me disait à ce propos.

— Jamais il ne témoigne ni fatigue, ni ennui. La « légèreté » du Roi est une bonne légende. Il est terriblement minutieux au contraire. Tout comme jadis la Reine mère, il exige des explications nettes et détaillées avant de signer la moindre pièce et sait parfaitement imposer sa volonté. Il travaille, du reste, avec plaisir et dans n'importe quel endroit : en automobile, en bateau ou en chemin de fer aussi bien que dans son cabinet de travail...

Mais ce fut surtout à l'occasion du grand événement qui devait marquer dans sa vie une date ineffaçable, une date heureuse et jolie, que j'eus le loisir de l'observer et de mieux le connaître... Il s'agit, on l'a deviné sans doute, de ses fiançailles. Si les fonctions que j'ai remplies pendant un quart de siècle ont parfois comporté des moments difficiles, des responsabilités délicates, des missions ingrates, elles m'ont aussi procuré de charmantes compensations et il n'en est pas de plus exquise à mon souvenir que celle d'avoir assisté de tout près à cette fraîche et touchante idylle royale, roman d'amour très simple, sans un nuage, éclos un beau soir à Londres continuée ensuite sous le ciel radieux de la côte basque pour aboutir enfin à une union qui — chose rare — a satisfait à la fois les exigences de la politique et celles du cœur. Que nous sommes loin du temps où le mariage des infants d'Espagne s'accomplissait dans l'île des Faisans !

De même que son père, Alphonse XIII, lorsque ses ministres avaient discrètement fait allusion à des « partis » possibles, s'était contenté de répondre :

— Je n'épouserai qu'une princesse qui me plaira. Je veux aimer ma femme.

Les intrigues diplomatiques pourtant, se nouaient autour du jeune souverain : l'empereur Guillaume eût désiré qu'une princesse allemande partageât le trône d'Espagne ; l'accession d'une archiduchesse d'Autriche eût renouvelé des traditions séculaires ; il fut aussi question, je crois, d'une princesse française... Mais le rapprochement politique entre l'Espagne et l'Angleterre venait de s'accomplir sous les auspices de la France : un mariage anglo-espagnol semblait répondre à l'intérêt de l'Espagne : précisément, on avait récemment aperçu en Andalousie, la princesse Patricia de Connaught; son nom était sur toutes les lèvres; dans le silence du palais, les cercles officiels préparaient déjà cette union. On n'avait oublié qu'un détail : un détail capital pourtant : celui de consulter les plus intéressés qui ne se connaissaient même pas !

Lorsque le Roi partit pour l'Angleterre nul ne doutait qu'il n'en reviendrait fiancé et fiancé à Patricia de Connaught. Les diplomates avaient toutefois compté sans un facteur sans doute méprisable à leur point de vue mais tout-puissant aux yeux d'Alphonse XIII : l'amour...

Lorsqu'en effet les deux jeunes gens se virent pour la première fois il ne jaillit point entre eux, comme on l'espérait, l'étincelle qui détermine les irrésistibles rapprochements. Par contre, pendant le bal donné en l'honneur du Roi au palais de Buckingham, le souverain ne quittait pas des yeux une jeune princesse dont la rayonnante beauté blonde répandait autour d'elle l'éclat du printemps.

— Qui est-ce ? demanda le Roi.

— La princesse Ena de Battenberg lui répondit-on.

On les présenta l'un à l'autre, ils dansèrent et causèrent ensemble, se retrouvèrent le lendemain et les jours suivants.

Aussi bien quand le Roi revint en Espagne laissait-il son cœur en Angleterre...

Pourtant il n'en souffla mot. Sa petite idylle qui se traduisait par un échange de lettres et de cartes postales en même temps que par des négociations secrètes en vue d'un mariage, négociations menées par le Roi en personne avec la famille royale d'Angleterre, se poursuivait dans le plus grand mystère. On savait que la princesse et le Roi s'étaient plu : on ignorait toutefois les desseins intimes du jeune monarque. Celui-ci d'ailleurs se faisait un malin plaisir d'intriguer son entourage : lui, si expansif était subitement devenu silencieux et rêveur. Ayant dès son retour ordonné qu'on lui construisît un yacht, lorsqu'il fallut le baptiser, il s'était borné à faire inscrire sur la proue en lettres d'or :

Princesse...

On s'imagine les commentaires que suscitèrent les trois petits points !

Le moment approchait pourtant où le nom de la marraine du yacht royal et par conséquent de la future reine d'Espagne allait être dévoilé.

Un matin de janvier 1906, je reçus une lettre de Miss Minnie Cochrane, la fidèle dame d'honneur de la princesse Béatrice de Battenberg qui m'annonçait que la Princesse et sa fille, la princesse Ena, allaient se rendre incessamment à Biarritz chez la princesse Frédérika de Hanovre leur tante, et m'invitaient à les y accompagner. Cette gracieuse pensée s'explique de ce que je connaissais la Princesse et sa fille depuis de longues années : j'avais eu maintes fois l'occasion de voir la princesse Béatrice avec la reine Victoria à qui elle témoignait le plus tendre attachement filial et qu'elle ne quittait jamais ; j'avais également connu la princesse Ena toute petite fille, au temps où elle portait des jupes courtes, de longues boucles blondes et jouait à la poupée sous le regard attendri et souriant de son auguste aïeule. C'était à cette époque une enfant grave et réfléchie; elle avait de grands yeux bleus expressifs et profonds : elle était un peu timide comme sa mère.

Lorsque je revis à Calais la fraîche et belle jeune fille expansive et gaie — véritable princesse Printemps — et

Cliché Chusseau-Flaviens.
LES FIANCÉS A BIARRITZ

dont le clair visage reflétait si visiblement un bonheur secret et très doux, quand le lendemain de son arrivée à Biarritz je vis arrriver inopinément le roi Alphonse tout ému et que je surpris le premier regard qu'ils échangèrent sur le seuil de la villa... je compris. Je ne fus donc nullement étonné lorsque m'étant risqué à demander à Miss Cochrane s'il était vrai qu'il y eût un projet matrimonial entre le Roi et la Princesse, l'aimable femme me répondit avec un fin sourire :

— Je le crois.... ce n'est point encore officiel; cela va se décider ici.

La villa Mouriscot qu'habitaient les Princesses était un pittoresque chalet basque, élégamment et confortablement meublé. Située à trois kilomètres de Biarritz, sur une hauteur d'où le regard embrassait le cirque splendide des montagnes, enfouie au milieu d'un jardin parfumé et luxuriant, où s'enfonçaient des allées d'ombre, et de silence, elle offrait au poétique roman des fiançailles royales, l'abri et le décor rêvés.

* * *

Le Roi y venait chaque jour. Enveloppé d'une vaste pelisse, la tête coiffée d'une casquette à visière, il arrivait vers dix heures du matin de Saint-Sébastien dans son double phaéton-automobile Panhard qu'il conduisait lui-même, à moins — ce qui est rare — qu'il ne confiât le volant de direction à son excellent chauffeur français Antonin qui l'accompagnait dans toutes ses excursions. Ses amis le marquis de Viana, le comte de Villalobar, conseiller à l'Ambassade d'Espagne à Londres, M. Quinonès de Léon, le charmant attaché à l'Ambassade de Paris, le comte del Grove, son fidèle aide de camp ou bien encore le marquis du Pacheko, commandant les hallebardiers du Palais, composaient sa suite habituelle. Dès que l'auto, après avoir franchi les grilles du parc, stoppait devant le perron où l'attendaient le baron de Pawel Rammingen mari de la princesse Frédérika de Hanovre et le colonel Lord William Cecil, Alphonse XIII se hâtait, vers le salon où la jolie Princesse aussi impatiente que lui, guettait déjà son arrivée.

Sitôt après avoir présenté ses hommages aux hôtes de la villa, le souverain et la Princesse descendaient dans le parc, se promenaient lentement en causant beaucoup dans les sentiers où, comme dit la chanson de Gounod « s'égarent les amoureux » ; ils revenaient ensuite déjeuner en famille, repas très simple auquel le formidable appétit du Roi faisait honneur. Il se plaisait même souvent à complimenter Mlle Ziska, la vieille cuisinière hanovrienne de la princesse Frédérika sur ses capacités culinaires, ce qui bouleversait d'aise la brave femme. Après le déjeuner, les jeunes gens accompagnés de Miss Cochrane en guise de chaperon, partaient en automobile ; et ne rentraient qu'au crépuscule. Les jours de pluie, il fallait, bien entendu, renoncer à la promenade et rester à la maison, mais la princesse de Hanovre, toujours prévoyante, avait eu l'ingénieuse idée, d'aménager dans le salon de la villa, une sorte d'alcôve ornée d'un canapé, où les fiancés pouvaient à loisir poursuivre leur « flirt » discret. Lorsqu'ils s'y réfugiaient, le jeune prince Alexandre de Battenberg, frère de la princesse Ena, qui était venu rejoindre sa famille à Biarritz, s'amusait à les taquiner :

— Attention, criait-il, aux personnes qui entraient dans la pièce, attention, ne dérangez pas les amoureux !

Le soir, au dîner, la suite était conviée. Le Roi se mettait en habit avec la plaque de la Toison d'or ; les hommes arboraient également leurs décorations ; en sortant de table on faisait un peu de musique. A 10 heures et demie, Alphonse XIII partait pour la gare et rentrait à Biarritz par le Sud-Express.

Au bout de quelques jours, bien qu'ils ne fussent pas encore officiellement fiancés, nul ne doutait plus que le grand événement fût proche :

— Elle est gentille, n'est-ce pas ? me dit à brûle-pourpoint, le Roi.

Un détail significatif me montra à quel point les choses étaient avancées. Un matin, les deux jeunes gens suivis des princesses Frédérika et Béatrice ainsi que toute la petite Cour, se rendirent à l'extrémité du parc, près du lac, où deux trous avaient été fraîchement creusés. Un jardinier les y attendait tenant deux minuscules plantes de pins.

— Voici le mien, dit le Roi.

— Voici le mien, dit la Princesse en français, car ils parlaient constamment français entre eux.

— Nous allons, déclare le Roi, planter les arbres côte à côte pour qu'ils nous rappellent toujours ces inoubliables journées.

Aussitôt dit, aussitôt fait : ainsi que le veut l'antique tradition anglaise, tous deux, s'étant emparés chacun d'une bêche, piochèrent le sol, ensevelirent les racines avec des rires qui sonnaient clair à travers le bois silencieux. Puis comme le souverain qui, malgré la vigueur de son bras est assez mauvais jardinier, s'était aperçu que la Princesse avait terminé son travail avant lui :

— Tout de même, avoua-t-il, suis-je assez maladroit ; Il faudra que je fasse un stage dans un régiment de génie !

De retour à la villa, il offrait son premier cadeau à

sa fiancée : un cœur en brillants. C'était décidément la journée des symboles...

Le lendemain d'ailleurs les choses se précisaient. Le Roi venait chercher dans la matinée les Princesses pour les conduire à Saint-Sébastien où elles allaient se rencontrer avec la reine Marie-Christine. Que se passa-t-il au cours de l'entretien et du déjeuner qui le suivit au palais de Miramar? Nul n'en pénétra l'intimité.

Ce fut, à coup sûr, une journée décisive : à Fontarabie, première ville d'Espagne qu'ils avaient traversée en se rendant le matin à Saint-Sébastien, le Roi avait dit à la Princesse :

— Maintenant, vous voici sur le sol espagnol...

— Ah! répliqua-t-elle, comme j'en suis heureuse...

— Bientôt, vous y serez pour toujours !

Et ils s'étaient souri.

Les acclamations folles qui saluèrent son entrée à Saint-Sébastien, la pluie de fleurs qui tomba à ses pieds lorsqu'elle traversa les rues, le baiser maternel qui l'accueillit au seuil du salon de la reine Marie-Christine, devaient suffire à lui faire comprendre que l'Espagne tout entière venait de ratifier le choix de son souverain et de rendre hommage à son bon goût.

Vingt-quatre heures après cette visite, la Reine mère se rendait à son tour à Biarritz et prenait le thé à la villa Mouriscot. Le Roi l'y avait précédé : tous les visages reflétaient une intense joie... Lorsqu'enfin la Reine qui m'avait très gracieusement fait appeler pour me remercier des soins que je prenais de son fils, remonta dans sa voiture, elle dit à la princesse en souriant :

— A Madrid et à bientôt.

Puis détachant du bouquet que lui avait donné le maire de Biarritz, une rose blanche, elle la tendit à la princesse qui la porta à ses lèvres avant de l'épingler à son corsage.

Le soir même, le Roi radieux, me criait de loin dès qu'il m'aperçut :

— Ça y est, Paoli ; la demande officielle est agréée. Regardez le plus heureux des hommes !

Heureux, il l'était en effet, à tel point que son allégresse avait gagné son entourage ; il semblait que chacun de nous fût un peu le complice de ce bonheur si candide, de ce roman si touchant et qu'il eût retrouvé pour en goûter le charme son cœur de vingt ans ! L'Angleterre elle-même, oubliant que sa princesse allait épouser un monarque catholique et qu'il lui faudrait adjurer la religion protestante, — condition essentielle imposée à cette union — l'Angleterre d'habitude si rigide sur ces chapitres saluait avec enthousiasme ce mariage d'amour. Un évêque britannique eut à ce propos un mot piquant. Comme on s'étonnait devant lui de la condescendance que montrait en cette circonstance le gouvernement du roi Édouard. « Toute l'humanité aime les amoureux, répondit-il, on les aime surtout en Angleterre. »

Les journées qui suivirent le grand événement, furent pour les fiancés, désormais libérés de toute préoccupation, de toute contrainte, des journées d'enchantement. On les rencontrait tantôt en automobile dévorant l'espace sur les pittoresques routes de la campagne basque, tantôt à pied dans les rues de Biarritz, s'arrêtant devant les étalages, chez le photographe ou chez le pâtissier.

— Savez-vous, Paoli, me fait un jour le Roi, que je viens de changer le nom de ma fiancée ; au lieu de l'appeler Ena que je n'aime pas, je l'appelle « Nini ». C'est très parisien, n'est-ce pas ?

Le royal fiancé, comme je l'ai dit plus haut, se piquait

Cliché Chusseau-Flaviens.
UNE VISITE CHEZ LE PHOTOGRAPHE.

avec raison d'ailleurs, de parisianisme. Témoin ce bout de dialogue, un matin dans une rue de Biarritz :

— Monsieur Paoli :

— Sire ?
— Connaissez-vous l'air de la « *Matchich ?* »
— Ma foi non.
— Et celui de « *Viens Poupoule ?* »
— Pas davantage.
— Mais alors, vous ne connaissez rien, Paoli... quel scandale !

Entr'ouvrant là-dessus la porte du magasin du pâtissier Miremont où la princesse Ena s'attardait à choisir des gâteaux, il se met à fredonner le fameux air de « *Viens Poupoule !* »

Comme bien on le pense, la surveillance du Roi n'était pas toujours facile. Il avait été convenu, il est vrai, que l'on me communiquerait toujours d'avance, le programme de la journée : mais une heure après, les projets étaient modifiés et quand le jeune couple partait à l'aventure, rien n'était plus malaisé que de le rattraper !

Je me rappelle à ce propos qu'un matin le Roi m'ayant dit qu'il ne comptait pas sortir de la journée, je m'étais promis de m'octroyer, moi aussi, quelques heures de repos.

Je venais de rentrer à mon hôtel et je commençais à goûter cette tranquillité à laquelle je n'étais plus habitué lorsqu'un coup de téléphone retentit.

— Le Roi et la Princesse sont sortis, m'annonçait un de mes inspecteurs ; impossible de les retrouver !

Fortinquiet, je m'élançais déjà vers la villa Mouriscot lorsqu'au détour de la route j'aperçois venant paisiblement au-devant de moi... les fugitifs eux-mêmes accompagnés de la princesse Béatrice.

— Vous savez, me crie le Roi, votre inspecteur, nous l'avons semé !

Et comme je me risquais à de discrets reproches :

— Ne nous en veuillez pas, monsieur Paoli, interrompit gentiment la Princesse, le Roi ne craint rien, moi non plus. Qui peut nous vouloir du mal ?

La grande joie du souverain, consistait aussi à mystifier ceux qui ne le connaissaient pas.

C'est ainsi qu'en arrivant un jour en automobile à Cambo, le délicieux village dont dépend la propriété d'Edmond Rostand, il entre au bureau de poste pour envoyer des cartes postales. Apercevant la buraliste qui prenait le frais devant la porte :

— Pardon, madame, lui demande-t-il très poliment, pourriez-vous me dire si l'on n'attend pas ici le Roi d'Espagne aujourd'hui ?

— J'en sais rien, répond sèchement la petite fonctionnaire.

— Vous ne le connaissez pas de vue ?

— Non.

— Tant pis. On le dit très gentil, pas beau, mais charmant tout de même !

La buraliste, bien entendu, ne se doute de rien. Mais le Roi lui ayant remis ses cartes postales, elle s'empresse naturellement d'en lire les suscriptions, et s'aperçoit qu'elles sont adressées à la Reine Régente à Saint-Sébastien, à l'infante Don Paz, à l'infante Marie-Thérèse, au président du Conseil.

— Mais, c'est lui le Roi ! s'écrie-t-elle toute saisie. Alphonse XIII était déjà loin.

L'aventure la plus plaisante fut toutefois celle qui lui advint à Dax. Ayant eu, un matin, la fantaisie de pousser une pointe en auto jusqu'aux solitudes brûlantes et désolées du pays des Landes qui s'étendent comme on le sait, entre Bayonne et Bordeaux, il se décide après une longue et pénible randonnée à prendre à Dax, un train pour rentrer. Accompagné de son ami M. Quinonès de Léon, il se dirige donc vers la gare où les deux jeunes gens exténués de fatigue, trempés de sueur, s'installent au buffet.

— Servez-nous à déjeuner, dit à la patronne le Roi qui avait une faim de loup.

Le buffet, hélas était plus que discret... Lorsque les deux compagnons eurent épuisé les maigres provisions représentées par des œufs et des sandwichs qui attendaient certainement depuis plus d'un mois qu'un voyageur voulut bien d'eux, le Roi, dont l'appétit n'était point satisfait appelle la patronne, une grosse béarnaise ornée d'une paire de fortes moustaches.

— Vous n'avez pas autre chose à nous offrir? lui demande-t-il.

— J'ai bien un pâté de foie gras, mais c'est plus cher... répond la bonne femme dont la perspicacité n'avait pas deviné, bien entendu, un client « sérieux » dans ce jeune homme affamé et couvert de poussière.

— Servez toujours, ordonne le Roi.

La patronne apporte donc le pâté qui manquait de fraîcheur ; aussi quel n'est pas son ébahissement lorsqu'elle voit les deux voyageurs dévorer non seulement le foie, mais aussi la graisse! La terrine en un clin d'œil fut vidée et nettoyée...

Flattée du succès de sa cuisine, encouragée par la belle humeur expansive du Roi, la buffetière s'assoit à la table royale et se met à conter au souverain ses affaires de famille et à le questionner avec une sollicitude maternelle.

Quand enfin l'heure du départ a sonné, ils échangent de chaleureuses poignées de mains.

Quelque temps après le Roi repassant en chemin de fer par Dax — il était cette fois en uniforme — me dit au moment où le train entrait en gare.

— J'ai une « connaissance » à Dax, je vais vous la montrer ; elle est charmante.

La plantureuse béarnaise plus moustachue que jamais était là en effet. Comment décrire son effarement comique, lorsqu'elle reconnut dans la personne du Roi son ancien client ! Celui-ci, ravi, lui ayant tendu la main :

— Vous voulez bien, tout de même, lui demanda-t-il en riant, me dire bonjour ?

Elle en perdit la tête ; ce qui devait arriver, arriva : elle devint indiscrète. Depuis lors, en effet, elle regardait dans tous les trains qui s'arrêtaient si « son ami » le Roi ne se trouvait pas parmi les voyageurs ; et quand par hasard elle l'apercevait et qu'il se contentait au lieu de descendre sur le quai de lui faire un petit signe amical derrière la vitre, elle éprouvait une immense déception : elle était même un peu froissée...

La buraliste de Cambo et la buffetière de Dax ne sont pas d'ailleurs les seules personnes qui peuvent se vanter d'avoir été mystifiées par Alphonse XIII. Son espièglerie s'adressait parfois à des hommes graves... Le docteur Moure de Bordeaux, qui eut l'occasion de soigner le jeune souverain lorsqu'il se fit opérer pour son affection nasale en sait quelque chose... Appelé un jour à Saint-Sébastien, il attendait depuis un moment dans un salon du palais Miramar que son auguste client daignât paraître, quand brusquement une porte s'ouvre, une dame respectable, s'avance, habillée de falbalas de soie et portant perruque et lunettes. N'ayant point l'honneur de la connaître, il se lève, fait un grand salut auquel la dame répond par une profonde révérence.

— C'est sans doute, la « Camarera-major », se dit-il. Elle est très « grand siècle ».

Mais soudain, un formidable éclat de rire secoue la vénérable douairière, ses lunettes s'échappent de son nez, sa perruque tombe et une voix claironnante s'écrie :

— Salut, docteur, c'est moi !

C'était le Roi en effet...

Le chapitre des anecdotes est inépuisable... On conçoit que tant de simplicité enjouée, unie à une délicatesse de sentiments et à une grâce chevaleresque auxquelles on n'est plus habitué à notre époque de réalisme brutal, eût conquis la jolie princesse anglaise. Aussi bien, lorsqu'après plusieurs jours d'intimité familiale et quotidienne il fallut se séparer — la princesse retournait en Angleterre pour s'occuper des préparatifs de son mariage, Alphonse XIII était rappelé pour les mêmes raisons à Madrid — lorsque l'instant des adieux fut venu, il y eut de part et d'autre un douloureux serrement de cœur.

Et comme je repartais avec la princesse pour Paris ;

— Vous avez de la chance, vous, monsieur Paoli, d'accompagner la princesse, me dit le Roi tristement au moment où je montais en wagon. Ce que je donnerais tout de même pour être à votre place !

*
* *

Tandis que la Cour d'Espagne s'occupait de régler dans ses moindres détails le cérémonial du mariage désormais proche du Roi et que, selon l'usage, le souverain annonçait la grande nouvelle aux Cortès, la princesse Ena s'absorbait à la fois dans les détails charmants de son trousseau et dans les préparatifs plus austères de sa conversion au catholicisme ; cette conversion, comme je l'ai dit plus haut, était une condition *sine qua non* du consentement de l'Espagne à son union.

C'est à Versailles, dans un hôtel, que très discrètement la princesse et sa mère accompagnées de Miss Cockrane et de Lord William Cecil allèrent s'installer pour la durée de la période d'initiation religieuse qui précède l'entrée du néophyte dans le giron de l'Église romaine. Pourquoi avait-elle choisi la ville de Louis XIV pour accomplir la retraite qui précédait cet acte important et solennel de sa vie ? Sans doute à cause de l'apaisant silence qui l'entoure, du passé plein de mélancolique grandeur qu'elle évoque : peut-être aussi en raison de l'association d'idées qui confondait dans son esprit la cité du grand Roi avec les origines de la famille des Bourbons d'Espagne dont elle avait été le berceau. Le cœur des femmes a parfois de ces délicatesses de pensée...

C'est à l'ambassade d'Espagne à Paris par un froid matin de février qu'elle abjura le protestantisme entre les mains d'un évêque espagnol et en présence du marquis del Muni, ambassadeur d'Espagne.

Les derniers mois de cet hiver de l'année 1906

s'écoulèrent donc pour les fiancés dans l'attente impatiente du grand événement qui allait définitivement les réunir et dans les multiples occupations qu'il leur imposait. Le mariage était fixé au 31 mai ; quelques jours auparavant, je retournai chercher la Princesse à Calais. Il semblait que la nature dans son charmant réveil printanier sourît à cette fiancée royale et se fût parée en hâte, pour la saluer au passage, de toute sa jeune allégresse ; mais la Princesse ne voyait rien : elle venait de dire à son pays, à son « home », à sa famille un adieu définitif... malgré le bonheur qui l'appelait, le souvenir très tendre de celui qu'elle quittait lui serrait le cœur.

— Ce n'est rien, monsieur Paoli, me disait-elle, lorsque je m'informais des causes de sa tristesse, ce n'est rien ; je ne puis m'empêcher d'être émue en songeant que je quitte le pays où j'ai passé tant de jours heureux, pour aller au-devant de l'inconnu...

Elle ne dormit point cette nuit-là... Dès trois heures du matin, elle était debout, habillée, prête à paraître devant son futur époux, devant le peuple qui l'attendait pour l'acclamer. Cependant le Roi, à cette même heure, arpentait la gare d'Irun, fiévreux, ému, scrutant la nuit pour apercevoir le premier, les feux jaunes du train... et nerveusement, il allumait cigarettes sur cigarettes afin de calmer son impatience...

Puis ce fut le tourbillon des fêtes auxquelles le Roi me pria d'assister, l'éclat somptueux de la cérémonie du mariage dans la pittoresque église de los Géronimos... Il semblait que la vieille Cour d'Espagne eût retrouvé son faste d'autrefois. On vit de nouveau circuler à travers les rues pavoisées des antiques carrosses, des costumes héraldiques, des uniformes éblouissants ;

du haut des balcons, drapées de précieuses étoffes tombaient des fleurs ; des rangs pressés de la foule montaient des vivats. Une joie intense bruyante, folle, jaillissait de tous les yeux, de toutes les lèvres tandis que derrière les glaces du carrosse qui la conduisait à l'église, la Princesse surprise et ravie, oubliant sa fugitive mélancolie, souriait maintenant à tant d'hommages...

Un tragique incident devait hélas, interrompre brutalement son beau rêve commencé.

N'ayant point trouvé de place dans l'église de los Geronimos, dont les dimensions sont exiguës, je m'étais réfugié dans une tribune de la Cour, élevé sur le passage des souverains et d'où je comptais assister au défilé du cortège lors de son retour au palais, quand je fus tout à coup assourdi par une détonation formidable. Au premier moment, personne ne s'était rendu compte de sa provenance... on pensait que c'était un coup de canon annonçant la fin de la cérémonie... Mais voici que brusquement des clameurs s'élèvent, des gens se bousculent, se sauvent affolés en criant : « C'est un attentat, le Roi et la Reine sont tués ! »

Terrifié, je veux me précipiter vers le lieu d'où partent les appels, un barrage de soldats m'arrête ; je cours alors au Palais ; j'y arrive juste au même moment que le carrosse royal d'où descendent le Roi et la jeune Reine. Ils sont pâles mais calmes. Le Roi tient tendrement la main de sa femme dans les siennes et regarde avec effroi la longue traîne blanche de sa robe de mariée : elle porte en effet de larges taches de sang.

Vivement impressionné, je m'avance vers Alphonse XIII.

— Oh ! Sire, m'écriai-je, vous êtes au moins sains et saufs tous deux ?

— Oui, me répondit-il, puis baissant la voix : « Mais il y a des morts. Les pauvres gens... Quelle infamie ! »

Sous son grand voile blanc, la Reine, entourée de la reine Marie-Christine et de la princesse Béatrice de Battenberg encore tremblantes toutes deux, laisse couler des larmes silencieuses. Alors le Roi, profondément ému, s'approche d'elle, l'embrasse longuement sur la joue en lui murmurant ces mots charmants :

— Vous ne m'en voulez pas au moins de l'émotion que je vous ai involontairement causée ?...

Ce qu'elle répondit, je ne l'entendis point ; je ne vis qu'un baiser...

Malgré les chaleureuses manifestations de loyalisme que prodigua, au lendemain de cet attentat, le peuple d'Espagne à ses souverains, on dit que la reine Victoria fut longtemps hantée par le spectacle d'horreur qu'elle avait entrevu et qu'elle conserva de cette heure si dramatique un sentiment d'effroi et de tristesse intense. Mais Dieu merci, tout passe... Lorsque dans la suite, j'eus l'honneur de me trouver de nouveau auprès du Roi et de la Reine soit à Biarritz, soit à Paris, je retrouvai le jeune couple épris et heureux que j'avais connu à l'époque des fiançailles. C'était de la part d'Alphonse XIII la même gaîté, la même expansion que jadis ; dans l'esprit de la Reine, il ne restait, semblait-il, nulle trace de fâcheux souvenirs, de sombres appréhensions.

Au cours du premier voyage que je fis avec eux, un an après l'attentat de Madrid, le Roi en personne, devait m'apprendre la véritable cause de cette heureuse quiétude si promptement retrouvée, lorsqu'entrant un matin comme jadis, le feutre rabattu, la cigarette aux lèvres, le regard pétillant, dans le compartiment où je me tenais, il tendit très haut vers moi un enfant rose et joufflu et me dit avec une nuance d'orgueil :

— N'est-ce pas qu'il est beau ?

III

LE SHAH DE PERSE

Dois-je l'avouer ? Lorsqu'on m'annonça, quelques semaines avant l'inauguration de l'Exposition Universelle de 1900, que j'aurais l'honneur d'être attaché à la personne de Mouzaffer-Ed-Dine, Roi des Rois et Shah de Perse, pendant toute la durée du séjour officiel qu'il se proposait d'accomplir à Paris, je n'accueillis pas cette nouvelle avec l'empressement qu'elle aurait dû sans doute me suggérer.

Je n'avais pourtant aucun motif d'antipathie contre ce monarque : je ne le connaissais pas.

Mes appréhensions tenaient à des causes plus lointaines : je me rappelais les souvenirs qu'un autre shah — le prédécesseur — avait laissés parmi nous. Nassr-Ed-Dine était un souverain étrange et capricieux qui n'avait jamais pu se décider, lorsqu'il venait en Europe, à oublier sur l'autre rive, si j'ose dire, les mœurs et les coutumes de son pays, ni à renoncer aux fantaisies troublantes auxquelles se plaisait son despotisme nonchalant. N'avait-on pas raconté lors de ses villégiatures en France qu'il faisait chaque matin immoler des brebis dans sa chambre à coucher pour que le Prophète lui fût clément jusqu'au soir ? Ou bien encore qu'il avait la douce habitude d'acheter tout ce qu'il trouvait à son goût en négligeant d'en acquitter le prix ?

N'est-ce pas de lui, enfin, que l'on contait ce trait savoureux à l'excès : ayant demandé — histoire de passer le temps — s'il ne pourrait assister à une exécution capitale pendant l'un de ses séjours à Paris, et l'occasion s'étant justement présentée, on le convie un matin place de la Roquette où se dressait l'échafaud. Il s'y rend avec ses diamants et sa suite. Mais dès qu'il aperçoit le condamné, une subite tendresse pour l'assassin envahit son cœur magnanime :

— Pas celui-ci... l'autre, ordonne-t-il, en désignant le procureur de la République qui présidait la cérémonie... Tête du magistrat... Le Shah insiste et trouva discourtois que l'on n'eut point aussitôt obtempéré à son désir...

Je me demandais donc, avec un certain effroi quelles surprises fâcheuses me réservait son successeur qui semblait arriver du fond d'une très vieille humanité mystérieuse et qui s'en venait depuis sa capitale jusqu'aux rives d'Europe en cheminant lentement, par étapes, à travers les déserts, les montagnes, les villes mortes aux dômes bleus, escorté d'un fabuleux bagage de tissus de Kachan, de tapis de prière, de pierreries merveilleuses, d'une armée de cavaliers à turbans, d'une nuée de fonctionnaires, d'un harem de bayadères et d'une longue file de chameaux...

Je me demandais si je n'allais pas être obligé, moi aussi, d'assister à des sacrifices de génisses, de consoler des commerçants impayés et tout cela pour être finalement désigné par Sa Majesté comme « remplaçant » sous le couperet d'une guillotine...

Je m'étais injustement alarmé pourtant : en Perse, Dieu merci, les Shah se suivent, mais ne se ressemblent pas. J'en acquis la certitude dès qu'il me fut permis d'être admis dans l'intimité de notre nouvel hôte. Moussafer-Ed-Dine n'avait rien de commun avec son père. C'était un grand enfant dont la massive stature, les grosses moustaches touffues, les yeux ronds remplis de bonté, le ventre proéminent, la graisse envahissante contrastaient avec la mentalité rétrograde, et l'intelligence assoupie. Il avait en effet le cerveau d'un collégien de douze ans, il en avait les étonnements, la candeur, la curiosité. Il ne s'occupait que des petites choses, les seules qui eussent le don de l'émouvoir ou de l'intéresser. Il était doux, bienveillant, poltron comme la lune, généreux par moments, capricieux à l'extrême sans pourtant que ses caprices allassent jusqu'à se délecter aux souffrances d'autrui. Il aimait la vie, il y tenait énormément, aussi bien m'aimait-il d'une affection vraie, spontanée, attendrissante parfois.

— Paoli, brave Paoli, me disait-il un jour d'expansion en dardant sur moi ses rondes prunelles, vous..... mon bon, mon cher domestique !

Et comme je paraissais surpris, un peu froissé même, de la place qu'il m'assignait sur l'échelle de la hiérarchie sociale :

— Sa Majesté veut dire, intervint le grand vizir, qu'elle vous considère comme étant de la famille. « Domestique » dans sa pensée signifie ami de la maison selon la véritable étymologie du mot qui vient du latin « domus ».....

L'intention était touchante, je n'en demandais pas davantage, d'autant que Moussafer-Ed-Dine, s'exprimait difficilement en français et employait ce qu'il est convenu d'appeler le langage nègre.

       * *

Lors de son premier séjour à Paris, il eut le privilège d'inaugurer le fameux hôtel des souverains que le Gouvernement avait aménagé avenue du Bois de Boulogne en vue d'y héberger ses hôtes royaux. La maison était relativement exiguë, elle était en revanche somptueusement parée. Le garde-meuble y avait en effet transporté les plus belles pièces de son magasin historique. Je crois même que le Shah couchait dans le lit de Napoléon Ier et se débarbouillait dans la cuvette de l'impératrice Marie-Louise, ce qui d'ailleurs lui importait peu. Les grands souvenirs le laissaient froid ; il leur préférait infiniment les futiles réalités, qui se traduisaient sous forme d'objets de luxe dont le clinquant charmait son regard et dont la « nouveauté » l'attirait.

Ses préférences s'attestèrent dès le jour de son arrivée par deux décisions brusques : il fit en effet emballer pour Téhéran le piano à queue qui ornait son salon et l'automobile qui attendait son bon plaisir, après avoir entendu l'un, essayé l'autre et royalement payé cette double fantaisie. Il n'y avait rien à dire.

Sa stupeur fut grande lorsqu'il visita pour la première fois l'Exposition. La merveilleuse cité cosmopolite qui semblait avoir surgi en l'espace d'une des mille et une nuits de la légende persane, exaltait son imagination d'Oriental malgré qu'il s'efforçât de n'en rien laisser paraître : la splendeur des étalages exotiques exerçait sur lui un irrésistible attrait, les vitrines de la joaillerie fascinaient également son regard, bien qu'il fût lui-même, sans qu'il s'en rendît compte sans doute, une vitrine ambulante, que tout bijoutier eût souhaité posséder. Sur sa longue tunique persane à passe-poils rouges et à basques froncées de plis, il portait, en effet, un véritable harnachement de pierreries, et l'on ne savait ce que l'on devait admirer le plus des saphirs troublants qui ornaient ses pattes d'épaulettes, des émeraudes splendides, des turquoises radieuses qui constellaient le baudrier et le fourreau d'or de son sabre, des quatre rubis énormes qui remplaçaient les boutons de son uniforme, ou de l'aveuglant et formidable diamant le fameux Daria-Nour, — la Mer de Lumière — agrafé à sa Khola — la coiffure traditionnelle d'où jaillissait comme une fontaine lumineuse une tremblante aigrette en brillants. Ainsi accoutré, Moussafer-Ed-Dine, était « estimé » trente-quatre millions net et pourtant il était loin de porter toute sa fortune sur lui. On m'a assuré, en effet, que dans les profondeurs du coffre de fer dont quatre persans vigilants avaient la garde, d'autres pierreries non moins belles, subissaient les rigueurs d'une disgrâce momentanée. Tel qu'il apparaissait aux populations, il suffisait en tout cas à exciter la curiosité admirative des foules.

Dans ses solennelles promenades à travers les sections de l'Exposition et où ma modeste et terne redingote se mêlait un peu dépaysée, à l'éclat des uniformes, il était accompagné de son grand vizir, le seul dignitaire qui, d'après le protocole persan, eût le droit de se servir d'une canne en présence du monarque qui s'appuyait toujours sur un bâton de bois précieux. Il était enfin invariablement suivi d'un persan attentif et grave portant une valise. Ce personnage m'avait au début intrigué. Ses compatriotes le considéraient avec respect et lui parlaient avec déférence : j'en avais conclu qu'il occupait sans doute de hautes fonctions : j'étais d'autant plus autorisé à le supposer que le Shah de temps à autre lui faisait un petit signe et aussitôt tous trois : le Souverain, le persan et la valise disparaissaient pendant quelques instants dans quelque coin obscur... J'appris bientôt, pourtant, que ces conciliabules n'avaient aucun caractère politique : le persan n'était qu'un simple valet de confiance ; quant à la valise, elle contenait uniquement l'ustensile le plus banal qui soit au monde, le plus intime aussi, dont le Shah, atteint d'albumine, était obligé de réclamer fréquemment l'assistance. Ce léger inconvénient ne décourageait point d'ailleurs sa curiosité de tout connaître, de tout voir et de tout acheter. Il achetait indifféremment des instruments de musique malgache, des tapisseries anciennes, quatre douzaines de couteaux, un panorama, une bague modern-style ou des pistolets. Il regardait, palpait, soupesait puis levant l'index disait : « Je prends » cependant que l'exposant ravi et impressionné inscrivait la commande et l'adresse.

Moussafer-Ed-Dine n'était point toutefois si riche qu'on l'eût imaginé. Chaque fois, en effet, qu'il venait en Europe, où il dépensait des sommes fabuleuses, il se procurait l'argent nécessaire à son voyage, non seulement en contractant un emprunt, généralement à la Russie, mais aussi grâce à un moyen aussi ingénieux que *business like* comme disent nos amis les Américains. Avant de quitter ses États, il réunissait ses grands fonctionnaires : Ministres et Gouverneurs de province et leur proposait le marché suivant : ceux qui désiraient faire partie de sa suite devaient au préalable lui verser une somme qu'il taxait selon l'importance de leurs fonctions et qui variait de 50.000 à 300.000 francs : il les autorisait en revanche à récu-

PORTRAIT DE MOUSSAFER-ED-DINE
(Donné par le Shah à M. Paoli.)

pérer cette « avance » comme ils l'entendraient. Ainsi s'expliquait le nombre considérable de personnages qui accompagnaient le Shah dans ses déplacements et les titres aussi inattendus que bizarres dont ils étaient investis, tels que celui de « Ministre de l'Arsenal », bien que la Perse n'eût jamais possédé de marine et celui plus extraordinaire de « fondé de pouvoirs du prince héritier... » Malgré qu'ils eussent parfois l'âme romantique, ils avaient l'esprit terriblement pratique ! Soucieux de rattraper le plus promptement possible les débours que leur ambition de voir l'Occident leur avait imposé, ils pratiquaient sur une vaste échelle et sans embarras aucun, ce que notre langage vulgaire dénomme le pot-de-vin. Malgré ma vieille expérience des faiblesses humaines, j'avoue que ce procédé si cyniquement élevé par ces messieurs à la hauteur d'une institution, bouleversait toutes mes notions et l'on s'explique que le Shah ait dépensé à chacun de ses voyages de huit à douze millions d'argent de poche.

Dès, en effet, que son entourage avait connaissance des magasins que le Maître se proposait de visiter au cours de sa quotidienne promenade, une nuée de chambellans s'abattait chez le commerçant ahuri et impérieusement exigeait de lui la promesse d'une forte commission en échange de quoi on s'engageait à insister auprès de Sa Majesté pour qu'elle daignât honorer l'établissement de sa clientèle. Le commerçant ne faisait généralement aucune objection : il se contentait de majorer le prix et quand le bon Shah accompagné de son vizir et de la fameuse valise se présentait quelques heures plus tard dans le magasin, on lui vantait si bien les produits de la maison qu'il ne manquait jamais de laisser tomber la phrase traditionnelle « je prends » afin de ne faire à personne nulle peine, même légère...

Aucun de ceux qui l'entouraient ne songeaient d'ailleurs à se cacher du trafic auquel il se livrait sur le dos de son souverain : c'était un droit acquis.

Je dois constater toutefois que le grand vizir — sans doute parce qu'il était déjà trop riche — paraissait au-dessus de ces mesquines et vénales préoccupations. Ce personnage considérable qui s'appelait à l'époque « Son Altesse le Sadrazani Mirza Aly Asgher Khan Emin es Sultan » était à la fois un esprit fin et une intelligence supérieure; le Shah lui témoignait une affection très marquée et le traitait en ami. Ces marques de particulière bienveillance tenaient à des causes curieuses qu'un aimable persan voulut bien me confier : Il paraît que lorsque le défunt Shah Nassr-Ed-Dine fut assassiné d'un coup de feu à la mosquée où il allait en pèlerinage, le grand vizir d'alors qui n'était autre que ce même Mirza Aly Asgher Khan, feignit que la blessure du monarque fût sans gravité, fit asseoir le cadavre dans le carrosse et revint au palais à côté de lui simulant de s'entretenir avec son souverain, l'éventant et demandant de temps en temps de l'eau pour le rafraîchir, comme s'il vivait toujours.

Le décès ne fut avoué que quelques jours plus tard. Ainsi donna-t-il au prince héritier, le Shah actuel, le temps de revenir de Tauris et évita-t-il les troubles graves qui eussent certainement surgi si la vérité eût été connue. Moussafer-Ed-Dine devait donc sa couronne et peut-être la vie à son grand vizir : on conçoit qu'il lui en témoignât quelque reconnaissance.

Son ministre de la cour, Mohamed Khan, aurait pu d'ailleurs, lui aussi y prétendre car il fit preuve d'une remarquable présence d'esprit lors de l'attentat dont Moussafer-Ed-Dine fut l'objet pendant son séjour à Paris en 1900.

On se rappelle peut-être l'incident : le Shah ayant à ses côtés le ministre de la cour et en face de lui le général Parent, chef de la mission française attachée à sa personne, venait de quitter en voiture le Palais des Souverains pour se rendre à l'Exposition, lorsqu'un individu s'élance sur le marchepied du landau impérial qui était découvert, sort un revolver et le braque contre la poitrine du monarque : mais avant qu'il ait le temps de tirer, une main de fer s'abat sur son poignet, l'étreint avec une telle force qu'elle l'oblige à lâcher son revolver qui tombe aux pieds du souverain tandis que l'homme est arrêté par des agents. Mohamed Khan venait par cette intervention énergique et opportune de prévenir un coup de feu dont les conséquences eussent été désastreuses pour le Shah et fort ennuyeuses pour le Gouvernement français d'autant que l'auteur de cet attentat que j'interrogeai aussitôt était un sujet français, sorte d'exalté méridional à qui l'assassinat tout récent du roi Humbert d'Italie avait suggéré ce projet bizarre de supprimer l'inoffensif Moussafer-Ed-Dine. Détail curieux : on m'avait remis le matin même une lettre anonyme datée de Naples mais mise à la poste à Paris dans laquelle on prévenait le souverain qu'on essaierait d'attenter à ses jours. Bien que ce genre de missive fût fréquente, j'avais ordonné que l'on redoublât de surveillance à l'intérieur du palais ; je redoutais moins, en effet, une surprise à l'extérieur, le Shah ne sortant jamais sans que sa voiture fût entourée d'un détachement de cavalerie : or la malchance avait voulu qu'il eût ce jour-là l'idée de sortir avant l'heure qu'il avait fixée lui-même et sans attendre l'arrivée de l'escorte : on voit ce qui s'en suivit.

Pendant toute cette scène tragique qui n'avait duré que quelques secondes, il ne proféra pas une seule parole; la pâleur qui avait envahi ses joues trahissait seule l'émotion qu'il venait de ressentir : il fit néanmoins donner au cocher l'ordre de continuer sa route. Lorsqu'on arriva enfin aux Champs-Elysées, et qu'il aperçut de nombreux groupes qui l'attendaient pour l'acclamer, il sortit de sa torpeur. « Ça va-t-il recommencer ? » s'écria-t-il avec un accent d'effroi...

*
* *

Il avait en effet, de faciles et d'étranges terreurs. Il portait toujours un pistolet chargé dans la poche de son pantalon, bien qu'il ne s'en servit jamais. A l'un de ses voyages en France, il avait même imaginé de se faire précéder en sortant d'un théâtre, d'un haut fonctionnaire tenant un revolver au poing braqué sur les pacifiques curieux. Dès que je m'en aperçus je courus à ce garde du corps menaçant :

— Rentrez ça, lui dis-je, ce n'est pas l'usage chez nous.

Il fallut cependant que j'insistasse brutalement pour qu'il se décidât à rengainer son arme. D'ailleurs, il ne se méfiait pas moins de ses propres sujets; j'ai remarqué en effet que lorsque les Persans se trouvaient en sa présence, ils prenaient une attitude uniforme qui consistait à tenir les mains croisés sur leur estomac : sans doute, ils témoignaient ainsi, de leurs intentions inoffensives : c'était là une manière de garantie... très relative, il faut le reconnaître.

Au reste, ses « inquiétudes » se manifestaient sous

les aspects les plus divers et dans les circonstances les plus inattendues. On n'obtint jamais, par exemple, qu'il consentît à visiter la tour Eiffel. La déception de ses *cicerones* était d'autant plus vive qu'il s'avançait jusqu'au pied des piliers ; on croyait toujours qu'il allait monter. Mais non : une fois au-dessous de l'immense charpente de fer, il regardait en l'air, examinait les ascenseurs, jetait un coup d'œil craintif aux escaliers, puis brusquement tournait les talons et s'en allait. On avait beau lui dire que son auguste Père était monté jusqu'au premier ; rien ne parvenait à le décider.

Je me souviens encore qu'un jour — c'était à l'époque de son second séjour à Paris — je lui trouvais en entrant dans son salon, le visage soucieux.

— Paoli, me dit-il, en me prenant par la main et en m'emmenant à la fenêtre, regardez?

J'avais beau regarder, je ne voyais rien d'anormal. Plus bas, sur le trottoir trois maçons causaient tranquillement.

— Comment, vous ne voyez pas, reprit le Shah, ces hommes là-bas. Depuis une heure ils sont là qui causent en regardant ma fenêtre. Paoli, ils veulent me tuer.

Réprimant une terrible envie de rire, je pris le parti de rassurer notre hôte, par un mensonge.

— Mais je les connais, répondis-je, je sais leurs noms : ce sont de braves ouvriers.

La figure de Moussafer-Ed-Dine s'illumina aussitôt.

— Vous connaissez donc tout le monde, me dit-il, en me lançant un regard reconnaissant.

L'incident le plus divertissant fut celui qui nous advint à l'occasion d'une expérience de radium.

J'avais, au cours de nos entretiens, raconté au

souverain l'admirable découverte que notre grand savant, M. Curie, venait de faire, découverte qui était appelée à révolutionner la science. Le Shah, extrêmement intéressé par mon récit, avait derechef manifesté le désir qu'on lui fît voir la précieuse et magique pierre : on informa donc M. Curie qui, malgré ses occupations, consentit à se rendre, dans ce but, à l'hôtel de l'Elysée-Palace ; toutefois, comme il fallait l'obscurité complète pour que le radium pût être admiré dans tout son éclat, j'avais, avec mille peines, décidé le Roi des Rois à descendre dans une cave de l'hôtel aménagée à cet effet. Sa Majesté et toute sa suite se rendent donc le moment venu dans la pièce souterraine : M. Curie ferme la porte, éteint l'électricité, dévoile le morceau de radium quand, soudain, un cri de terreur qui ressemble à la fois au rugissement d'un taureau et aux clameurs d'un homme qu'on égorge, retentit, suivi de centaines de cris semblables..... Émoi, affolement, on se jette sur les boutons électriques, on rallume les ampoules et l'on voit un spectacle étrange : au milieu des persans prosternés, le Shah, les bras serrés autour du cou de son grand vizir, hurlant, ses rondes prunelles dilatées et criant de toutes ses forces en persan :

— Allons-nous-en, allons-nous-en !

Le retour à la lumière calma comme par enchantement ses folles angoisses. Conscient de la déception qu'il venait de causer à M. Curie, il voulut en guise de compensation lui offrir une décoration ; mais l'austère savant, crut devoir la décliner...

La crainte instinctive de l'obscurité et de la solitude étaient si vives chez le monarque persan, qu'il exigeait pendant la nuit que sa chambre fût remplie de lumière et de bruit. C'est ainsi que chaque soir, dès qu'il était couché et qu'il avait fermé les paupières, les personnes de sa suite s'installaient autour de sa couche, allumaient tous les candélabres et échangeaient des impressions à haute voix, tandis que des jeunes gentilshommes de la Cour, se relayant deux par deux, tapotaient consciencieusement ses bras et ses jambes de petits coups réguliers, légers et secs : le Roi des Rois s'imaginait de cette façon écarter la Mort si d'aventure il lui prenait la fantaisie de venir le surprendre pendant son sommeil..... et ce qu'il y a de plus extraordinaire, c'est qu'il dormait malgré ce massage, ces lumières et ce bruit.

Le besoin qu'il éprouvait d'avoir constamment du « monde » autour de lui et d'évoquer dans le cadre où il fixait sa résidence provisoire, l'ambiance de sa patrie absente, se reflétait dans l'aspect pittoresque et singulièrement animé que prenait, dès qu'il y était installé, l'hôtel où il avait élu domicile.

Sa résidence provisoire se transformait en un vaste caravansérail exotique qui tenait de la foire de Beaucaire et du bazar oriental. Depuis les cuisines où régnait le maître-coq persan qui préparait les mets du monarque, jusqu'aux combles où logeait la valetaille obscure, la maison était accaparée par ces hôtes nouveaux. Accroupis dans les couloirs, penchés sur les escaliers, on n'apercevait que des tuniques sombres et des bonnets d'astrakan ; le long des corridors, dans les halls, des commerçants n'avaient rien trouvé de mieux que d'improviser des étalages comme à Téhéran, dans l'espoir que le monarque en passant, laisserait tomber de ses augustes lèvres « je prends » prometteur de richesses..... Aussi parmi la foule hétéroclite que le désir de provoquer et d'entendre ce mot bienheureux, attirait encore dans les antichambres de l'hôtel, toutes les professions pêle-mêle se coudoyaient : marchands de curiosités, inventeurs malheureux, collectionneurs d'autographes et de timbres-postes, financiers ruinés, charlatans, artistes inconnus, femmes équivoques.....

Sur la foi de cette légende que les trésors du Shah étaient inépuisables, le nombre s'en était tellement accru qu'il fallut prendre une mesure radicale : lorsque Moussafer-Ed-Dine revint en 1902 et en 1905 à Paris il fut interdit aux solliciteurs de se livrer à leur petit manège. Ceux-ci changèrent alors de tactique : ils écrivirent.

J'ai conservé ces lettres que le Shah n'a jamais lues et que son secrétaire me remettait régulièrement sans les lire davantage. Il en venait à chaque courrier par monceaux, j'ai souvent pensé qu'on en ferait un volume, qui fournirait aux psychologues une bien curieuse étude de l'âme et de la mentalité humaines, il en est, parmi ces pauvres lettres, d'obscures, de touchantes, de comiques, de candides et de cyniques : il en est d'absurdes, d'impudentes, de douloureuses aussi. La plupart sont signées : et parmi les signataires de ces demandes de secours il se trouve des noms que l'on est surpris de rencontrer là..... On me permettra de les taire et de me borner dans cette folle débauche de littérature épistolaire à reproduire les missives les plus typiques qui me sont tombées sous les yeux.

Quelques spécimens d'abord de la « note comique » :

A Sa Majesté Mouzaffer-Ed-Dine, Shah de Perse.

Majesté,

Sachant que Vous recevez avec bonté les demandes françaises, j'ose Vous adresser ces quelques lignes. J'attends ma sœur, Mlle Crampel, qui est placée en Russie. comme elle est malade, je voudrais qu'elle reste en France. Pour vivre ensemble il faudrait que je prenne un fonds de commerce de 3 à 5000 francs que je n'ai pas, et qu'il m'est impossible de me procurer. J'ai 58 ans.

Dans l'espoir que Vous accueillerez favorablement ma demande je suis, de

Votre Majesté, la très humble servante

Madame M...

P.-S. — Par reconnaissance, avec la permission de Votre Majesté je mettrais un tableau vous représentant au-dessus de la devanture.

Sire .....

Le sentiment qui me porte à vous écrire, ô noble roi, c'est l'amour que je ressens pour votre pays. Je vais au plus court ; je vous demanderai, ô Majesté, si moi, simple sujet français je puis avoir un poste quelconque dans votre idéal pays.

Dentiste je suis ; dentiste je voudrais rester ; auprès de Sa Majesté. Toute ma vie, tout mon dévouement lui serait assuré.

Un futur dentiste persan à son futur Roi.

P. J. L...

Envoyez Sire je vous prie la réponse au bureau de poste n° 54. Poste restante.

Grand Shah.

Cette missive que j'ai l'honneur d'adresser à Votre Majesté, c'est de vous dire que moi et mes amis MM. Jules

Brunel et Abel Chenel ont l'honneur de vous offrir quatre bouteilles de Champagne et deux bouteilles de Bordeaux.

En échange nous vous dirons que nous sollicitons l'ordre du Lion et du Soleil qui nous fera bien plaisir et j'espère que Votre Majesté nous l'accordera. Nous sommes citoyens français et anciens soldats :

Nous vous souhaitons toujours bonne santé et prospérité pour votre pays, la Perse. Vous pouvez envoyer votre serviteur pour chercher les bouteilles.

Nous avons l'honneur de vous saluer et nous restons vos très humbles serviteurs en criant :

Vive S. M. Mouzaffer-Ed-Dine et vive la Perse.

A. W...

De passage à Thorigny, le 27 août 1902.

Majesté,

Hier mardi, j'étais à Paris, attendant d'avoir le plaisir de vous voir sortir de votre hôtel. Ce plaisir ne m'a pas été donné.

Mais en revanche, une bague montée d'un diamant que je devais donner à réparer, m'a été volé par un pickpoket.

Cette bague était le seul diamant que ma femme possédait ; par suite de ce vol, elle n'en possède plus.

Je me suis demandé si je ne pourrais pas, comme étant la cause directe de ce vol, vous assigner devant un Tribunal français.

Je n'ai rien trouvé dans la jurisprudence française me donnant gain de cause.

Aussi préféré-je venir vous supplier de réparer le tort involontaire que vous m'avez causé.

Une pierre fine, que je ferais monter en bague, réparerait tout le préjudice que j'ai éprouvé.

Je n'ignore pas que vous devez avoir des demandes de secours nombreuses et variées, — ceci n'en est pas une.

Mais je vous serais infiniment reconnaissant, si, voulant comprendre que sans votre venue à Paris, je n'aurais pas été volé, vous vouliez bien m'adresser une perle fine pour remplacer celle qui m'a été volée.

Veuillez, Majesté, recevoir l'hommage de mon plus profond respect.

G. P...

avoué à ..... (Gironde) France.

A Sa Majesté Mouzaffer-Ed-Dine Shah de Perse à l'Éysée, Palace Hôtel à Paris.

Je félicite vivement Sa Majesté du grand honneur qu'il fait au peuple français par un long séjour à la grande cité universelle. Et je profite de cette occasion, pour solliciter de Sa Majesté, l'initiative, d'une convocation générale de tous les Souverains de l'univers entier pour le mois prochain, afin d'ouvrir une souscription destinée à la construction du Palais féerique sans précédent avec le nouveau style et empruntant quelque chose de la nature : planétaire et ses merveilles, dit palais souverain du congrès social universel, de la paix. Symbolisant tout l'univers par État : lequel contenant les appartements de chaque souverain de tout l'univers, situé près du bois de Boulogne ?

J'estime que Sa Majesté aurait une bonne occasion de se créer une grande page dans l'histoire.

Espérant une juste appréciation et une entière réussite, j'envoie à Sa Majesté le Shah de Perse, mon plus grand respect, ainsi que ma parfaite considération, et j'en suis le très humble Architecte Général de la Confédération Universelle de la paix sociale.

Au service de Sa Majesté.

C. M...

Voici maintenant la note touchante :

« Une petite ouvrière provinciale qui n'a pas l'honneur d'être connue de Sa Majesté, se met à ses genoux et les mains jointes, le supplie de vouloir bien lui faire présent d'une somme de 1.200 francs qui lui permettrait d'épouser le jeune homme qu'elle aime..... Oh, combien tous les jours il serait béni pour cette bonne action.

Je prie le Shah, de vouloir bien me pardonner les infractions commises contre le protocole que je ne connais pas. Je baise les mains de Sa Majesté, et je me dis Sa très humble et très obéissante petite servante ».

A. C...

La lettre suivante, enfin, n'est-elle pas d'une candeur exquise dans l'art du « tapage » en règle ?

Majesté,

Comme vous êtes un ami de la France c'est donc en ami que je vais vous entretenir, vous me le permettrez ; j'ose l'espérer.

Voici ce dont il s'agit :

J'ai le plus grand désir de voir la mer, mon mari a quelques jours de vacances dans le courant du mois d'octobre, je voudrais en profiter pour faire un petit voyage.

Nos ressources sont très minimes, mon mari ne gagnant que 105 francs par mois, aussi ne puis-je le faire sans porter atteinte à mon budget qui est compté à un centime près.

Je me suis donc rappelée votre générosité et j'ai pensé que vous seriez sensible à ma demande.

Vous ne voudrez pas qu'une petite Parisienne ne puisse juger du spectacle de la mer que vous avez sans doute admiré si souvent.

Vous aimez beaucoup voyager, vous comprenez ma curiosité.

Daignez agréer, Majesté, l'expression de mes sentiments les plus respectueux et les plus distingués.

Madame A. A...

D'une brave femme, ce mot savoureux :

A Sa Majesté le Roi de Perse.

Je suis la nommé Veuve Bressoy âgée de 82 ans. J'ai perdu mon mari et deux de mes filles, je ne marche pas et je dois mon terme. Je suis la petite fille de la blanchisseuse de Sa Majesté le Roi Louis Philippe de France ; Monseigneur le Duc d'Aumale me venait en aide pour mon terme ; ayez grand bon cœur faites comme lui. Si vous venez à l'Église Sainte-Elibasabeth du temple dimanche prochain je serais bien heureuse de vous voir.

Je suis de Sa Majesté, la très respectueuse servante.

Veuve Bressoy.

D'un commerçant notoire, cette propostion originale :

Sire.

Après le forfait de Monza et l'attentat dont vous fûtes l'objet hier, et en prévision des solennités pendant lesquelles vous pouvez être trop exposé, je me fais un devoir de vous communiquer certains renseignements qui pourraient être de la plus grande utilité pour vous et votre entourage.

Il s'agit de gilets secrets de ma fabrication que j'ai l'honneur de vous proposer avec les garanties les plus absolues.

Le gilet que je vous propose résiste au revolver et bien entendu à l'arme blanche.

Comme garantie absolue voici ce que je puis assurer par expérience.

Le tissu est constitué par une maille d'acier très serrée et rivée très solidement, la forme des anneaux a été étudiée spécialement pour permettre une grande souplesse tout en gardant la plus grande solidité.

Il résiste à la balle de 12 millimètres du revolver d'ordonnance modèle 1874.

Je possède des échantillons dont les balles ont été tirées à quatre mètres, ils peuvent donner une idée exacte de la résistance.

Le tissu de maille est doublé de satin ou de soie qui donne l'apparence d'un vêtement d'étoffe ordinaire et ne laisse rien supposer de son but spécial.

Le gilet recouvre le dos, la poitrine, le ventre et se prolonge jusqu'au bas-ventre.

Je dois ajouter que le gilet est très portable et ne gêne en aucune façon, à condition qu'on me donne les mesures nécessaires ou mieux, un gilet de ville de la personne, ajusté à sa taille.

Espérant, en la circonstance, vous être de quelque utilité, je prie votre Majesté de bien vouloir agréer l'expression de mon plus profond respect.

R. G...

Passons ensuite aux enfants..... Moins exigeants que les parents, ils se contentent de solliciter des timbres-poste, des bicyclettes ou des autographes.

C'est d'abord un lycéen tout fier de montrer incidemment qu'il connaît ses classiques :

Sire,

Lorsque vous avez mis le pied sur la terre de France, vous avez daigné remarquer à la gare de Maubeuge un jeune lycéen qui, ne connaissant pas votre qualité, n'a pu que vous saluer très respectueusement : ce jeune lycéen, c'était moi.

Cet insigne honneur que m'a fait votre Majesté, j'en ai connu la portée lorsque j'ai appris que je l'avais reçu du Souverain de la Perse, cette patrie de Xerxès et de Darius, cette terre dont les enfants ont rempli le monde du bruit de leurs exploits. Et, descendant le cours des siècles, me reportant aux leçons de mes maîtres, j'ai salué en vous le monarque « sage et éclairé dont le règne ouvre tant d'espérances ».

Sire, je n'oublierai jamais cet instant qui sera probablement unique dans ma vie : mais s'il m'était permis de formuler un désir, j'avouerais bien humblement à Votre Majesté que mon plus grand bonheur serait de posséder une collection de timbres-poste perses, témoignage officiel de l'honneur qu'Elle a daigné me faire.

Daignez sire, ... etc.

R. W...
Élève au lycée Faidherbe
à Lille. (En vacances).

Celui-ci ignore encore les beautés de la littérature, il met moins de formes, mais son ambition est plus vaste :

Majesté,

Je commence par vous demander pardon de ma hardiesse mais j'entends dire par tout le monde et je lis sur le journal que Votre Majesté s'intéresse beaucoup aux automobiles, je pensais donc que vous avez fait aussi de la bicyclette que vous négligez sans doute maintenant, et il m'est venu à l'idée que si vous en aviez une vieille mise de côté, Votre Majesté voudrait me faire l'honneur de me la donner.

Papa et mon grand frère Jean vont se promener en bicyclette et moi je reste à la maison avec maman, parce que je n'ai pas de machine et qu'on n'est pas assez riche pour m'en acheter.

Je serai si fier d'avoir une bicyclette, que Votre Majesté m'aurait donnée.

Je ne dis pas à papa que j'écris à votre Majesté parce qu'il se moquerait de moi, et je prends 3 sous dans ma bourse pour le timbre de ma lettre.

Je prie le bon Dieu pour que les méchants anarchistes

n'attaquent plus Votre Majesté, à qui je présente mon profond respect.

Maurice LELANDAIS,
9 ans et demi, dans sa famille,
faubourg Bizienne, à Guérande. (L. Inf.).

Autre collégien :

Verviers, le 3 septembre.

Monsieur le Grand Roi de Perse en France.

J'ai lu dans la *Gazette* que vous étiez fort riche et que vous aviez beaucoup de l'or.

Mon père m'avait promis une montre en or pour ma première communion l'année prochaine si je m'appliquais bien à l'école.

J'ai bien étudié Monsieur, puisque j'ai été deuxième et le premier à treize ans et moi je n'en ai que onze et demi. Pour vous le faire voir voici mon bulletin des prix. Maintenant que je demande si j'aurai ma montre mon père me répond qu'il n'a pas d'argent et qu'il en faut d'abord pour du pain. Ce n'est pas bien Monsieur de me tromper comme cela. Mais j'espère que vous voudrez bien me donner ce qu'on me refuse. Faites-moi cette grande joie. Je prierai pour vous.

Je vous aime bien fort.
M. J...

D'une petite Anglaise, cette demande dépourvue d'artifice.

Majesté,

J'apprends que vous vous trouvez en vacances à Paris et je pense que c'est le meilleur moment de vous écrire car vous devez avoir tant à faire à la maison.

Avant tout il faut que je vous dise que je suis anglaise, que j'ai quatorze ans et que je m'appelle Mary. Je suis une passionnée collectrice d'autographes et jusqu'ici assez fortunée d'en posséder des hommes célèbres, mais je n'ai aucun d'un Roi, excepté de Ménélick qui est une Majesté noire.

Maintenant je désire tant avoir quelques lignes écrites de votre main.

Voulez-vous donc avoir la grande bonté de m'écrire.

MARY ST. J...

Pour terminer, quelques piquantes lettres de brunes et de blondes :

Paris, le 27 juillet.

Monsieur, lauréate du dernier prix de beauté à Marienbad, je serais infiniment désireuse de vous connaître.

Dans cette attente j'ai l'honneur de vous saluer.

FERNANDE DE B...

Marseille 1er août.

Sire,

Je suis heureuse de pouvoir vous écrire. Depuis ma jeunesse j'ai admiré la Perse, ce beau pays qui m'est si cher. Depuis que j'ai entendu parler de vous, je vous aime. Sire, je voudrais être à votre service, je ne sais pas la langue de Perse mais si vous m'adoptez, dans quelques jours je la saurais et vous serez mon maître.

Recevez, Sire, mes sincères salutations.

MIREILLE D.

P.-S. — Veuillez me répondre je partirai aussitôt.

Paris, le 29 juillet.

Monsieur Mouzaffer-Ed-Dine,

Monsieur le Chah,

Je me permets de vous écrire, excusez-moi. J'ai eu le plaisir de vous voir hier à l'avenue du Bois-de-Boulogne et d'avoir de vous un grand bonjour et un si gracieux sourire.

Qu'il me serait agréable de faire votre connaissance et d'avoir le plaisir de vous serrer la main.

Vous pouvez être certain de toute discrétion. Vous pouvez, si cela ne vous est pas désagréable, me donner l'heure et l'endroit qu'il vous plaira.

Je serais bien heureuse de vous voir ; j'ose vous dire que je suis une très belle femme.

Recevez Monsieur le Chah mes salutations empressées.

MADAME MARGUERITE L...

P.-S. — Je vous prierai de faire disparaître ma lettre.

A Sa Majesté Mouzaffer-Ed-Dine.

Nous serions très honorées si vous vouliez nous faire l'honneur de venir passer quelques jours dans la Principauté de Monaco.

Un groupe de Dames.

BLANCHE,
JEANNE,
ADÈLE.

Tous ces efforts d'imagination, tous ces prodiges d'ingéniosité, toutes ces provocations galantes furent dépensées en pure perte... Comme je l'ai dit, le Shah ne prit jamais connaissance des six cents lettres de sollicitations si diverses qui lui furent adressées pendant ses séjours en France. Jovial et capricieux, soucieux de sa propre tranquillité, il évitait et redoutait les émotions... Pourtant il n'était point inaccessible à la pitié, ni indifférent aux charmes du beau sexe. Il avait à certains moments de brusques gestes de générosité magnifique : il offrait volontiers un diamant à quelque modeste ouvrière rencontrée sur son passage, il offrait spontanément un billet de banque à un pauvre : il distribuait facilement des pièces d'or persanes frappées de son effigie.

Il éprouvait également de soudaines fantaisies amoureuses qui me créaient parfois de cruels embarras.

Je me souviens qu'un après-midi où nous nous promenions au Bois de Boulogne, Moussafer-Ed-Dine ayant remarqué près des lacs un site qui lui plaisait, ordonne que les voitures s'arrêtent et manifeste le désir de prendre lui-même des instantanés de cet endroit ravissant. Nous descendons aussitôt. Un peu plus loin, un groupe de dames fort élégantes devisaient gaiment sans faire la moindre attention à nous. Le Shah, qui les avait aperçues me prie de leur demander de vouloir bien s'approcher pour qu'il puisse les photographier. Bien que je ne les connusse point, je les aborde et leur explique, en m'excusant, la fantaisie du souverain. Très amusées, elles s'y prêtent de bonne grâce... le Shah les photographie ; leur sourit puis me rappelant une fois l'opération terminée :

— Paoli, elles sont très jolies, très aimables, me dit-il, allez leur demander si elles veulent m'accompagner à Téhéran...

Imaginez ma tête. Il me fallut déployer toutes les ressources de mon éloquence pour faire comprendre au Roi des Rois qu'on n'emmenait pas une femme à Téhéran, comme un piano, un cinématographe ou une automobile, et qu'il ne suffisait pas de dire comme pour un objet : « Je prends... »

Fut-il sensible à mes arguments ? Je ne le crois pas car à quelque temps de là, nous trouvant à une repré-

LE SHAH ASSISTANT DU BALCON DE SON HÔTEL AU RETOUR DES COURSES

sentation de l'Opéra dans la loge du Président de la République, on constatait avec stupeur que Sa Majesté persane au lieu de regarder le spectacle qui consistait pourtant dans le délicieux ballet de Coppélia où figuraient nos plus gracieuses ballerines, tenait obstinément sa lorgnette braquée sur le dernier rang des spectateurs du quatrième étage en donnant des signes de manifeste agitation. Je commençais à me demander avec inquiétude s'il n'avait point surpris quelque « tête suspecte » lorsque le ministre de la Cour à qui il venait de murmurer quelques mots à l'oreille, s'approche de moi et me dit d'un air embarrassé :

— Sa Majesté éprouve une profonde admiration pour une dame qui se trouve là-haut. Voyez-vous ?... le quatrième fauteuil à droite... Sa Majesté vous serait obligé de lui faire faire sa connaissance... Dites-lui même pour la décider que mon souverain l'invitera à le suivre à Téhéran...

Toujours !

Bien que de pareilles missions n'eussent point figuré dans mes attributions, je trouvais l'idée de ce brave oriental tellement cocasse que je priais un de mes inspecteurs qui, vêtu à la dernière mode, montait la garde près de la loge présidentielle, de grimper au paradis et, si possible de transmettre à l'objet de la flamme impériale, la flatteuse invitation. Mon Don Juan par procuration accepte et part...

L'impatience du Shah grandissait d'heure en heure ; au dernier acte je vois mon inspecteur revenir seul et penaud.

— Eh bien, lui dis-je, quelle réponse vous a-t-elle faite ?

— Elle m'a giflé...

Le souverain auquel le grand vizir transmit cette fâcheuse nouvelle fronça ses épais sourcils, déclara qu'il était fatigué et commanda sa voiture...

Mon devoir d'historiographe m'oblige à reconnaître pourtant que Moussafer-Ed-Dine n'éprouva point toujours d'aussi piteux échecs sur le terrain galant où il s'aventurait volontiers. Il eut à Paris un « flirt » très tendre et très fidèle ; il eut une « favorite » française, charmante personne, fort jolie même, que l'opulence endiamantée du Roi des Rois avait séduite. Elle habitait l'hôtel du monarque chaque fois qu'il venait en France ; ils conservaient l'un pour l'autre une sorte d'affection malgré qu'ils eussent éprouvé une déception réciproque : elle, parce qu'elle le croyait généreux lui, parce qu'il l'espérait désintéressée... Qu'elle fût soucieuse de tirer profit de l'amitié d'un grand homme, à la rigueur, cela se conçoit ; en revanche, on ne s'explique pas que ce prince qui avait si facilement le geste large à l'égard du premier venu témoignât d'une sordide avarice envers celle qu'il avait élue entre toutes... Peut-être était-il assez candide pour vouloir être aimé pour lui-même. Quoi qu'il en soit, ce malentendu continuel provoquait des scènes du plus haut comique. La jeune personne, en effet, exaspérée de n'obtenir que des promesses chaque fois qu'elle exprimait le désir de posséder un collier de perles ou une bague en diamants, avait fini par recourir aux moyens héroïques : elle fermait sa porte à l'heure où le Shah faisait annoncer sa visite. Le Roi des Rois trépignait, menaçait, implorait.

— Mon bijou d'abord, répondait-elle derrière la porte close.

Il avait beau offrir le traditionnel voyage à Téhéran :

cela ne prenait pas ; alors, résigné, il envoyait chercher le collier ou la bague. Elle se composa ainsi une fort belle parure.

Bien qu'elle eût, comme je l'ai dit, un appartement voisin du sien, Moussafer-Ed-Dine la voyait relativement peu ; il n'en avait pas le loisir, tant le programme de ses journées était chargé. Très matinal, il consacrait de longues heures à sa toilette, à ses dévotions et à ses entretiens politiques avec le grand vizir. Il travaillait le moins possible mais recevait beaucoup ; il donnait volontiers audience aux médecins et aux fournisseurs. Il mangeait toujours seul selon le protocole persan et se faisait servir tantôt des plats européens qui convenaient mieux à son estomac délabré, tantôt des mets persans qui se composaient de tranches de melon d'Ispahan à la chair blonde et savoureuse, du plat national dénommé « pilof tiobab » ou des viandes hachées et mélangées avec de fines épices s'étalaient sur un lit de riz simplement échaudé et légèrement croquant ; d'œufs durs et de jeunes courges, ou bien encore de grillades de « stilo » représentées par des escalopes de mouton passées dans du vinaigre aromatisé et cuites à petit feu sur de la braise de pin maritime ; enfin de beignets d'aubergines dont il était très friand.

Je dois reconnaître d'ailleurs que la cuisine persane à laquelle j'ai goûté plusieurs fois est exquise et que ces mets eussent fait honneur à un menu parisien.

En sortant de table, Moussafer-Ed-Dine consacrait généralement une heure à sa sieste, après quoi nous sortions soit pour faire un tour au bois, soit pour aller visiter les magasins ou les curiosités parisiennes. A vrai dire, on ne savait presque jamais d'avance quels étaient les projets du souverain qui se faisait un malin plaisir, semblait-il, de modifier le programme et l'itinéraire de l'après-midi que j'avais élaboré dans la matinée avec son approbation. Je vivais, grâce à ses caprices, dans une alerte continuelle.

— Je veux aujourd'hui visiter des musées, me déclarait-il à onze heures. Nous partirons à deux heures.

Je prévenais aussitôt le Ministre des Beaux-Arts qui mobilisait des fonctionnaires pour le recevoir, je téléphonais au Gouvernement militaire de Paris pour que l'on envoyât l'escorte.

A trois heures on l'attendait encore. Enfin vers quatre heures, il apparaissait grave et soucieux et m'annonçait que décidément il préférait faire un tour au Bois de Boulogne.

Un jour où il avait passé la matinée à se faire lire un chapitre de l'histoire de Napoléon Ier, il m'appelle en se rendant à déjeuner :

— Monsieur Paoli, me dit-il, je désire visiter aujourd'hui le château de Fontainebleau.

— C'est que, Sire.....

— Vite, vite.

Il n'y a pas à discuter. Je me jette sur le téléphone, j'avertis la compagnie du P.-L.-M. qu'il nous faut coûte que coûte un train spécial, j'avise en même temps le conservateur du château et le sous-préfet ahuri, de notre arrivée imminente à Fontainebleau.

Lorsque le Shah, troublé encore par sa lecture de la matinée, met, pied à terre devant la grille du palais, une étrange fantaisie lui prend : il exige que les dragons qui escortaient sa voiture depuis la gare, descendent de cheval et pénètrent derrière lui dans la fameuse « Cour des adieux » ; il les fait aligner alors au centre du vaste quadrilatère, s'accoude au perron, les regarde longuement, murmure quelques phrases en persan, puis disparaît dans le château.....

Fort inquiet, nous pensâmes d'abord qu'il était devenu fou ; puis, réflexion faite, nous comprîmes : il venait de ressusciter la scène des Adieux de l'Empereur à ses grenadiers. C'était peut-être flatteur pour les dragons, je doute que ce le fût autant pour Napoléon.....

Sa visite au musée du Louvre restera également dans mes souvenirs parmi les réjouissants épisodes de son séjour à Paris. M. Leygues, qui était à cette époque ministre des Beaux-Arts et qui, en cette qualité, faisait au Shah les honneurs du Musée, s'était promis d'éviter soigneusement de montrer à notre hôte la salle persane, craignant que le Roi des Rois qui ignorait peut-être l'importance des souvenirs précieux que Mme Dieulafoy et M. Morgan avaient rapportés de son pays, ne manifestât un vif dépit de se trouver en présence de bijoux et de mosaïques qu'il eut préféré conserver chez lui.

Le Ministre le mène donc à travers les galeries de tableaux, de sculpture, cherchant à étourdir son esprit et à lasser ses jambes pour que sa curiosité se déclarât, le plus tôt possible, satisfaite.

Mais voilà que tout à coup, le Shah dit :

— Conduisez-moi à la salle persane.

Pas moyen de tergiverser.

M. Leygues visiblement préoccupé, donne à voix basse, un ordre au chef des gardiens et propose au souverain qui accepte, de prendre quelques instants de repos avant de continuer sa visite.

Pendant ce temps, dans la salle persane, employés

et gardiens déménagaient précipitamment les mosaïques et les bijoux qui offraient le plus de valeur afin que Moussafer-Ed-Dine n'eut point de trop cruels regrets.

Or, le Roi des Rois loin de manifester quelque déception, se déclara ravi de trouver chez nous si bien présentés de curieux vestiges de l'ancienne architecture et de l'art persan. Et il ajouta finement :

— Lorsque j'aurai un Musée à Téhéran, je créerai une salle française.....

Il avait souvent d'ailleurs, lorsqu'on croyait lui causer quelque surprise, des réponses..... décourageantes. Ainsi, comme je lui montrais un jour avec un certain amour-propre, nos trois chameaux du jardin d'acclimatation :

— J'en ai neuf mille, me répondit-il, avec un dédaigneux sourire.

Notre jardin zoologique ne l'intéressait pas : il ne s'y amusa, à ma connaissance, que deux fois. La première, quand sur sa demande on le fit assister à la répugnante scène d'un serpent boa mangeant un lapin vivant, ce qui lui valut le lendemain d'une « ouvrière fleuriste », la lettre suivante que je transcris textuellement :

Monsieur le Chah,

Vous avez visité le jardin d'Acclimatation, et vous avez assisté au repas du serpent boa lequel a mangé un lapin vivant, c'était très intéressant à ce que vous avez déclaré. Pouah ! comment le Roi des Rois, une Excellence, une Majesté, peut-elle trouver plaisir à l'agonie de ce pauvre lapin ? Les gens qui se livrent aux courses de taureaux me font horreur ; la cruauté va avec la lâcheté, seriez-vous du nombre, Monsieur le Chah ?

La seconde fois qu'il parut se divertir, ce fut au restaurant où il s'était arrêté pour goûter, une noce dansait dans une salle voisine. En entendant la musique, brusquement, il se lève, ouvre la porte qui donnait dans la salle de bal..... l'apparition du diable n'eut point produit d'effet plus ahurissant que celle de ce monarque coiffé de son grand bonnet d'astrakan et couvert de diamants. Mais lui, sans le moindre trouble, fait le tour des couples, serre la main des mariés, leur distribue des pièces d'or persanes en s'excusant auprès de la mariée rougissante de ne point avoir sur lui un collier à lui offrir..... Je voyais le moment où il l'inviterait à le suivre à Téhéran : la présence du mari l'intimida.....

Le soir, il sortait rarement. Parfois il allait soit au cirque, soit aux spectacles de féeries ; il préférait toutefois consacrer ses soirées à des distractions plus familiales : il goûtait les joies de l'intimité ; tantôt il s'amusait avec ses petits-fils « les petits Shah » comme on les appelait et qui étaient de gentils enfants de sept à treize ans ; tantôt il s'adonnait à ses jeux favoris : le billard et les échecs. Il y jouait avec son grand vizir, son ministre des cérémonies ou avec moi : l'enjeu était généralement de vingt francs, quelquefois de cent francs. On s'appliquait à perdre, car si on avait le malheur de gagner, il marquait sa mauvaise humeur en abandonnant brusquement la partie et en se retirant dans un coin où on lui allumait sa grande pipe persane : le « Kaljan », sorte de narghilé turc, dans laquelle brûlait un tabac parfumé appelé « tombeki ». Souvent, aussi, pour se consoler de ses déboires au jeu, il donnait l'ordre qu'on lui fît de la musique. Derrière les portières closes, j'entendais alors s'élever des chants âpres, étranges et aussi très doux accompagnés au piano ou au violon : c'était comme une évocation d'Orient dans un cadre ultra-moderne et le contraste, ma foi, n'avait rien de déplaisant.

* * *

Nous nous étions peu à peu habitués l'un à l'autre : nous étions devenus les meilleurs amis du monde..... Il ne sortait plus sans que je l'accompagnasse, j'étais des promenades, des parties de billard, de tous les concerts, de tous les voyages.

Nous allâmes à Vittel, à Contrexéville, à Vichy, c'est même dans cette dernière ville d'eaux où il était venu suivre une cure que je le vis pour la dernière fois. Ses extravagances, ses caprices et ses diamants avaient produit sur cette paisible population, leur habituel effet.

Quelques jours après son arrivée à Contrexéville, ayant appris que S. A. I. la grande-duchesse Wladimir de Russie venait de s'installer dans un hôtel voisin du sien, il s'empressa d'aller lui présenter ses hommages et dérogeant à ses habitudes, crut devoir l'inviter à déjeuner.

Au jour dit, la Grande-Duchesse en descendant de voiture devant la résidence de son hôte, trouve le Shah en redingote grise fleurie d'une rose qui l'attendait sur le seuil et qui cérémonieusement la conduit par la main jusqu'à la salle à manger en lui faisant traverser ses appartements sur les parquets desquels il avait fait jeter ses admirables tapis de Kachan qui le suivaient dans tous ses déplacements. La princesse charmée de ces délicates attentions de grand seigneur se félicitait déjà de l'heureuse surprise que lui causait la civilisation persane, lorsqu'à peine étions-nous assis à table, un chambellan s'approche du Roi des Rois, s'incline et lui présente un plateau d'or sur lequel reposait un objet bizarre, indéfinissable d'abord..... Le Shah sans sourciller, nonchalamment, étend la main, le prend entre ses doigts et d'un geste familier l'introduit dans sa mâchoire.....

C'était un ratelier..... on juge de l'émoi !

Mais ce fut bien pire encore quand, vers le milieu du repas, le souverain interrompant soudain sa conversation avec son Altesse Impériale, se leva sans mot dire, disparut et revint au bout de cinq minutes reprendre sa place en souriant, cependant que le ministre de la Cour s'était empressé d'annoncer à haute voix que « Sa Majesté avait eu besoin de se soulager »...

La Grande-Duchesse comme bien on le pense, garda un inoubliable souvenir de son déjeuner, d'autant que le Shah pour effacer peut-être la fâcheuse impression qu'elle en pouvait conserver, eut un geste galant : le lendemain, en effet, la princesse recevait un ballot de tapis persans d'une valeur inestimable, auquel était joint une lettre du grand vizir la suppliant au nom de son souverain d'accepter ce présent, Sa Majesté déclarant qu'il ne souffrirait pas que d'autres pieds puissent fouler les tapis où les pieds de son Altesse s'étaient posés.....

Moins fortuné que la Grande-Duchesse, je ne parvins hélas ! jamais à obtenir, moi, l'unique tapis que Moussafer-Ed-Dine avant de quitter Vichy avait daigné, dans un mouvement tout spontané, m'offrir.

— Mes ministres vous le remettront, m'avait-il dit.

Lorsque je vis approcher le jour de son départ pour la Perse, je crus prudent de le réclamer respectueusement au ministre de la Cour.

— Comment donc ! me répondit-il, il est à vous. Seulement on l'a par mégarde emballé avec les autres. Si vous le voulez bien, on vous le donnera quand nous serons dans le train.

Devant accompagner notre hôte jusqu'à la frontière allemande, j'attendis donc que nous eûmes quitté Vichy.

A la première station, je réitérais discrètement ma demande.

— Certainement, fit le Ministre ; on vous le donnera à la prochaine gare.

Je commençais à être inquiet. A l'arrêt suivant : toujours pas de tapis. Nous approchions de la frontière où ma mission prenait fin. Je résolus donc de m'adresser au ministre des Travaux publics.

— Excellence.....

— Votre tapis ? interrompit-il, rien de plus juste, cher monsieur Paoli, les ordres sont donnés, vous l'aurez en nous quittant à l'autre station.

Mais là encore, hélas, rien ! Et comme je me plaignais à une troisième Excellence de cette étrange négligence :

— C'est un oubli. Venez avec nous jusqu'à Strasbourg, là, vous recevrez satisfaction.

On m'emmenait tout doucement à Téhéran..... Je fis donc mon deuil du tapis. Et tandis que je prenais congé de ces aimables fonctionnaires, j'entendis la voix lointaine du bon Shah qui me criait :

— Adieu, Paoli, brave Paoli. A bientôt !

Je ne le revis jamais.....

IV

LE TSAR ET LA TSARINE

Je venais d'arriver au ministère de l'Intérieur — un certain matin de juin 1901 — lorsqu'en entrant dans mon bureau, un huissier solennellement, s'approcha de moi et me dit :

— M. le Président du Conseil prie M. le Commissaire spécial de se rendre immédiatement auprès de lui.

Quand un fonctionnaire est mandé par son chef, le spectre de la Disgrâce surgit aussitôt devant ses yeux ; instinctivement il se livre à un silencieux et rapide examen de conscience pour tranquilliser son âme inquiète, à moins qu'il n'achève de l'épouvanter... J'avoue pourtant que je reçus avec philosophie la communication qui m'était transmise. Le Président du Conseil était à cette époque M. Waldeck-Rousseau : Je n'ai pas à juger ici le politicien ; j'ai gardé de l'homme un souvenir charmant. Aux séductions de l'esprit il joignait celles du cœur. Il regardait les événements et la vie en dilettante un peu désabusé ce qui le rendait ironique, indulgent et serviable. Il m'honorait d'une bienveillante amitié malgré qu'il me reprochât plaisamment d'être devenu trop réactionnaire au contact des souverains et que je l'eusse interloqué en lui apprenant que j'avais dîné chez l'impératrice Eugénie au Cap Martin.

— Un fonctionnaire républicain à la table de l'Impératrice ! Il n'y a que vous mon cher Paoli, me disait-il, pour avoir pareilles audaces !... Et il n'y a que de vous, ajoutait-il avec un fin sourire, dont on puisse les tolérer.

Pourtant, je fus, ce matin-là, en pénétrant dans son cabinet, frappé de son air soucieux : ma surprise s'accrut encore lorsque je le vis après m'avoir tendu la main, fermer lui-même la porte et s'assurer d'un coup d'œil que nous étions bien seuls.

— Ne vous étonnez pas de ces précautions, commença-t-il, j'ai une nouvelle à vous apprendre qui, pour des raisons que vous comprendrez dès que vous les connaîtrez, doit pour l'instant, rester secrète entre nous... or vous le savez, les murs du Ministère ont de remarquables oreilles...

« La nouvelle, la voici : Je viens d'apprendre par l'ambassadeur de Russie et par Delcassé, que les négociations qui se poursuivaient entre les deux Gouvernements en vue d'une seconde visite du Tsar et de la Tsarine ont enfin abouti. Leurs Majestés viendront officiellement passer trois jours en France. Peut-être visiteront-elles Paris ; en tout cas, la réception se fera au château de Compiègne où les souverains prendront leurs quartiers ainsi que le Président de la République et nous tous.

« Ils arriveront de Russie par mer, débarqueront à Dunkerque le 18 septembre et iront de là directement à Compiègne par chemin de fer. Les fêtes se termineront par une visite à Reims et une revue de nos troupes de la frontière de l'Est au camp de Bétheny.

Puis après une pause :

— Maintenant, ajouta le Ministre, écoutez bien ceci :

je ne veux ni accident, ni incident d'aucune sorte durant cette visite. On a fait accroire au Tsar que sa sécurité et celle de la Tsarine couraient les plus grands risques en venant en France ; il importe de démentir d'une façon éclatante, comme en 1896, cette fâcheuse réputation que nous font nos ennemis au dehors : c'est contre l'alliance qu'ils travaillent. Nous avons le plus grand intérêt politique à les confondre. Il est donc nécessaire de prendre toutes les mesures en conséquence et je charge de ce soin M. Cavard, le directeur de la Sûreté Générale, M. Hennion votre collègue et vous. On se partagera les rôles. Cavard aura la surveillance de l'ensemble et établira les plans, Hennion avec sa remarquable activité en assurera l'exécution et s'occupera de la protection du Tsar.

« Quant à vous, je vous ai réservé la plus enviable des missions : je vous confie l'Impératrice...

L'empereur Nicolas II et l'impératrice Alexandra étaient à peu près les seuls membres de la famille impériale de Russie que je ne connusse point encore. A l'époque où ils avaient accompli leur premier voyage à Paris pour y célébrer les fiançailles de l'alliance franco-russe j'étais en Suède, l'hôte du roi Oscar qui m'avait très gracieusement invité à venir passer un congé de convalescence auprès de lui ; et ce fut sur le pont de son yacht à l'issue d'un dîner qu'il m'avait offert dans la baie de Stockholm que la nouvelle de la réception triomphale des souverains russes vint réjouir et mon patriotisme et l'affection d'Oscar II pour notre pays qui était par le sang de Bernadotte, le sien.

J'avais eu par contre, à maintes reprises, l'honneur

d'accompagner les Grands-Ducs ; j'avais enfin été attaché à la personne du Tsarewitch Georges lors de ses deux séjours sur la Côte d'Azur dans la villa qu'il habitait au Cap d'Ail devant la mer, parmi les orangers et les thyms. J'avais été le témoin du drame douloureux et silencieux qui se jouait dans la pensée de ce jeune prince pâle et dolent, héritier d'un formidable Empire, que la mort avait déjà marqué au front et qui le savait. Car il le savait... Mais il s'était soumis sans murmure, à la destinée... Résigné, il cherchait à goûter les dernières joies que la vie lui laissait encore : le soleil, les fleurs et la mer ; il cherchait à tromper l'inquiétude de son entourage, de ses médecins, en arborant le masque d'une bonne humeur enjouée et les apparences d'une jeunesse remplie d'espoir et d'ardeur.

J'avais enfin — toujours dans cette villa des Terrasses — connu l'impératrice douairière Maria Feodorowna que son grand train blindé avait amené de Russie avec ses enfants la grande-duchesse Olga et le grand-duc Michel, à la nouvelle d'une légère rechute de l'auguste malade.

Pendant deux longs mois je m'étais trouvé mêlé à la vie intime de cette petite cour et plus d'une fois j'avais surpris l'angoisse de la mère, interrogeant à la dérobée les yeux de fièvre de son fils, scrutant sa pâleur, épiant sa toux rauque et sèche tandis qu'il se promenait à ses côtés, ou qu'il dînait en face d'elle, ou qu'il jouait aux cartes avec sa sœur, ou encore qu'il caressait de ses longues mains trop blanches la tête soyeuse et fine de son lévrier « Moustique »...

Ces souvenirs remontaient déjà à quatre ans..... Depuis lors, que d'événements !..... Le tzarevitch

Georges s'en était allé mourir au Caucase ; l'alliance franco-russe dont la réalisation avait été envisagée au cours des entretiens qui eurent lieu au cap d'Ail entre l'Impératrice douairière et le baron de Mohrenheim, cette alliance était presque déjà un vieux ménage où le cœur a des raisons... que la raison n'ignore plus...

Aussi bien la nouvelle visite des souverains alliés, représentait-elle dans le jeu de notre politique vis-à-vis de l'Europe, un atout important : elle fournissait la réplique opportune qu'il fallait de temps à autre opposer à ceux qui impatiemment guettaient déjà pour les exploiter en faveur d'une rupture, les moindres événements susceptibles de troubler l'intimité de l'union franco-russe.

On conçoit donc l'importance que M. Valdeck-Rousseau attachait à son mot d'ordre : « ni accident, ni incident. »

* * *

Les mesures de protection dont on entoure un souverain lorsqu'il s'appelle l'Empereur de Russie sont plus compliquées et plus délicates que s'il s'agissait de tout autre monarque. Formidablement gardé par sa propre police dont le zèle est plutôt un danger qu'une sécurité, car il froisse et parfois exaspère, le Tsar est, à son insu, enveloppé par la plupart de ceux qui gravitent autour de lui, d'un cercle d'intrigues sourdes qui entretiennent la défiance et l'épouvante à l'état latent.

Il n'est ni dans mon rôle, ni dans mes intentions de faire ici le procès de la police russe. De tragiques incidents et de regrettables scandales ont d'ailleurs suffisamment dévoilé les sinistres et complexes « dessous » de cette puissance occulte, pour que l'on sache désormais ce qu'il faut en penser.

J'avouerai simplement que si les innombrables lettres anonymes que nous recevions au ministère de l'Intérieur avant l'arrivée du Tsar, ne réussissaient point la plupart du temps, à nous émouvoir, en revanche l'apparition de certains personnages ténébreux qui venaient se concerter avec nous sur les « mesures à prendre » avait pour habituel effet d'éveiller dans notre esprit de secrètes terreurs..... J'ai connu ainsi quelques-unes de ces célèbres « figures » de la police secrète russe : le fameux Harting était du nombre : il se peut également que j'aie fréquenté sans le savoir le mystérieux Azew. Le souvenir le plus net que j'aie conservé de mes rapports, avec ces Messieurs — à l'exception de M. de Ratchkowski, le chef de la police russe à Paris — c'est que nous jugions prudent de les surveiller et de leur dissimuler autant que cela nous était possible, les mesures que nous croyions utiles d'adopter pour la sécurité de leurs souverains.

Ainsi qu'on l'a vu plus haut, c'est à M. Cavard que l'on avait confié la mission de les organiser ; mais c'est surtout à M. Hennion que revient l'honneur d'en avoir assuré la bonne exécution. La longue et brillante carrière administrative du directeur de la Sûreté Générale ne l'avait pas préparé, en effet, à de si rudes et fatigantes besognes. Excellent fonctionnaire, ce galant homme dont je me plais à reconnaître la haute intégrité, s'entendait mieux au travail sédentaire des bureaux. Hennion au contraire était du « métier » il en possédait des qualités spéciales : doué d'un remarquable esprit d'initiative, et d'un immuable sang-froid : ardent, infatigable, perspicace, aimant la lutte, flairant le danger, on le voyait partout à la fois. C'était là une qualité

LE TSAR, LA TSARINE ET M. LOUBET AU CAMP DE BÉTHENY
Photo Léon Bouet.

indispensable lorsque la zone à protéger s'étendait comme alors sur une longueur de plusieurs centaines de kilomètres et embrassait presqu'une moitié de la France.

En quoi consistaient ces mesures? A redoubler d'abord la surveillance exercée sur les étrangers habitant notre territoire et notamment sur les anarchistes russes. Les copieux renseignements que nous possédions sur leurs antécédents et leurs agissements nous facilitaient notre tâche. Il existe, comme on le sait, à Paris, de même que dans toutes les grandes villes d'Europe, un foyer assez actif de nihilisme : il se compose d'étudiants et de jeunes femmes qui généralement sont plus redoutables que les hommes : ces esprits révolutionnaires préfèrent toutefois la théorie à l'action : ils étaient par suite moins à craindre que ceux qui, sous prétexte d'assister aux fêtes, pouvaient venir de l'étranger, chargés d'une mission criminelle.

Nous avions donc établi dans toutes les gares frontières des postes d'observation composés d'agents qui s'attachaient aux pas de tout voyageur suspect. Mais si minutieuses que fussent nos investigations, les fils d'un complot pouvaient nous échapper : il fallait se prémunir contre les surprises possibles, là où l'on savait que les souverains allaient passer. Une surveillance spéciale s'imposait le long des voies ferrées, que le train impérial devait parcourir, ainsi que dans les rues que traverserait le cortège. Nous avions à cet effet, divisé, comme il est d'usage, le parcours de Dunkerque à Compiègne et de Compiègne à la frontière en « secteurs » et en sous-secteurs placés chacun sous la direction du commissaire de police de la région ayant sous ses ordres la police et la gendarmerie locales renforcées du concours des troupes stationnées dans le département. Échelonnées de chaque côté de la voie, à l'entrée et à la sortie des tunnels, au-dessus et autour des ponts, des sentinelles, l'arme chargée, interdisaient à quiconque d'approcher et avaient l'ordre de donner l'alarme s'ils apercevaient que le moindre objet suspect eût été à leur insu déposé près des rails.

Nous avions également établi l'identité de tous les locataires des maisons situées soit en bordure du chemin de fer, soit dans les rues traversées par nos hôtes ; nous redoutions en effet plus particulièrement le classique attentat de la fenêtre. Par contre, nous nous étions refusés, contrairement à ce que l'on a raconté, à adopter le système employé par la police espagnole, allemande et italienne à l'occasion de chaque visite de souverain et qui consiste à arrêter tous les « suspects » pendant la durée du séjour de l'hôte royal. Ce procédé, non seulement nous paraissant inutilement vexatoire, car il constitue un flagrant attentat à la liberté individuelle ; nous estimions aussi que dans notre démocratie il eût risqué d'aliéner à nos augustes visiteurs la sympathie des populations. Il fallait donc nous contenter de prévenir par d'autres moyens moins arbitraires, les catastrophes possibles.

*
* *

C'est naturellement sur Compiègne que se concentra plus attentivement notre vigilance. Nous envoyâmes des nuées d'agents battre la forêt et sonder tous les fourrés ; le château fut visité de fond en comble par nos agents les plus sûrs : ces précautions toutefois parurent insuffisantes à nos collègues de la police russe. Une quinzaine de jours avant l'arrivée des souverains, l'un d'eux nous prenant à part, nous dit :

— Il faut surveiller les caves.

— Il nous semble pourtant, lui répondîmes-nous que nous ne pouvons faire davantage — on les visite chaque soir et des agents ont été postés à toutes les portes.

— Fort bien, mais qui vous dit que les agents ne seront pas soudoyés et que des « terroristes » ne réussiront pas, sans que vous vous en aperceviez, à lancer un engin explosif dans quelque coin obscur?

— Mais alors que suggérez-vous?

— Installez dès à présent dans chaque cave, des hommes de confiance qui y séjourneront nuit et jour jusqu'au départ de Leurs Majestés. Et surtout veillez à ce qu'ils n'aient aucune communication avec l'extérieur : ils confectionneront eux-mêmes leurs repas...

La solution était peut-être ingénieuse : nous la déclinâmes pourtant : nous estimions, en effet, qu'il était inutile, deux semaines avant la venue des souverains, de condamner de braves gens à une détention souterraine, supplice que l'on n'infligeait plus depuis un siècle aux pires criminels...

Nous avions par contre, mêlé des agents au nombreux personnel qui travaillait à rendre au vieux château son antique splendeur. Inhabitée depuis la guerre, l'ancienne résidence impériale ressuscitait comme sous l'effet d'une baguette de fée, de son élégant et charmant passé. Peu à peu les salles désertes et les chambres abandonnées se repeuplaient aux mêmes places, des mêmes objets qui jadis les avaient parées. Les appartements destinés au Tsar et à la Tsarine étaient ceux qu'avaient occupés l'empereur Napoléon III et l'impératrice Eugénie. On saluait au passage de nombreuses tapisseries de Beauvais dont le Roi de Prusse disait un jour : « Qu'il n'était point de fortune royale qui suffirait à les acheter » ; on foulait en hésitant les admirables tapis de Savonnerie dont Louis XIV avait orné les salons de Versailles ; dans le boudoir de la Tsarine, on admirait la psyché de Marie-Louise, dans sa chambre à coucher on retrouvait le lit à colonnes de la fière archiduchesse ; dans la chambre de Nicolas II, on découvrait le lit de Napoléon Ier, le lit d'acajou aux fines ciselures dans lequel celui que Taine appelait « ce terrible antiquaire » et que nulle bataille n'avait lassé, avait peut-être rêvé de l'Empire de Charlemagne...

Tandis que tapissiers, jardiniers, menuisiers, serruriers et peintres accomplissaient l'étonnante métamorphose, le protocole élaborait le programme des réjouissances et faisait appel au concours des plus grands poètes, des plus illustres artistes, des plus exquises ballerines...

On répétait au théâtre où naguère le Prince Impérial avait fait un soir de piquants débuts dans une revue du marquis de Massa ; on réglait dans les avenues du parc la marche des équipages ; on apprenait dans les offices à une nuée de maîtres d'hôtel et de valets de pied l'étiquette des Cours, cependant que certaines dames de Compiègne, confiantes dans la solitude discrète de leurs boudoirs s'étudiaient à esquisser de graves révérences... Semaines d'attente et de fièvre pendant lesquelles il fallait tout improviser : c'était, en effet, la première fois depuis son avènement que la République recevait à la campagne.

Enfin le grand jour vint.

Un matin, sur le quai de la gare du Nord, un personnage vêtu de noir, rasé de frais, suivi de ministres, de généraux, et d'autres personnages en noir parmi lesquels je figurais, monta dans un train spécial. Il avait été précédé d'un valet portant trois valises. La première contenait un nécessaire de toilette en cristal taillé avec bouchons de vieil argent, la seconde, longue et plate, renfermait six chemises blanches, douze faux-cols, six cravates, trois chemises de nuit, une paire de pantoufles et deux larges rubans de grand'croix : l'un rouge, l'autre bleu. Dans la troisième valise enfin : un habit de soirée tout flambant neuf, six paires de gants blancs et trois paires de bottines vernies...

M. Loubet, souriant et tranquille, s'en allait à Dunkerque chercher ses hôtes...

* * *

La première impression que me firent les jeunes souverains fut très différente à celle que j'attendais. A en juger par les fantastiques mesures qui les précédaient, par l'atmosphère de défiance et de mystère que l'on se plaisait à créer autour d'eux, on était tenté de se les représenter graves, solennels, hautains, mystiques, soupçonneux : et l'on songeait malgré soi, à la Cour d'Ivan le Terrible plutôt qu'à celle de Pierre le Grand.

Puis, brusquement, dès qu'on les approchait, l'impression se modifiait. On découvrait deux êtres très unis, très simples, très bons, soucieux de plaire à tous en se mettant à la portée de chacun, ayant visiblement l'horreur de la pompe officielle et le regret d'être continuellement séparés par d'impénétrables barrières du reste du monde... On s'apercevait qu'ils étaient volontiers expansifs, qu'ils avaient des « effusions d'âme » et d'infinies délicatesses de pensée, surtout pour les humbles. On surprenait dans le rire de ses yeux, à *lui*, de la franche et jeune gaîté qui se désolait d'être contenue ; on avait deviné dans la mélancolie de son regard, à *elle*, le drame, le drame secret d'une tendresse toujours inquiète, d'une destinée assombrie par le poids d'une couronne où il y avait trop d'épines et trop peu de roses... Et, je l'avouerai, dussè-je être conspué par certaines gens, l'autocratie personnifiée par ce jeune couple qui, si manifestement eût été plus heureux entre un samovar et un berceau qu'entre une double haie de baïonnettes, l'autocratie sous cet aspect inattendu n'avait rien de terrifiant : elle offrait même quelque charme...

Je crois d'ailleurs que l'on s'est fait généralement sur le caractère du Tsar une opinion erronée. On a dit et l'on dit encore de lui que c'est un faible. Or je serais, sur ce point, enclin à penser avec M. Loubet que la « faiblesse » de Nicolas II est plus apparente que réelle et que chez lui comme naguère chez Napoléon III, il y a un « doux entêté » qui possède des idées très arrêtées ; un être conscient de sa puissance, orgueilleux de sa gloire, de son nom. L'étude graphologique de sa signature est à cet égard singulièrement concluante.

Si l'inclinaison rectiligne horizontale des lettres qui la compose révèlent un tendre, un sensitif, un imaginatif, remarquez par contre, l'orgueil énergique et protecteur de l'N, l'opiniâtreté du crochet qui le termine, la vigueur de réalisation qu'indique le point sur l'I, la puissance du large parafe où s'atteste la droiture et la générosité.

Lors de son second voyage en France, Nicolas II connaissait déjà M. Loubet. A l'époque de la première visite de l'Empereur à Paris en 1896, le Président de la République était, en effet, Président du Sénat, et lui avait à ce titre, non seulement été présenté, mais avait reçu également la visite du souverain. M. Félix Faure a même raconté à ce propos une piquante anecdote qu'il disait tenir du Tsar en personne et que M. Hugues Le Roux a publiée à l'époque.

C'était après un déjeuner à l'Elysée. Nicolas II ayant exprimé au Président Félix Faure le désir de porter ses compliments au Président du Sénat et manifesté le souhait de se rendre si possible au Palais du Luxembourg incognito, on avait fait aussitôt avancer un landau sans escorte dans lequel le souverain était monté accompagné du général de Boisdeffre. Le paisible quartier du Luxembourg était à cette heure presque désert. Néanmoins, désireux de s'assurer que M. Loubet était bien chez lui, le général de Boisdeffre avait donné ordre au cocher de s'arrêter à quelques mètres du palais, en face de la grille du jardin du Luxembourg. Il était alors descendu pour aller aux informations et annoncer au Président du Sénat qu'un auguste visiteur l'attendait à sa porte.

Resté seul, le Tsar, heureux de se sentir libre et tranquille, regardait à la portière avec toute l'ardeur d'un collégien qui fait l'école buissonnière. Il regardait un de ces pittoresques gamins comme il en jaillit entre les pavés de Paris et qui, le nez au vent, assis contre la grille sifflait un refrain de l'hymne russe. Soudain, leurs yeux se rencontrent, le gamin ébahi saute sur ses pieds : il n'a jamais vu l'Empereur mais il a vu ses photographies : la ressemblance l'a frappé.

— Si c'était Nicolas pourtant? se dit-il, perplexe.

Et ma foi, comme il est curieux, il veut s'en assurer de suite. Il prend une héroïque résolution, il s'approche à un mètre de la voiture, et là, inclinant légèrement la tête, crie d'une voix enrouée au voyageur inconnu :

— Comment va l'Impératrice ?

Quelle n'est pas sa stupéfaction — car il croyait au fond, avoir fait une bonne « blague » — lorsqu'il entend l'inconnu lui répondre en souriant :

— Je vous remercie, l'Impératrice se porte bien et elle est enchantée de son voyage.

Le gamin, du coup, en perdit la langue. Effaré, il contempla son interlocuteur, puis après avoir soulevé sa casquette, s'éloigna lentement, très lentement pour bien marquer sa dignité.

Nicolas II garda, paraît-il, de ce tête-à-tête avec un vrai parisien un souvenir délicieux : il s'amusa longtemps à scandaliser avec cette aventure, son entourage protocolaire.

* * *

S'il n'eut point à son second voyage l'occasion de prendre contact avec le peuple, il n'en éprouva pas moins la satisfaction d'être admirablement reçu.

Les épisodes de la première journée, de cette mémorable visite depuis le moment où sur le pont du *Standard*, mouillé en face de Dunkerque les souverains reçurent, comme il est d'usage chaque fois qu'ils quittent leur yacht, le salut des marins et la bénédiction du vieux Pope en soutane violette, la chronique nous les a trop fidèlement décrits pour que je m'y attarde ; ce fut le débarquement splendide au milieu du tonnerre des salves et du bruissement des hourras, puis le voyage de Dunkerque à Compiègne, véritable parcours triomphal où les acclamations le long de la voie couraient aussi vite que le train semblait-il, puisqu'elles s'enchaînaient de ville en ville, de village en village, de ferme en ferme... Ce fut enfin l'arrivée à la nuit tombante dans la petite cité illuminée ; puis le cortège aux flambeaux dans lequel se détachait fantastique, la silhouette du cosaque rouge grimpé derrière la voiture de l'Impératrice ; puis l'entrée de la cour du château flamboyant de lumière ; la lente ascension à travers les escaliers jalonnés de gardes républicains, l'épée haute ; de valets de pied poudrés, portant l'habit bleu à la française ; puis encore les présentations égayées à certain moment de cette candide question qu'une « ministresse » fort émue et soucieuse d'être aimable, adressa à l'Impératrice :

— Comment vont vos petites ?

*
* *

Bien que j'eusse pris depuis Dunkerque mon service qui consistait, comme on le sait, à assurer plus particulièrement la protection de l'Impératrice, je n'avais fait encore qu'entrevoir la gracieuse souveraine. Dès le soir de notre arrivée au château, le hasard voulut que je la rencontrasse : elle daigna me parler ; peut-être ne remarqua-t-elle pas mon trouble car elle fut, ce soir-là, sans s'en douter, la cause d'une étrange hallucination de mon esprit.

J'avais quitté le cortège à l'entrée des salons, afin

d'aller m'assurer que les consignes étaient fidèlement observées autour des appartements impériaux. Peu à peu, tandis que je m'enfonçais dans le dédale des longs et silencieux couloirs où veillaient, impassibles sous leur livrée de valets de pied, des agents à moi, une foule de souvenirs confus s'étaient levés ; je me rappelais qu'un certain soir comme celui-ci où le palais était en fête, j'étais venu, jeune étudiant encore, retrouver mon parent, le docteur Conneau, médecin de l'empereur Napoléon III. Nous avions traversé ensemble les mêmes couloirs lorsque tout à coup m'ayant retenu par la manche il m'avait dit, me montrant une altière et rayonnante silhouette blonde qui passait à ce moment dans la vive clarté d'une lointaine galerie :

— L'Impératrice !

Or en ce même endroit, quarante ans après, voici qu'une autre voix venait de me souffler à l'oreille :

— L'Impératrice...

Là-bas, en effet, du fond de la galerie, une silhouette rayonnante et blonde aussi avait brusquement surgi. Était-ce un rêve ? Un conte de fées ? Mais non, c'était une autre Impératrice voilà tout. Dans le même cadre où m'était apparue enfant, l'impératrice Eugénie, je voyais maintenant s'avancer l'impératrice Alexandra. Je fus si interloqué que je restais d'abord planté à ma place, cherchant à me ressaisir. Elle s'avançait toujours se dirigeant vers ses appartements, suivie de ses dames d'honneur ; lorsqu'elle fut à quelques mètres de l'endroit où je me tenais immobile, son regard tomba sur moi ; s'approchant alors et me tendant sa main fine et blanche :

— Je suis contente de vous voir, monsieur Paoli, me

dit-elle, car je sais combien ma chère grand-mère, la reine Victoria, vous appréciait.

Ce qu'elle ne savait pas, c'est combien souvent la reine Victoria m'avait parlé d'elle... L'auguste souveraine avait voué, en effet, à l'enfant de sa fille chérie la grande-duchesse Alice de Hesse, une tendresse particulière. Elle lui rappelait le temps heureux où la Princesse lui écrivait de Darmstad au lendemain de la naissance de la future impératrice de Russie :

« Bébé ressemble à sa sœur Ella, elle a seulement la tête plus petite, elle est plus vive avec l'expression de son frère Ernie, et la même petite fossette à la joue ; c'est une mignonne petite chose que personnifie son surnom de « Sunny ».

Puis, quelques jours après :

« Nous songeons à l'appeler Alix (ils prononcent en Allemagne trop abominablement le nom d'Alice), Hélène, Louise, Béatrice ; si vous le permettez nous voudrions que Béatrice fût sa marraine... »

Et la correspondance si jolie, si touchante, se poursuit à travers les années qui suivent. Le bébé est devenu une petite fille, puis une jeune fille ; sa mère tient la reine Victoria au courant des moindres détails concernant l'enfant : elle s'inquiète, s'énorgueillit, demande et redemande des conseils :

« J'essaye de l'élever exempte de la fierté que pourrait lui inspirer sa position qui ne compte que par ce que son mérite personnel la créera. Je partage à cet égard-là, ma chère mère, toutes vos idées, vous qui estimez avec tant de raison combien il est de toute importance que les princes et les princesses sachent qu'ils ne sont rien de plus que le commun des mortels, que leur supériorité ne peut dépendre que de leur valeur personnelle et qu'ils ont le double devoir de vivre pour les autres et d'être un exemple de bonté et de modestie ».

ARRIVÉE DES SOUVERAINS A CHERBOURG

Puis des détails charmants. La princesse Alice rentrée de Darmstadt auprès de ses enfants après une visite en Angleterre, écrit à la Reine :

« ... Ils m'ont presque dévorée ; les petits monstres. Ils avaient tressé des guirlandes de feuillages au-dessus des portes de la nursery ; et ils avaient à me raconter des histoires à n'en plus finir.

« Nous sommes arrivés à trois heures et nous n'avons plus eu un moment de repos jusqu'à ce qu'ils fussent tous au lit... »

Ailleurs, de piquants renseignements sur l'éducation de la princesse Alix, éducation exclusivement anglaise très simple et très saine dont le programme comportait tous les exercices corporels tels que la bicyclette, le patinage, le tennis, l'équitation et spécifiait qu'elle recevrait en guise d'argent de poche cinquante pfennigs par semaine de quatre à huit ans ; un marc de huit à douze ans, et deux marcs de douze à seize ans.

Depuis vingt-neuf ans que ces lettres avaient été écrites, que d'événements !

La princesse Alice, cette mère admirable était morte pour avoir donné un baiser à son fils Ernie atteint de la diphtérie ; l'auguste aïeule était tout récemment partie à son tour. Des sept enfants qui embellissaient de leur gaîté le charme familial de la petite Cour de Darmstadt, deux avaient été emportés tragiquement : le prince Fritz d'abord, tué net en tombant accidentellement d'une fenêtre pendant qu'il jouait avec son frère ; la princesse May enlevée en vingt-quatre heures elle aussi par la diphtérie contractée au chevet de sa sœur « Alix » la Tsarine actuelle. Quant aux cinq autres « dear little ones », comme les appelait la reine Victoria, la destinée ne les avait-elle pas dispersés ? « Ella » était devenue la grande-duchesse Serge de Russie ; « Ernie » avait succédé à son père sur le trône de Hesse ; deux de ses sœurs avaient épousé, l'une le prince Henri de Prusse, l'autre le prince Louis de Battenberg ; la dernière enfin, Alix, avait ceint la plus lourde de toutes les couronnes. Et voici que le hasard l'amenait là, devant moi...

Je la regardais avec le souvenir des lettres qu'une auguste bienveillance m'avait permis de lire, de l'émotion si douce avec laquelle la bonne et grande Reine me parlait de sa mère et d'elle ; sous le diadème d'Impératrice, sa physionomie n'avait point encore revêtu cette mélancolie que l'obsession d'un danger perpétuel devait lui donner dans la suite. Dans l'éblouissement de sa jeunesse épanouie qui mettait une fierté joyeuse sur son front haut et droit, dans le reflet d'or de sa royale chevelure, dans ses yeux bleus graves et limpides où passaient des lueurs de vivacité, dans son sourire où s'inscrivait comme autrefois la fossette « d'Ernie », on retrouvait encore celle que la tendre imagination d'une mère justement orgueilleuse avait à son berceau qualifié du joli surnom de « Sunny ».

* *

... Elle s'était, quelques instants, arrêtée devant moi ; avant de continuer son chemin, elle me dit encore :

— C'est vous, je crois, qui êtes chargé de ma « surveillance ? »

— En effet, Madame, répondis-je.

— J'espère, ajouta-t-elle, en riant, que je ne vous causerai pas trop de soucis...

Je n'osais pas lui avouer que ce n'était pas seulement des soucis, mais de perpétuelles angoisses que sa présence et celle du tsar nous suscitaient...

Il fallait être continuellement aux aguets ; avoir des hommes sûrs à toutes les issues, dans tous les corridors, à tous les étages ; il fallait surveiller les moindres détails : Je me souviens, par exemple, être resté près de deux heures à regarder le déballage des robes de l'Impératrice, tant il était à craindre que l'on ne glissât un engin dissimulé, dans une des nombreuses malles de la souveraine pendant que les femmes de chambre disposaient les toilettes dans les pièces spéciales et les armoires qui leur étaient destinées. Il fallait enfin, jour et nuit, procéder, à l'intérieur comme à l'extérieur du château, à des rondes continuelles. Il m'arriva même à l'occasion d'une de ces investigations minutieuses une aventure assez piquante :

Non loin des appartements occupés par les dames d'honneur de l'impératrice Alexandra se trouvait une chambre inhabitée dont la porte était fermée à clef. Elle avait été autrefois affectée, paraît-il, à Mme l'amirale Bruat, gouvernante du Prince Impérial. Pourquoi, alors que toutes les pièces du château avaient été utilisées pendant le séjour de nos hôtes impériaux, était-elle seule demeurée close ? Je l'ignorais. Mon devoir toutefois m'obligeait à ne laisser aucun coin inexploré ; je fis donc, dès le premier soir, chercher un trousseau de clefs. Après quelques essais infructueux, le loquet céda, la porte s'ouvrit... Jugez de ma stupeur ! Dans un désordre charmant, soldats de plomb, pantins, chevaux de bois, pêle-mêle avec de beaux livres d'images, gisaient au milieu de la pièce, autour d'un grand diable d'ours en baudruche...

Je m'informai : c'étaient les jouets du prince impérial ; on les avait laissés et oubliés là depuis trente ans !

Coïncidence curieuse : le grand ours était le dernier cadeau du tsar Alexandre II, au petit prince...

Je refermai tout doucement la porte que je venais d'ouvrir sur le Passé : Je résolus de respecter ces joujoux qui évoquaient tant de souvenirs heureux ! Ils y sont encore, je crois : du moins ai-je retrouvé dernièrement, en me promenant à travers le château, l'ours russe emprisonné dans une salle du rez-de-chaussée.

Mais revenons à la visite impériale.

Le lendemain de l'arrivée de nos hôtes, le hasard me permit d'assister à un spectacle que bien des photographes eussent souhaité surprendre : le Tsar et la Tsarine qui se lèvent fort tôt étaient descendus au jardin suivis de leur grand lévrier qui répondait au nom de Lofki. On supposait que le Tsar chasserait ; dans cette prévision, les gardes avaient passé la nuit à emplir le parc de faisans, de chevreuils et de lièvres. Peine perdue. Nicolas II préféra se promener autour des pelouses avec l'Impératrice. La souveraine était tête nue ; elle avait simplement ouvert une ombrelle car il faisait un soleil éblouissant ; et elle portait en sautoir un appareil photographique. Le jeune couple, que je suivais, dissimulé derrière un massif, s'était dirigé vers la charmille de Marie-Louise : sans doute espérait-il trouver à l'ombre de cette jolie voûte de feuillages que l'automne parait déjà de reflets de cuivre, une solitude discrète propice au tête-à-tête d'un ménage amoureux... Mais le Protocole et la Sûreté veillaient... A l'intérieur de la charmille, cinquante soldats commandés par un lieutenant présentaient déjà les armes. Il fallait faire contre mauvaise fortune bon cœur. Voilà donc les souverains passant gravement en revue les hommes, puis les ayant photographiés l'Impératrice dit à l'officier :

— Lieutenant, je vous promets de vous envoyer une épreuve dès que j'aurai développé.

Sur ce, le Tsar et la Tsarine s'éloignent dans une autre direction. Ils se dirigent maintenant vers un petit bois charmant. Lofki a pris les devants. Soudain des aboiements furieux : quatre gendarmes qui viennent de surgir de derrière un bouquet de sapins, se mettent au port d'armes et saluent militairement...

Que faire ? Les souverains en prennent gaiement leur parti. Ils partent d'un joyeux éclat de rire, font demi-tour et se décident à revenir dans la direction du château. En guise de consolation, la Tsarine s'amuse dans une allée à photographier son mari qui, à son tour, prend un instantané de sa femme...

De la déception que leur avait sans doute causé leur promenade, ils ne témoignèrent nulle amertume. A quelqu'un, en effet, qui lui demandait à son retour s'il l'avait appréciée, Nicolas II se contenta de répondre :

— Certes, le parc est exquis et je sais maintenant ce que vous appelez une « propriété gardée »…..

*
* *

Tandis que la vie s'organisait dans le vaste palais et que chacun s'installait comme s'il devait y séjourner un mois au lieu de trois jours ; tandis que le chef des cuisines sous l'inspiration du chef du protocole, se creusait la cervelle pour mettre ses menus à l'unisson de la politique en y introduisant des alliances subtiles de mets russes et français, tandis que les musiciens accordaient leurs violons pour le « Gala » du soir et que Mme Bartet, la divine comédienne, s'apprêtait à lancer de sa voix de charme le fameux vers de M. Edmond Rostand :

Oh ! oh ! c'est une Impératrice...

... Tandis que la Tsarine un peu dépaysée d'abord dans ce milieu nouveau pour elle, y retrouvait une amie, la marquise de Montebello, notre aimable ambassadrice à Pétersbourg, dont on disait qu'elle donnait raison au mot de Tourgueneff qui affirmait que la France est tout entière là où il y a une de ses femmes... tandis que la sérénité la plus complète semblait régner parmi les habitants du château, une grave question agitait tous les esprits. Le Tsar irait-il à Paris ? Accorderait-il à la population parisienne déjà déçue que la réception n'ait pas eu lieu dans la capitale comme en 1896, la compensation d'une visite de quelques heures ? Un train spécial chauffait jour et nuit dans la gare de Compiègne : de longs conciliabules avaient lieu entre l'Empereur et M. Waldeck-Rousseau ; un déjeuner avait été préparé au Palais de l'Élysée en vue d'un hôte auguste..... des ordres secrets avaient été donnés à la police. Bref, nous ne doutions pas que Nicolas II comptât mettre à exécution le projet que l'opinion lui prêtait.

Il n'en fut rien. Le Tsar ne se rendit pas à Paris. Ce revirement subit fut diversement interprété... on prétendit que le Président du Conseil en fut la cause. M. Waldeck-Rousseau ayant déclaré qu'il ne répondait pas de la sécurité de l'Empereur étant donnée l'insuffisance des précautions. En réalité, nous n'en connûmes jamais les motifs véritables, et je me suis souvent demandé si l'on ne devait pas attribuer cette regrettable décision à l'influence de Philippe.....

Qui était Philippe ? Un être étrange qui tenait à la fois du charlatan et du prophète. Originaire de Lyon — français par conséquent — il se prétendait capable, grâce à des pratiques mystiques, à des voix intérieures qu'il évoquait et qu'il consultait ; de guérir les maux, de prévenir les dangers, de prévoir les événements..... Il donnait des consultations, rédigeait des ordonnances car il admettait le concours de la science : et comme il tombait sous le coup de la loi qui interdit l'exercice illégal de la médecine, il n'avait rien trouvé de mieux que de marier sa fille à un médecin qui lui servait de prête-nom : son cabinet ne désemplissait pas. Or il advint qu'un auguste personnage russe qu'on me permettra de ne pas nommer, ayant appris par hasard l'existence de ce personnage mystérieux, voulut le consulter pour ses rhumatismes. Que se passa-t-il ? Ce qu'il y a de certain c'est que le dit personnage affirma en rentrant en Russie que Philippe l'avait guéri comme par enchantement, et qu'il avait non seulement le pouvoir de chasser la souffrance mais encore celui d'exaucer tous les vœux..... L'Empereur souhaitait à ce moment un héritier. Impressionné par ce récit, il décida de mander à Pétersbourg, l'homme aux miracles.

Ce fut le commencement de la fortune de Philippe. Admirablement servi par le hasard, très intelligent, ayant des allures d'apôtre et des apparences de parfait désintéressement, il sut acquérir peu à peu un ascendant même sur toute la Cour. On en était arrivé à croire très sérieusement à son pouvoir surnaturel. Choyé et respecté, il avait libre accès chez les souverains et avait fini par supplanter médecins et conseillers. Il soignait

Cliché Chusseau-Flaviens.
LE TSAR ET L'AMIRAL BOUÉ DE LAPEYRÈRE

également à distance par auto-suggestion. Lorsqu'il obtenait un congé pour venir en France, il échangeait avec ses augustes clients des dépêches qui prêteraient à sourire si on n'était stupéfié de tant de crédulité ! Ainsi, tel personnage télégraphiait : « Souffre violentes douleurs tête, supplie apportez soulagement ».

A quoi Philippe répondait aussitôt :

« Aie concentré pensée sur douleur ; espérez guérison d'ici demain 5 heures ».

Ceci n'est point de l'invention, j'ai eu les télégrammes sous les yeux.....

Pour qu'on eût une foi aussi aveugle dans son intervention, il fallait évidemment qu'il obtînt quelques cures... Je crois, en effet, que la puissance de volonté était telle chez lui que dans certaines affections qui dépendent en partie du système nerveux, il parvenait à suggestionner au patient qu'il ne devait pas être malade.....

Toutefois il arriva ce qui devait arriver. Son étoile déclina du jour où l'on se convainquit qu'il n'était pas infaillible. L'entourage du Tsar précipita sa disgrâce lorsque la Tsarine au lieu du fils promis, mit au monde une nouvelle fille. Philippe s'en retourna un beau jour à Lyon : il y mourut. L'année suivante l'immense empire eut un héritier.

Lors de la visite des souverains à Compiègne, il était encore au comble de la faveur ; il avait accompagné nos hôtes impériaux et sa présence au château ne fut pas un de nos moindres étonnements. Il aurait pu dire, comme le Doge de Venise qui était venu à Versailles sous Louis XIV : « Ce qui m'étonne le plus, c'est de m'y voir ». Mais Philippe ne s'étonnait de rien : soucieux de garder sa personnalité au milieu de cette foule chamarrée, il circulait dans les appartements en costume gris et en souliers jaunes. Le premier jour, nous pensâmes l'arrêter : nous l'avions pris pour un anarchiste !

Notre extrême méfiance dont ce malheureux Philippe faillit être victime, ne se justifiait que trop..... Je ne crois pas, en effet, commettre d'indiscrétion puisque les mémorables événements de 1901 appartiennent maintenant à l'histoire, en révélant aujourd'hui qu'il y eut un attentat, un attentat que nos hôtes ne connurent jamais, car un hasard miraculeux nous permit d'en déjouer à temps l'exécution.

C'est dans la cathédrale de Reims, que la tentative criminelle devait s'accomplir pendant la visite des souverains qui avaient, comme on le sait, exprimé le désir de se rendre à l'intérieur de l'admirable basilique.

En apprenant l'intention de Leurs Majestés, nos collègues de la police russe avaient manifesté une vive nervosité.

— Rien de plus facile, pour un terroriste, nous disaient-ils quelques jours avant la visite, que de déposer dans la pénombre, une bombe sous une chaise, derrière un confessionnal au pied d'une statue..... Il faut surveiller, dès à présent, l'intérieur de l'église et les gens qui la fréquentent.

Bien que nous y eussions déjà songé, ils décidèrent de confier de leur côté ce soin, à un « indicateur » — autrement dit un espion — d'origine belge entré au service de la Sûreté russe. Hennion, toujours prudent s'empressa, à son tour, de faire surveiller « l'indicateur » ; bien lui en prit car, vingt-quatre heures plus tard, un de ses hommes se présentait chez lui, effaré.

— Monsieur Hennion, lui dit-il, j'ai acquis la preuve

que l' « indicateur » est affilié à une bande de terroristes. Ils préparent un coup dans la cathédrale.

Hennion n'hésite pas, il court à Reims, perquisitionne dans une chambre que « l'indicateur » avait secrètement loué sous un nom d'emprunt, saisit une correspondance qui ne laisse aucun doute sur l'existence du complot. C'est « l'indicateur » lui-même qui devait opérer.....

On l'arrête aussitôt, et comme Hennion l'interroge :

— Je jure que je n'y suis pour rien, s'écria-t-il, c'est la pure vérité.

— Fort bien, répond Hennion qui tenait des preuves irréfutables, reconduisez-moi cet homme en prison, puisqu'il dit la vérité ; vous me le ramènerez quand il se décidera à mentir.

Le lendemain, il avouait. Ce fut le seul épisode dramatique de la visite impériale.

Pourtant, malgré la satisfaction que nous avions éprouvée à recevoir le Tsar et la Tsarine, ce fut avec un soupir de soulagement que nous vîmes le lendemain s'éloigner le train qui les ramenait en Russie.

Ils vivaient encore, Dieu merci ! Mais nous, nous ne vivions plus.....

V

LE ROI ET LA REINE D'ITALIE

J'ai toujours eu sous ma redingote de fonctionnaire, une âme vagabonde... Mon plaisir et mon repos, c'est le voyage. Profitant donc des quelques semaines de congé qui m'avaient été accordées après le départ des souverains russes, je m'étais rendu en Italie.

Le jour après mon arrivée à Milan, je flânais dans la fameuse « galerie Victor-Emanuel » ce rendez-vous à la fois milanais et cosmopolite dont l'incessante et pittoresque animation annonce déjà la gaîté sinon le charme de l'Italie, lorsqu'un magasin de ganterie dont la vitrine venait d'attirer mon regard, me rappela que j'avais oublié mes gants en chemin de fer. Il me parut utile de les remplacer : j'entrai. Une « cliente » m'y avait précédé. C'était une grande jeune femme svelte, discrètement élégante dans la simplicité de sa toilette sombre. A travers la longue écharpe bleue — une écharpe d'automobiliste — qui enveloppait étroitement son visage et même son chapeau, deux yeux noirs qui me semblèrent fort beaux, projetaient leur éclat ; la chevelure était brune et me parut opulente : le visage se devinait fin et joli. Penchée sur le comptoir, elle essayait des gants que lui présentait un jeune commis. Aucuns ne lui seyaient.

— Ils sont trop grands, dit-elle timidement.

— C'est que Madame a la main si petite ! riposta galamment le jeune commis.

Elle sourit et ne répondit rien ; la dame âgée qui l'accompagnait jeta au jouvenceau un regard scandalisé. Après s'être laissée patiemment prendre mesure sur sa main tendue et fermée et qui était toute menue en effet, elle finit par trouver deux paires de gants à sa convenance, paya et sortit.

A ce moment, le patron de la boutique rentrait. Il la regarda, tressaillit interloqué, s'inclina très bas, puis, dès qu'elle fut partie :

— Sais-tu seulement, cria-t-il au commis, à qui tu viens de vendre des gants ?

— A une belle femme pour sûr !

— Imbécile ! c'est la Reine !

La Reine ! Ce fut à mon tour d'être interloqué. La Reine, seule, dans cette galerie pleine de monde, nullement surveillée. Je fus, par habitude professionnelle, sur le point de la suivre oubliant que j'étais venu à Milan non en fonctionnaire mais en touriste. Une raison majeure arrêta net mon zèle : la gracieuse vision s'était perdue dans la foule.

Le lendemain soir, je dînais dans une maison amie dont les convives appartenaient pour la plupart au monde officiel et politique. Comme je racontais mon aventure et que j'exprimais mon étonnement d'avoir rencontré la souveraine « en ville » procédant elle-même à ses emplettes, uniquement accompagnée d'une austère dame d'honneur.

— Cela vous surprend ? me répondit-on, nous, point. Une altière princesse de Savoie a dit ironiquement que nous étions revenus à l'époque où les rois épousaient des bergères. Cette boutade n'est qu'irrévérencieuse. La vérité c'est que nos souverains ont l'un et l'autre des goûts fort simples et qu'ils se plaisent à vivre, autant que leurs obligations le leur permettent, comme de simples bourgeois. En voulez-vous un exemple ? Chaque fois qu'ils séjournent à Milan — et ils n'y demeurent jamais plus de deux à trois jours — ils descendent naturellement au palais royal, mais au lieu d'habiter les grands appartements et d'amener une domesticité nombreuse, ils se contentent d'occuper quelques pièces, font venir leurs repas du restaurant « Cova », ordonnent que les plats soient apportés tous ensemble et déposés sur un dressoir. Ils renvoient les maîtres d'hôtel, ferment les portes, et se servent eux-mêmes... »

Dans nos pays de soleil — je puis l'avouer puisque je suis corse — on aime le faste. Je crus deviner chez les amis qui me contaient ce trait piquant de la simplicité royale, un soupçon d'amertume... peut-être un regret. Des propos que j'entendis par la suite, je fus amené à conclure que l'aristocratie sinon le peuple faisait grief à ses souverains de leurs tendances démocratiques qui contrastaient avec les allures de l'ancienne Cour dont la reine Marguerite avait été l'âme et demeurait la vivante et charmante personnification.

Sans doute la « manière » de la reine Hélène ne ressemble-t-elle aucunement à celle de Marguerite de Savoie dont la haute et fine culture, l'esprit d'à-propos, l'accueil séduisant, fait de nuances sensibles aux esprits délicats, avaient su attirer au Quirinal l'élite de l'Italie intellectuelle, artistique et littéraire, et l'y retenir dans une fervente admiration.

Élevée à la Cour de son père, le prince Nicolas, Hélène de Monténégro avait grandi dans l'âpre décor du pays monténégrin au contact de la rude simplicité de ce peuple de montagnards ; ses yeux étonnés de petite fille n'avaient eu autour d'elle que des figures mâles et graves ; son enfance avait été bercée non de contes de fées, mais des vieilles légendes farouches, la montagne, ou bien d'épopées exaltant l'héroïsme de ceux qui jadis avaient chassé des vallées monténégrines et des plateaux de Cettigné, l'envahisseur étranger. Envoyée vers sa douzième année à Pétersbourg afin d'y terminer ses études, elle avait connu dans les rigueurs de l'internat du couvent des demoiselles nobles, le charme d'une camaraderie qui excluait entre ses compagnes et elle toute différence de rang social en même temps que son esprit s'ouvrait à la beauté un peu mélancolique de la littérature slave. Revenue dans son pays monténégrin, elle avait goûté, dans la plénitude d'une indépendance que les exigences de l'étiquette ne venaient jamais troubler, les joies saines de la vie au grand air qu'elle partageait entre l'aquarelle où elle excellait et la chasse où elle se montrait intrépide.

Lorsqu'elle entrevit donc pour la première fois l'Italie en 1895, et qu'elle l'entrevit par la porte de Venise où son père l'avait amenée à l'occasion d'une exposition ; lorsqu'elle surprit dans le regard du prince de Naples un soir au milieu de ce fantastique décor si nouveau pour elle, l'hommage d'une admiration ardente, on conçoit qu'elle ait été troublée et un peu éblouie ; lorsqu'enfin l'année suivante elle dit adieu à sa famille, aux fiers montagnards, ses compagnons d'enfance et qu'elle vit accourir au-devant de ses vingt ans, le joyeux et enthousiaste peuple d'Italie, on comprend qu'elle ait éprouvé d'abord un peu de confusion et de timidité...

Cliché Chusseau Flaviens.
LE ROI D'ITALIE A LA REVUE DE VINCENNES

Cette timidité ne s'est, dit-on, jamais complètement effacée... A défaut de qualités brillantes elle a su, par contre, montrer d'admirables vertus domestiques : elle a su être Reine dans tout ce que cette fonction comporte de missions nobles et discrètes, de dévouement et de bonté envers les humbles et les déshérités... elle a fait mieux : elle a compris les absorbantes obligations de son rôle d'épouse et de mère et ils lui sont très doux.

En eût-il été autrement, que le caractère ombrageux, la tendresse jalouse du Roi en auraient profondément souffert. Homme d'intérieur, — timide lui aussi — ayant toujours fui le monde, les fêtes, ne possédant aucune des qualités physiques qui séduisent les foules, peu imaginatif mais en revanche, esprit réfléchi et studieux, remarquablement instruit, très intelligent, passionnément épris de problèmes sociaux et de sciences exactes, nul n'était mieux préparé à goûter le charme d'un foyer paisible qu'il n'avait point connu durant sa jeunesse.

Si touchant, en effet, que fut l'attachement qui unissait le fils à la mère, ils demeuraient quand même séparés par la divergence de leur caractère, de leur tempérament, de leurs idées. Tandis que la reine Marguerite, réservait, en effet, tous ses enthousiasmes pour l'art et pour la littérature, le Prince héritier manifestait, sinon une répulsion du moins une indifférence complète pour ces choses : lorsqu'il n'avait encore que dix ans, il répondait au professeur de piano, Mme Cerasoli que sa mère lui avait donné et qui s'efforçait en vain de lui inculquer les principes de la musique :

— Ne vous semble-t-il pas que vingt trompettes font plus d'effet que votre piano ?

En revanche, il montrait dès son plus jeune âge, une prédilection marquée pour la science militaire. Il avait l'âme d'un soldat et se pliait sans murmurer à la rigoureuse discipline que lui imposait son gouverneur le colonel Osio. Il cite encore volontiers comme un des plus délicieux souvenirs de sa vie d'adolescent, l'impression qu'il ressentit le jour où le roi Humbert lui confia, pour la première fois, le commandement d'une compagnie d'infanterie à la revue annuelle de la garnison de Rome.

— L'émotion me troublait tellement la vue, dit-il, que je ne reconnus dans la foule qui m'acclamait que mon dentiste et mon professeur de mathématiques !

Sa vive prédilection pour l'armée s'affirma lorsque, prince héritier, il reçut le commandement du corps d'armée de Naples. La société napolitaine, frivole et légère, s'attendait à recevoir un prince mondain et s'en réjouissait ; elle s'aperçut bientôt qu'il n'y fallait point compter ; le prince, dédaignant ses plaisirs, se consacra exclusivement à son métier et ne quittait la caserne que pour rentrer aussitôt au palais de Capodimonte où il passait ses heures de loisir à se perfectionner dans les études de tactique militaire. Lorsqu'enfin la tragédie de Monza, l'appela brusquement au trône, la virilité de son attitude, la fermeté de son caractère et la gravité de son esprit, frappèrent le monde politique inquiet et désemparé. Il voulut lui-même rédiger sa première proclamation au peuple italien ; il s'y révéla un homme moderne, parfaitement instruit des besoins et des aspirations de l'Italie.

— Je sais, disait-il quelques jours après son avènement à M. Crispi, je sais toutes les responsabilités de ma tâche et je n'ai pas la présomption de croire que je pourrai avec mes seules forces remédier aux difficultés présentes. Mais je suis convaincu que ces difficultés proviennent toutes de la même cause. En Italie, il y a peu de citoyens qui remplissent exactement leur devoir : il y a trop de mollesse et de relâchement. L'Italie est à un tournant grave de son histoire : la politique la dévore ; c'est vers le développement de ses ressources économiques qu'il faut qu'elle porte son effort. L'industrie la sauvera en relevant ses finances, en occupant tous les bras immobilisés dans un désœuvrement qui dure depuis trop longtemps.

Je prêcherai d'exemple en accomplissant scrupuleusement mon métier de Roi et en encourageant les initiatives ; en encourageant surtout l'évolution sociale et économique du pays. »

Rendons-lui cette justice : il a tenu ses promesses. Sous l'enveloppe frêle, une volonté se manifesta. Il étudia le mécanisme si confus du parlementarisme italien avec autant de persévérance que la question sociale ; en démocratisant la monarchie, il a peut-être prévenu des mouvements populaires qui, dans un pays aussi passionné dans ses opinions et aussi ardent dans ses manifestations que l'est l'Italie, eussent peut-être causé d'irréparables perturbations et retardé l'essor magnifique de cette nation. Penché sur ses graves problèmes, son esprit attentif et studieux a cherché une diversion et parfois un encouragement à sa rude tâche, dans l'intimité toujours souriante de son *home* ; il l'a voulu impénétrable aux autres : le mari et le père y ont seuls accès ; c'est là le secret de cette union si étroite qui a fait dire du couple royal d'Italie : qu'il représentait le type du parfait ménage bourgeois égaré dans le palais d'un roi.

* * *

J'étais loin de me douter ce fameux après-midi où

j'eus l'occasion d'entrevoir si inopinément la reine Hélène dans un magasin de ganterie, que j'aurais, deux ans plus tard, l'honneur de l'accompagner ainsi que le Roi pendant leur voyage en France. C'était leur première visite officielle à Paris et l'on attachait chez nous

Photo Léon Bouet.
VICTOR-EMMANUEL III ET M. LOUBET DANS LES TIRÉS DE RAMBOUILLET

une importance considérable à cet événement, qui accentuait la portée de ce que le prince de Bulow, alors chancelier de l'Empire d'Allemagne, appelait, non sans dépit, le « tour de valse » de l'Italie avec la France.

La « lettre de service » que je reçus au début d'octobre 1903, m'enjoignait d'aller immédiatement attendre nos hôtes à la frontière d'Italie pour les amener jusqu'à Paris.

Il faisait nuit noire — une nuit froide et pluvieuse — lorsque le train royal apparut à la sortie du tunnel du Mont-Cenis et vint stopper devant le quai de la gare frontière de Modane où, depuis une grande heure, je faisais les cent pas. Ma curiosité s'avivait, je l'avoue, du souvenir de l'épisode de la galerie Victor-Emmanuel de Milan..... Amusé par le hasard qui allait me placer en face de la « dame aux gants », il me tardait de savoir si mes premières impressions m'avaient trompé, si les traits plutôt devinés qu'aperçus derrière le voile bleu, étaient bien ceux que j'allais pouvoir regarder en pleine lumière.....

Les stores des huit wagons étaient hermétiquement baissés, aucun indice ne trahissait la présence d'êtres vivants dans le train silencieux...

Au bout d'un long moment, une portière s'ouvrit, un géant emmitouflé dans un grand manteau de cavalerie gris clair, le chef coiffé d'un bonnet de police bleu soutaché de liserets rouges et orné d'un gland d'or, descendit doucement et, venant droit à moi :

— Chut ! me dit-il, *ils dorment*.....

Il était deux heures du matin. La première réception officielle avait été fixée à Dijon où l'on arrivait à neuf heures. Je pris place dans le train et l'on partit. Tout le monde ne dormait pas. Dans le dernier wagon réservé à la domesticité, des femmes de chambre enveloppées de ces beaux châles rouges que l'on aperçoit sur le quai de Naples, babillaient en italien avec une animation extrême. Les échos de cette langue musicale et expressive arrivaient jusqu'au compartiment où j'essayais de sommeiller, éveillant dans mon vieux cœur de Corse des souvenirs d'enfance.

Il faisait déjà grand jour et nous approchions de Dijon lorsque le comte Guicciardini, grand écuyer du Roi, vint me chercher pour me présenter aux souverains.

Deux yeux noirs, graves, fiers et doux, un front auréolé d'abondants cheveux bruns, de beaux traits fins, un sourire qui creusait de chaque côté de la bouche deux fossettes menues : je retrouvais dans la souveraine charmante, auguste et timide, qui s'avançait vers moi, la jeune femme de Milan : c'était bien la même petite main blanche qui se tendait encore, mais cette fois, pour que j'y dépose l'hommage de ma respectueuse bienvenue.

Allais-je rappeler l'épisode des gants ? Je l'avais sur les lèvres... Je craignis de paraître ridicule, évidemment elle ne se souvenait plus... Je me tus.

— Enchanté, monsieur Paoli, enchanté de vous connaître, s'exclama le Roi en me fixant de ses yeux perçants et en me secouant vigoureusement la main.

— Sire...

— Mais, attendez ; Paoli c'est un nom italien !

— Presque, en effet, je suis Corse.

— Compatriote de Napoléon alors ? Compliments !

Notre conversation se borna ce matin-là à ces quelques mots. A partir de Dijon, en effet, le voyage prenait un caractère officiel : dans la foule des uniformes chamarrés, je ne vis plus nos hôtes. Toutefois quelques instants avant notre arrivée à Paris je les surpris appuyés contre une vitre, debout tous deux, la Reine dans une exquise toilette de velours et de soie grise pâle, le Roi en uniforme de général italien, la poitrine barrée par le grand cordon de la Légion d'honneur. Ils échangeaient à mi-voix, tout en regardant le paysage, des propos qui me parurent tendres.....

Sur ces entrefaites, un valet de pied vint discrètement déposer sur la table derrière les souverains, quelque chose d'extraordinaire qui attira mes regards. On eut dit, enfoui dans ses plumes, un immense oiseau : c'était à la fois éclatant et volumineux. Je m'approchai, je reconnus alors un casque, un simple casque, couvert de plumes de dimensions fabuleuses. Je ne fus pas d'ailleurs le seul à m'étonner des proportions de ce couvre-chef : il eut à Paris chaque fois que le Roi l'arbora, un retentissant succès de curiosité ; il dominait les foules, les cocardes des équipages, les baïonnettes des soldats : il devint l'objectif de tous les kodaks.

La timidité de la Reine ? L'occasion s'offrait unique d'en faire l'expérience. Il y avait en effet de quoi intimider une jeune femme, fût-elle reine, que cette entrée solennelle dans Paris que l'on avait voulue grandiose en traçant l'itinéraire du cortège à travers l'avenue du Bois de Boulogne et les Champs-Élysées. Sans doute, la gracieuse souveraine était-elle profondément émue et légèrement dépaysée. La cordialité de l'accueil, la chaleur des vivats, lui causaient pourtant un visible plaisir. Elle eut, dès le premier jour, des pensées gentilles ; il eut, lui, des gestes heureux. A certain moment, elle détacha du bouquet de roses de France qu'elle tenait à la main, une rose qu'elle offrit à une petite fille qui s'était faufilée près de sa voiture ; elle se dirigea tout droit vers le drapeau des Zouaves déployé sur le front d'un bataillon qui rendait les honneurs dans la cour du ministère des Affaires Étrangères et porta à ses lèvres les plis de l'étendard sur lequel s'inscrivaient deux noms chers aux cœurs italiens et glorieux aux souvenirs français : Magenta et Solférino.

Le ministère des Affaires Étrangères avait été transformé, comme on le sait, en « palais royal » à l'occasion de cette visite. Cependant que le Gouvernement s'était ingénié à décorer le plus somptueusement du monde les appartements du premier étage destinés aux souverains, Mme Delcassé, l'aimable femme du ministre des Affaires Étrangères, s'était efforcée, elle, d'en atténuer l'aspect un peu solennel et froid : elle s'était, à cet effet, procurée des photographies des petites princesses Yolande et Mafalda qu'elle avait placées dans de beaux cadres sur la table de toilette de la Reine. Cette délicate pensée toucha la souveraine. Elle eut, en entrant dans l'appartement, cette exclamation spontanée où s'attestait toute la tendresse de la mère :

— Tiens, les enfants ! Quelle joie !

* *

Les enfants ! Que de fois ce mot lui revint aux lèvres durant son séjour à Paris ! Elle en parlait sans cesse ; elle en parlait à tout le monde, à Mme Loubet, à Mme Delcassé, à l'ambassadrice d'Italie, voire aux deux femmes de chambre françaises qui avaient été attachées à son service.

— Yolande, l'aînée, avec ses yeux noirs, ses cheveux noirs me ressemble, expliquait-elle ; Mafalda, par contre, c'est tout son père : elles ont, l'une et l'autre de bons petits cœurs. »

Ses préoccupations maternelles se traduisaient aussi par l'impatience avec laquelle elle attendait les nouvelles des princesses. Chaque soir, lorsqu'elle rentrait au Ministère après une journée de promenades et de visites à travers Paris, son premier mot était :

— Ma dépêche ?

Et, un peu nerveusement, elle décachetait le télégramme quotidien qui lui arrivait du château de San Rossore où se trouvaient les « enfants » et lisait avidement le bulletin de nouvelles rassurantes que lui apportait le télégraphe.

Dès le lendemain de son arrivée, elle sonna à son réveil, une femme de chambre :

— J'ai, à Paris, lui déclarait-elle, une vieille amie que je voudrais bien revoir, c'est mon ancienne institutrice française, Mlle Enesco. Elle habite quai Voltaire : priez qu'on aille la chercher.

Un attaché du Ministère y courut aussitôt et une demi-heure après, ramenait triomphalement Mlle Enesco, une charmante vieille dame qui avait été autrefois gouvernante de la princesse Hélène de Monténégro à Cettigne. Elle ne l'avait point revue depuis dix ans : on juge de sa surprise et de son trouble. La maîtresse et l'élève se jetèrent dans les bras l'une de l'autre. Et comme Mlle Enesco s'appliquait à appeler la Reine « Majesté », celle-ci l'interrompant :

— Pourquoi, « Majesté ? » Appelez-moi Hélène, comme autrefois...

Le protocole, se conformant aux usages royaux, s'était cru obligé d'aménager deux appartements distincts : l'un pour le Roi, l'autre pour la Reine, séparés par un vaste salon. Grande fut donc notre surprise lorsque le lendemain le bruit courut à travers les antichambres du Ministère que la chambre du Roi était demeurée vide. L'avait-il trouvée inconfortable ? Ne lui plaisait-elle pas ? Déjà l'on commençait à s'inquiéter. Je fus chargé d'éclaircir ce mystère. J'allai donc prendre à part un officier de la suite royale et tout en causant

« d'autre chose » j'essayai de l'interroger sur les impressions du Roi :

— Sa Majesté est-elle satisfaite de ses appartements ?
— Enchantée.
— Le chauffage laisse-t-il à désirer ?
— Nullement.
— Le lit destiné au Roi n'est peut-être pas au goût de Sa Majesté ? Il est, je crois, très moelleux, bien qu'historique.
— Du tout, du tout, je crois que Sa Majesté trouve que tout est parfait.

Hélas, je sentis que mes insinuations n'étaient point comprises : il fallait en venir au fait. Brusquant donc les choses :

— C'est que, dis-je, il paraît que le Roi n'a point daigné occuper ses appartements...

Mon interlocuteur me regarda en souriant :

— Mais le Roi, s'exclama-t-il, ne quitte point la Reine ! Chez nous les ménages ne font chambre à part que lorsqu'ils sont brouillés... et ce n'est pas le cas !...

Ils ne se quittaient point, en effet ; si ce n'est pour le premier déjeuner. Le Roi, avait l'habitude de prendre du café au lait et la Reine, du chocolat. On apportait deux services : l'un, dans le petit salon où le roi déjà vêtu de son uniforme de général dépouillait son courrier ; l'autre, dans le boudoir où la souveraine en robe de chambre de surah rose consacrait chaque matin après sa toilette deux heures à sa correspondance ou bien encore au plaisir très féminin d'essayer des robes et des chapeaux.

J'eus encore, à deux reprises, l'honneur de la rencontrer, comme jadis, dans les magasins. Mais cette fois je l'y avais suivie par devoir professionnel. Elle n'acheta point de gants... en revanche, elle fit emplette de linge, de bijoux, de bibelots nombreux et de jouets ; et l'on eût dit qu'elle les choisissait pour elle-même, ces poupées de porcelaine, et leurs menus « services à thé », tant elle manifestait de joie enfantine à les choisir :

— Ceci pour Yolande ; ceci pour Mafalda, disait-elle à mesure qu'elle désignait les objets qu'il fallait mettre de côté...

Au palais de Versailles qu'elle visita ainsi que le Roi en compagnie de M. et Mme Loubet, je la vis pour la première fois grave et recueillie. De cette excursion au palais de nos Rois, je m'imagine qu'elle a dû conserver un souvenir exquis : j'en garde encore, pour ma part, une vivante impression. Il semblait que la nature eût, elle aussi, conspiré pour en accentuer le charme. Le parc séculaire s'était comme enveloppé dans le rayonnement adouci de l'automne finissant : les frondaisons couronnaient leurs verdures sévères de quelques feuilles d'or attardées : les lointains étaient mauves comme les lilas d'avril ; et la brise qui soufflait du couchant parsemait les gerbes d'eau et les métamorphosait en fumées légères.

Conduits par l'éminent conservateur du Palais, M. de Nohlac, les souverains visitèrent d'abord les appartements, s'arrêtant longuement devant les portraits des princes et des princesses de France. Et dans ces vastes pièces où tant de souvenirs précieux errent, la reine Hélène écoutait silencieusement et passionnément les explications du conservateur. Elle s'attarda surtout, dans les appartements de Marie-Antoinette ; les moindres objets y excitaient sa curiosité : visiblement sa pensée de femme et de Reine se complaisait à ce passé féminin et royal. Parfois, dans un élan discret et spontané, quand le souvenir trop lourd d'un épisode

LA VISITE A VERSAILLES

tragique s'appesantissait sur nos muettes contemplations, elle se serrait comme craintive et toute petite, contre le Roi. A certain moment, nous l'entendîmes murmurer :

— Ah ! Si les choses pouvaient parler !

***

Et le Roi ? Le Roi tout en appréciant en érudit les beautés de notre archéologie et les impérissables témoins de notre Histoire, ne goûtait point avec le même enthousiasme que la Reine nos trésors artistiques. En venant à Paris, il s'était proposé une double satisfaction : voir nos soldats et visiter notre Hôtel des Monnaies.

On sait que Victor-Emmanuel passe — et à juste titre — pour un numismate fort compétent.

Président honoraire de la Société numismatique italienne — titre dont il est très fier — il entreprit dès 1897 de dresser le catalogue des authentiques monnaies anciennes d'Italie.

Il puisa les matériaux essentiels de son travail dans sa collection personnelle qui se composait alors d'environ quarante mille pièces. Or comme parmi les deux cent soixante types de monnaies italiennes connues, c'est à peine si la moitié pouvait prétendre à une authenticité absolue, on s'imagine le travail considérable auquel il dut se livrer pour les réunir, les compléter et les authentifier.

Comment le souverain, alors qu'il n'était presque qu'un enfant, prit-il goût à la numismatique ?

Le comte Caracciolo dans son intéressant ouvrage sur « Victor-Emmanuel III intime » nous le raconte. On lui avait donné un jour un sou à l'effigie du pape Pie IX qu'il garda. En ayant trouvé un autre quelque temps après, il le joignit au premier : il finit ainsi par en réunir une quinzaine.

Sur ces entrefaites, son père le roi Humbert lui offrit une soixantaine de pièces de monnaie anciennes de cuivre : il eut de la sorte le premier noyau de sa collection.

Depuis lors, à toutes les fêtes, à la Noël, à Pâques, la famille royale qui le plaisantait sur sa nouvelle passion, lui donna des monnaies ou des médailles. Il fit, de son côté, d'importantes acquisitions : en 1900 enfin, il doubla d'un seul coup sa collection en achetant l'inestimable trésor numismatique du marquis Marignoli qui allait être dispersé aux quatre coins de l'univers.

Il avoue, toutefois, que la pièce qui représente à ses yeux le plus de valeur est une monnaie d'or monténégrine frappée aux premiers temps de la dynastie des Petrovich et offerte jadis à son fiancé par la princesse Hélène de Monténégro. Cette pièce est tellement rare qu'il n'en existe qu'un spécimen en dehors de celui que possède Victor-Emmanuel : il fait partie de la galerie numismatique de Vienne.

Le Roi pourtant a enrichi dernièrement sa collection d'une série rarissime de monnaies des papes d'Avignon qui lui furent chaudement disputées à la vente qui eut lieu à Francfort par un représentant du Pape et le directeur de notre Cabinet des Médailles. On conçoit donc l'attention toute particulière avec laquelle il visita notre Hôtel des Monnaies dont la collection est célèbre dans toute l'Europe.

Le directeur sachant qu'il avait affaire à un « connaisseur » s'était mis en frais : je crois bien qu'il se proposait de « l'épater » par son érudition.

Mais on comptait sans le Roi qui avait lui aussi, son amour-propre.... On pensait que le savant éblouirait le souverain : ce fut le souverain qui étonna le savant, il l'étonna si bien par la précision et l'étendue de sa documentation numismatique, que le docte directeur dut se déclarer vaincu.

— Nous ne sommes que des écoliers auprès de votre Majesté, avoua-t-il en toute humilité

Et je ne crois pas que ce fut là, un mot de courtisan.

Le Roi, comme je l'ai dit ailleurs, s'intéressait vivement aux choses militaires. Il le témoigna à l'occasion de la revue de la garnison de Paris. Autant il avait paru s'ennuyer la veille au soir, au concert de l'Élysée, autant il sembla goûter l'impressionnant spectacle que nous lui offrîmes sur le champ de manœuvres de Vincennes. Il voulut passer devant le front des troupes à cheval et avait, à cet effet, apporté d'Italie sa selle — une fort belle selle richement caparaçonnée. Le gouverneur de Paris lui prêta un de ses chevaux et il montra qu'il était bon cavalier, car l'animal énervé par un harnachement assez lourd auquel il n'était pas habitué n'avait rien trouvé de mieux que de manifester sa mauvaise humeur sans déférence aucune pour son auguste cavalier. Mal lui en prit, il dut reconnaître qu'il avait trouvé son maître.

A l'issue de l'inspection des troupes qu'il voulut passer aux côtés du ministre de la Guerre, le souverain ayant exprimé le désir d'étudier l'équipement d'un soldat, on fait aussitôt sortir un fantassin du rang. Victor-Emmanuel prend son sac, l'examine, puis, comme il fait le geste de le rattacher lui-même sur les épaules du soldat, le brave petit « pioupiou » effaré, rouge d'émotion s'écrie :

— Oh ! merci mon ... mon ...

Comment appeler un Roi ? Il l'ignore, lui, qui n'a jamais parlé à un général !

Alors le Roi, amusé, a cette réponse charmante.

— Appelle-moi comme les aïeux les soldats français de 1859 appelaient mon grand-père le soir de la bataille de Palestro : appelle-moi mon « caporal ! »

J'eus également une autre vision piquante de Victor-Emmanuel III pendant la chasse que M. Loubet lui offrit dans les tirés du château de Rambouillet.

Le Roi qui témoigne autant de ferveur pour l'art cynégétique que de passion pour l'art numismatique, est un « fusil » de premier ordre. Il tire haut, ménage ses cartouches, et manque rarement son coup : selon l'usage, il était suivi à Rambouillet d'un garde qui portait un fusil de rechange naturellement chargé d'avance.

Or, il arriva que le Roi ayant aperçu une compagnie de faisans avait commencé par lâcher deux coups de fusil qui avaient frappé juste : ayant alors pris la seconde arme que le garde tenait prête : il épaule, presse la gâchette, les deux coups partent à blanc. Le garde avait oublié les cartouches ! Fureur du souverain, qui, navré d'être obligé de laisser filer les faisans, commence à tancer vertement le coupable : celui-ci plus mort que vif ne sait que répondre : il sent que sa position est perdue.

Alors le Roi, devinant sa secrète terreur, brusquement change de ton :

— Tranquillise-toi, lui dit-il, tu es impardonnable : mais je n'en dirai rien.

Cette journée de chasse avait visiblement enchanté le Roi ; pourtant parmi les nombreuses attentions que nous eûmes pour nos hôtes pendant leur bref séjour à Paris, il est une surprise que nous leur ménagions et qui, si je ne me trompe leur fut plus sensible — à la Reine surtout — que toute autre : cette surprise consista dans la récitation devant Leurs Majestés par

Mme Bartet, notre grande artiste de la Comédie-Française, d'une poésie inédite de..... la Reine en personne.

Hélène de Monténégro avait été poète, en effet, à ses moments perdus. A l'époque où elle était fiancée elle avait composé en russe un poème qu'elle envoya à une revue de Saint-Pétersbourg, sous le pseudonyme de *Papillon d'Azur* et qui la publia sans en connaître le véritable auteur. Il était écrit en prose rythmée : en voici la traduction intégrale que j'ai eu la bonne fortune de me procurer :

VISION

« La mère dit à sa fille : « Veux-tu savoir comment est fait le monde ? Ouvre les yeux ! » Et la fillette ouvrit les yeux. Elle vit des montagnes superbes et dominatrices, elle vit des vallées pleines d'enchantements, le soleil qui flamboie et qui dore, elle vit les étoiles scintillantes et les flots profonds de la mer, elle vit les torrents à l'onde écumante et les fleurs aux parfums si variés, elle vit les oiseaux aux plumes légères et les gerbes d'or de la moisson. Puis elle ferma les yeux... Et elle vit alors, elle vit ce qu'il y a de plus beau ici, bas : l'image de l'aimé qui remplissait son cœur, l'image de l'aimé qui vit dans son âme, l'image de l'aimé qui, a son amour à elle, répondait par son amour à lui ! »

Retrouvé par un collectionneur de poésies royales quelque temps avant la visite des souverains italiens, ce poème avait été transcrit en vers français par un de nos meilleurs poètes, M. André Rivoire. On eut la délicate pensée de la faire entendre à nos hôtes au cours de la soirée donnée en leur honneur par M. Loubet au palais de l'Élysée.

Ce soir-là, la jolie souveraine goûta la joie d'un double succès : et comme femme et comme poétesse...

* * *

L'affabilité si simple du couple royal devait naturellement lui concilier les sympathies françaises : les acclamations chaque jour plus nourries qui les saluaient à travers Paris leur prouvèrent en effet qu'ils avaient su conquérir la population.

— C'est étonnant, me disait un fonctionnaire italien, mais ils sont plus populaires encore chez vous que chez nous !

— C'est qu'ils se montrent davantage...

Au risque de décevoir le lecteur, je suis obligé d'avouer qu'aucun incident tragique ou même fâcheux ne vint troubler leur satisfaction et leur quiétude. Il semblait que Messieurs les anarchistes se fussent donné un petit congé...

A défaut du traditionnel complot nous eûmes, il est vrai, les inévitables lettres anonymes, et signées : en faisant savoir qu'elle désirait que l'on répondît à celles qui sollicitaient des secours et qu'on donnât autant que possible satisfaction à leurs signataires, la Reine hélas, avait singulièrement encouragé les quémandeurs. Aussi bien tous les miséreux italiens qui pullulent à Paris s'en donnèrent-ils à cœur joie ; l'habituelle clientèle des solliciteurs français — celle qui avait naguère si naïvement essayer d'apitoyer le shah de Perse — se risqua également.

Mais que vouliez-vous que l'on répondît à des lettres

comme celles-ci par exemple? (j'en ai conservé quelques-unes :)

A Sa Majesté la Reine d'Italie.

Madame,

Nous sommes un jeune ménage honnête mais pauvre. Faute d'argent nous n'avons pu faire de voyage de noces. Notre rêve serait d'aller en Italie qui est dit-on le pays des amoureux. Nous avons pensé que Votre Majesté qui comprend l'amour puisqu'elle aime tant son mari, consentirait à nous faciliter ce petit voyage. Il nous faudrait 500 francs : nous supplions Votre Majesté de nous les prêter. Quand mon mari aura une meilleure position — il est commis chez un marchand d'antiquités — il s'empressera de rendre cette somme à Votre Majesté.

Merci, Madame,
Votre respectueuse et reconnaissante servante

Marie G...

Poste restante 370 Paris.

A Sa Majesté le Roi d'Italie.

Sire,

Jeune peintre plein d'ambition et non sans talent, dit-on, je voudrais connaître Rome et en étudier les chefs-d'œuvre artistiques. Ne possédant pas les ressources nécessaires, je viens vous demander si vous ne voudriez pas me faire donner un emploi n'importe où, même dans le service des automobiles royales (car je sais conduire une auto) afin que je puisse pendant mes loisirs visiter les monuments et les galeries de peinture et me perfectionner dans mon art.

Veuillez agréer, etc.

Louis S...

au Café du Capitole Toulouse.

Autre genre :

A Sa Majesté Hélène.

Madame,

Vous êtes mère de jolis bébés : à ce titre j'ai l'honneur de vous adresser ci-joint deux boîtes de farine lactée de mon invention pour enfants en bas âge. Reconstituant et fortifiant merveilleux, je crois rendre service à Votre Majesté en les lui envoyant. Elle m'en commandera sûrement d'autres.

Dans l'espoir de cette commande je suis, de votre Majesté, le respectueux serviteur.

Dr F. J...

rue de la Liberté, à Nîmes.

Ces quelques spécimens de correspondance suffiront à donner une idée de la littérature inoffensive et parfois comique qui se glissait chaque matin dans le courrier royal. Je ne saurais pourtant omettre parmi les incidents divertissants qui marquèrent le voyage des souverains, la piquante méprise qui advint le jour même de leur arrivée à Paris.

Il était environ 6 heures et demie du soir : nos hôtes royaux venaient de quitter le ministère des Affaires Étrangères pour rendre au Président de la République leur première visite officielle, lorsqu'un fiacre s'arrête devant la grille : un vieux monsieur, très grand, portant une longue barbe blanche, très simplement vêtu, en descend et d'un pas assuré se dispose à franchir la porte.

Trois agents se précipitent aussitôt.

— Halte-là ! crient-ils, on n'entre pas.

— C'est que, répond l'inconnu, je désire voir le roi d'Italie.

— Qui êtes vous donc ?

— Le roi des Belges...

On ne voulut point le croire. Devant son insistance pourtant, on alla chercher un fonctionnaire qui se confondit en excuses... Tête des agents !

*
* *

Les souverains d'Italie ne restèrent comme on le sait que trois jours à Paris... « Nous reviendrons » avait dit la Reine en montant dans le train, tout heureuse de la réception qui lui avait été faite.

L'année suivante, ils traversèrent, en effet, la France pour se rendre en Angleterre : je fis le voyage avec eux, mais, comme jadis à Modane, les stores de leur wagon étaient baissés : ils restèrent baissés pendant toute la durée du trajet. Dormaient-ils ? Je ne le sus jamais.

VI

LE ROI ÉDOUARD VII

Le roi Édouard était encore à Biarritz. Son trop bref séjour à Paris, lorsqu'il l'avait traversé pour se rendre sur la côte basque, ne m'ayant pas laissé le temps d'aller lui présenter mes respects comme j'en avais l'habitude, je m'étais permis de lui écrire mon intention de lui consacrer, s'il m'y autorisait, quelques pages de mes mémoires. Avec sa bonne grâce coutumière, il m'avait aussitôt fait répondre qu'il serait heureux de les lire lors de son prochain passage à Paris et de me signaler les inexactitudes involontaires qui pourraient s'y glisser de même qu'il avait lu et corrigé de sa main mes notes sur la reine Victoria...

Il ne devait plus, hélas! revoir Paris : la politique l'avait hâtivement rappelé à Londres et la mort l'y attendait. Le vide qu'il laisse en Europe — on peut dire dans l'Univers entier — est si vaste, qu'il ne semble pas qu'il puisse jamais être comblé : il ne le sera point en tout cas dans les cœurs français qu'il avait su gagner par le charme de sa bonhomie, la finesse toute latine de son esprit, par la fidélité si constante de l'amitié qu'il nous avait donnée. Sa mort fut en France comme un deuil de famille; elle le fut surtout pour moi qui avais reporté sur le fils, le respectueux attachement que j'avais voué à la mère.

* * *

Quand j'interroge mes souvenirs sur le défunt souverain, il en est un, très lointain, que le nom d'Edouard VII ressuscite tout d'abord à ma mémoire, comme s'il était d'hier.

Il remonte à l'année 1878. Je venais d'être nommé commissaire spécial à Nice et j'inaugurais un certain matin d'avril mon nouveau poste en surveillant à la gare l'arrivée de l'express de Paris, lorsque mon attention fut appelée sur un voyageur suivi d'un grand diable de valet de pied qui cherchait à gagner la sortie au milieu de la foule cosmopolite, bruyante et pressée... Sur une forte carrure, son large visage dont l'oval s'affinait d'une barbe courte et blonde, accusait une physionomie ouverte et avenante; sous la coupe mpeccable d'un complet de cheviotte bleu marine, la démarche était souple et l'allure d'une remarquable aisance. Depuis le savant nœud de cravate jusqu'au mouchoir de fine soie qui dépassait légèrement sa poche de côté; depuis la canne en jonc à bec d'or qu'il avait passé sous son bras jusqu'au havane parfumé qu'il tenait entre ses lèvres, depuis le feutre gris très clair qu'il portait légèrement incliné à gauche, jusqu'aux gants de suède jaune ornés de baguettes noires, tout indiquait un souci d'élégance sobre et de raffinement subtil.

Mais ce qui frappait surtout, c'était la clarté des yeux gris bleus, très en saillie, sous les paupières lourdes...

— Vous connaissez pour sûr ce voyageur-là, me dit le chef de gare.

— Ma foi non.

L'ARRIVÉE DU ROI A LONGCHAMP

— Regardez-le alors. Vous le verrez souvent... c'est le prince de Galles.

Et comme j'allais m'avancer pour lui frayer un chemin jusqu'à sa voiture :

— Laissez donc, fit le chef de gare, laissez donc, votre zèle le contrarierait ; d'ailleurs il connaît tout le monde à Nice et on l'adore !

Je lui fus présenté le lendemain. Tout de suite il me dit :

— Il y a dans Westminster-Abbaye, parmi nos morts glorieux, le tombeau du général Paoli ; le fameux proscrit, bien avant que la Corse n'appartînt à la France, combattit avec l'Angleterre. Êtes-vous de sa famille ?

— C'était un de mes ancêtres, Monseigneur.

— Nous avons, comme vous le voyez, honoré sa grande mémoire. Je suis très heureux de retrouver un de ses descendants.

Je ne me doutais pas, à cette époque, que je deviendrais un jour le « Gardien des Rois », le *Vassilophylax* selon l'expression du roi de Grèce ; mes diverses missions de surveillance ne s'étaient exercées jusque-là que sur des anarchistes ou des personnages plus ou moins suspects. Les souverains, d'ailleurs, avaient désappris depuis l'avènement de la République, le chemin de la France ; les grands-ducs ne la fréquentaient pas encore : on se méfiait. Aussi bien notre patriotique amour-propre n'en était que plus reconnaissant à l'héritier du trône britannique de son assiduité. Il avait été l'ami des mauvais jours, on lui en savait gré. On lui savait gré aussi de son tact merveilleux, grâce à quoi, il était le seul qui pût se permettre de déjeuner au Jockey-Club et de dîner à l'Élysée, de fréquenter le noble faubourg et de recevoir Gambetta à sa table sans froisser d'ombrageuses susceptibilités.

C'est que nul ne possédait à pareil degré l'art des nuances et le sentiment de la juste mesure. C'était comme un clavier sur lequel il déployait une virtuosité incomparable. Depuis le coup de chapeau, la poignée de main, jusqu'au sourire, jusqu'à l'intonation de la voix, juqu'au geste et la parole, tout était, si je puis dire, proportionné avec une délicatesse infinie à la personne à qui il s'adressait, au milieu où il se trouvait, à la signification exacte qu'il voulait que comportât ce geste ou cette parole. Il n'était pas seulement « The right man in the right place », comme disent les Anglais, il était « The right man in every place ».

Gentilhomme dans la plus stricte acception du mot. Il savait demeurer « prince » dans la familiarité et rappeler qu'il l'était avec la plus spirituelle

Cliché Chusseau-Flaviens.
ÉDOUARD VII DANS LES TRIBUNES DE LONGCHAMP

bonhomie à ceux qui eussent été tentés de l'oublier.

L'illustre comédien Frédéric Febvre a raconté qu'un soir, comme il causait au foyer de la Comédie-Française avec Sarah Bernhardt et le prince de Galles, un étranger s'étant approché du groupe et ayant demandé au Prince sans lui être présenté, ce qu'il pensait de la pièce, celui-ci tranquillement s'était retourné vers cet interlocuteur inattendu et arborant son plus aimable sourire :

— Je ne pensais pas, lui répondit-il, vous avoir adressé la parole.

L'inconnu rougit, pâlit et se hâta de s'excuser.

J'accompagnai ce soir-là le Prince et je me rappelle parfaitement la scène. L'inconnu était un étranger très répandu dans la société cosmopolite.

Le Prince détestait l'affectation ; il était toujours « lui-même », aimant à prendre contact avec tous ceux qui pouvaient lui apprendre quelque chose, lui donner un aperçu nouveau de la vie qu'il aimait avec une curiosité passionnée, de la société qu'il étudiait sans cesse et qui l'amusait prodigieusement.

Respectueux des institutions, il ne se permettait jamais une appréciation sur le gouvernement ou la politique d'un pays ; et nul ne s'entendait mieux que lui à détourner la conversation dès qu'elle s'engageait sur un terrain brûlant. A ma connaissance, il ne s'est départi en public qu'une seule fois de cette extrême réserve et encore fut-ce par une spirituelle boutade. Causant un jour avec une comédienne célèbre qui ne cachait pas ses sentiments royalistes, le Prince lui racontait que tout enfant lorsqu'il était venu pour la première fois en France avec ses parents, il avait naïvement supplié l'impératrice Eugénie de le garder le plus longtemps possible auprès d'elle, tant Paris lui plaisait déjà !

— C'est maintenant, lui dit l'aimable artiste, que votre Altesse devrait rester chez nous ; elle rendrait de nouveau la royauté populaire !

Le Prince sourit et comme s'excusant :

— Hélas ! vous usez en France vos rois trop vite...

J'ai dit qu'il était difficile de connaître ses préférences politiques ; il avait conservé pour la famille impériale une vive amitié et parlait toujours de l'empereur Napoléon III et du Prince impérial avec émotion. A l'impératrice Eugénie il témoignait également le plus respectueux attachement. Chaque fois qu'il se rendait sur la Côte d'Azur à l'époque où elle y villégiaturait, ou bien encore s'il la savait à Paris lorsqu'il y séjournait, il ne manquait jamais de lui rendre de longues visites. La majesté de cette douleur inconsolable et silencieuse, lui inspirait une sympathie profonde. Mais qu'il eut ou non, une prédilection plus marquée pour les Bonaparte, cela ne l'empêchait pas de cultiver des relations suivies avec la famille d'Orléans et notamment avec le duc d'Aumale.

— Voyez-vous Paoli, me disait-il un jour, le duc d'Aumale est un grand seigneur du passé attardé dans notre siècle ; il représente la fleur de l'exquise politesse française et chaque fois que je cause avec lui, il me semble que je prends une leçon d'histoire de France tant son érudition est vaste et ses souvenirs sont précis.

Mais s'il se plaisait à revivre parfois le charme du passé, il appréciait mieux que quiconque l'intérêt du présent. Il ne négligeait jamais l'occasion de connaître les hommes d'État et les Tribuns de la troisième République. Il tenait en haute estime Gambetta.

— La première fois que je le vis, racontait-il un jour, il me parut si vulgaire d'allure et d'une tenue si négligée que je me disais : « Est-ce là, l'homme qui a trouvé le moyen d'exercer une fascination irrésistible sur les foules? Puis nous causâmes, Gambetta développa ses idées, ses projets : l'admirable lucidité de son intelligence, la largeur de ses vues, le charme si prenant de son éloquence me firent oublier la déception que son physique avait produite sur moi : je fus « emballé » à mon tour comme les autres. Je le revis une ou deux fois encore avant sa mort. Je l'ai regretté ; c'était un grand politique et un merveilleux virtuose de la parole... »

Il faut reconnaître, qu'en revanche, les hommes politiques français éprouvaient un plaisir extrême, quelles que fussent leurs opinions, à causer avec le Prince. Il n'était pas communicatif, mais il aimait à discuter et il discutait avec compétence, avec finesse, apportant dans son jugement sur les hommes et sur les choses, une justesse d'appréciation, une clairvoyance et un scepticisme qui appartiennent à ceux qui, comme lui, avaient beaucoup vu, beaucoup appris et beaucoup raisonné. Dans quelque milieu où il se trouvât, dans un salon politique, au théâtre, au club, aux courses, au restaurant, sa curiosité était toujours en éveil, il avait le souci de recueillir les opinions, d'observer les attitudes ; il parlait peu, mais il s'entendait admirablement à faire parler les autres : sa simplicité affable vous mettait à l'aise, son gros rire joyeux inspirait confiance ; de même son regard clair lorsqu'il se posait sur vous avec une fixité froide suffisait à vous rappeler à l'ordre si vous aventuriez la conversation sur une pente trop glissante...

Jusqu'à l'époque de son avènement, je ne fus jamais, à proprement parler attaché à sa personne. Il entendait qu'on ne s'occupât pas de lui : il arrivait d'ailleurs soit à Paris, soit à Cannes sans être annoncé : la surveillance de police qui s'exerçait autour de sa personne était si discrète qu'il ne s'en apercevait point. Je ne me souviens que d'un seul attentat dont il ait été l'objet : celui du fameux anarchiste Sipido qui tira dans la gare de Bruxelles, un coup de revolver à travers la portière de son wagon lorsqu'il voyageait avec la princesse de Galles.

Il y a deux ans me trouvant avec le Prince, — alors devenu Édouard VII, — dans cette « berline » dont il se servait pour ses déplacements sur le continent, il me montra dans un angle du plafond la trace encore très visible de la balle.

— Tenez Paoli, m'expliqua-t-il, la balle entra ici à droite, en brisant la vitre et avant d'aller s'enfoncer dans le bois, elle traversa le compartiment et effleura presque mon chapeau. Ce jour-là, je courus un sérieux danger.

Et gentiment il ajouta en me tapant sur l'épaule :

— Voilà une aventure qui ne me serait certainement pas arrivé, si vous aviez été avec moi !

.·.

La prédilection toute particulière qu'il éprouvait pour le midi de la France tenait non seulement au pays et au climat dont il goûtait le charme, mais à la vie mondaine et sportive qui lui offrait dans ce décor exquis, plus de satisfaction et plus d'imprévu que partout ailleurs. Il était en quelque sorte le roi de la Côte d'Azur : rien ne se décidait en matière de réjouissances sans son assentiment. S'il avait fait de Cannes son quartier général, et du cercle nautique de cette ville sa résidence favorite, son royaume d'élégance et de plaisir s'étendait jusqu'à Menton en passant par Nice : chacune de ces stations hivernales se disputait l'honneur de sa visite : il développait en effet leur prospérité en attirant là-bas une vaste colonie britannique.

Il y attira même la reine Victoria.

Au cours des villégiatures que l'auguste souveraine accomplit à Nice, je le vis fréquemment. Bien qu'il n'habitât point la même ville que la Reine, il venait assez régulièrement lui rendre visite ainsi qu'aux autres membres de la famille royale. On a raconté que les rapports du fils avec la mère étaient empreints d'une grande froideur... Je n'ai, bien entendu, jamais eu l'occasion d'assister à leurs entretiens, mais j'ai été maintes fois à même de constater les soins attentifs dont il l'entourait, la déférence très respectueuse qu'il lui témoignait et le soin scrupuleux avec lequel il s'acquittait, même au cours de ses villégiatures, de ses devoirs de prince héritier. Ainsi, c'est à lui qu'incombait la mission de rendre aux souverains et aux princes étrangers de passage sur la côte d'Azur, les visites qu'ils ne manquaient jamais de faire à la vénérable Reine. Et comme les visiteurs royaux et princiers étaient nombreux, les corvées officielles du prince de Galles devenaient parfois assez absorbantes.

Ce que je puis affirmer, c'est que le Prince éprouvait une profonde vénération pour sa mère et une vive admiration pour la Reine.

— Ma mère, me disait-il un jour, est un des plus remarquables esprits politiques de notre temps.

Il avait gardé un véritable culte pour sa mémoire.

Ainsi, il avait toujours, en face de lui, sur son bureau une grande photographie représentant la Reine assise à sa table, lisant un document. Dans un coin à gauche cette simple dédicace : Victoria 1897. Lorsqu'il s'installait à l'hôtel, fût-ce pour vingt-quatre heures, c'est le premier objet qu'il retirait lui-même de son sacnécessaire et qu'il posait sur sa table de travail. Cette photographie l'a suivi partout jusqu'à sa mort.

Je m'étais imaginé qu'à partir du jour où il monterait sur le trône je n'aurai plus guère l'occasion de le voir. Sous des dehors frivoles, et bien qu'il parût exclusivement absorbé par l'activité d'une vie mondaine et sportive, le Prince depuis trente ans avait travaillé pour le Roi. Je me demandais toutefois si la personnalité familière du Prince n'allait pas s'effacer devant la majesté plus austère du Roi?

Certes, la vie, les habitudes du Prince subirent de profondes modifications lorsqu'il devint Roi : il lui était désormais interdit, quand il lui en prenait fantaisie, de sauter dans le train de Douvres et de débarquer à Calais sans prévenir personne : il lui fallait renoncer à se mêler à la foule parisienne, à fréquenter les restaurants du boulevard et à s'attarder en d'agréables causeries sur le balcon du Jockey-Club. Les années aussi, commençaient à marquer de leur griffe le physique sinon le moral du souverain : si le regard demeurait toujours clair et vif, la silhouette s'épaississait, la démarche devenait plus lourde et la barbe avait perdu ses reflets blonds.

Il ne sacrifia pourtant, à ses obligations nouvelles, ni ses anciens amis, ni son goût des voyages. Il menait, il est vrai, au cours de ses villégiatures sur le continent, une vie plus sédentaire, plus retirée qu'autrefois : mais il savait tout, voyait tout, il restait en contact avec toutes les personnalités qui l'intéressaient. Travailleur prodigieux, il conciliait avec une remarquable maîtrise les affaires sérieuses avec les distractions, de même qu'il savait mêler la plus exquise simplicité à un sentiment de dignité royale dont il était profondément pénétré.

Je puis dire que c'est pendant ces neuf dernières années que j'ai eu le plus souvent l'occasion et le loisir de vivre dans l'intimité d'Édouard VIII ; je l'ai, en effet, accompagné dans tous ses déplacements sur le territoire français... Ce sont ces souvenirs tout récents, que je vais essayer d'évoquer.

∴

Le Roi — bien qu'il eût le goût des voyages — n'aimait pas l'imprévu : il tenait de sa mère un esprit méthodique : il était très méticuleux sur l'ordonnance de ses déplacements et s'entendait à merveille à en assurer le confort. Dès qu'il avait décidé de partir pour le Continent — il en fixait la date généralement deux mois à l'avance — il commençait par faire appeler son courrier M. Fehr. M. Fehr était, en effet, le grand organisateur des voyages du Roi. D'origine suisse, il avait débuté comme courrier dans la maison Cook. Chargé, en cette qualité, d'organiser à diverses reprises les voyages du prince de Galles, il avait eu la chance de se faire apprécier de son auguste client. Ce fut le début de sa fortune. Le Prince le prit à son service particulier et quand enfin il monta sur le trône, M. Fehr, dont l'ambition n'avait jamais entrevu de titre plus enviable que celui de « Courrier de Cook », se vit honoré de celui de « Courrier du Roi ».

Il n'en perdit point la tête. Fort intelligent, très actif, il savait admirablement ordonner tous les détails d'un voyage, en régler le programme, en assumer les responsabilités et défendre — tout en ne négligeant pas les siens — les intérêts de son auguste maître. Il entrait dans ses attributions, en effet, de choisir les résidences royales, de s'entendre avec les chemins de fer, de retenir les appartements du Roi dans les hôtels et de régler les dépenses. Il bataillait volontiers avec les hôteliers s'il trouvait les notes par trop « salées ». Il n'hésitait pas à exiger d'eux des réductions plus ou moins importantes. Son aspect rude et son verbe haut déconcertaient les résistances. Cet homme curieux et au demeurant assez sympathique avait, à force d'avoir goûté à des cuisines variées et à des caves généreuses, acquis un estomac d'airain et un palais de zinc : il n'était guère demeuré sensible qu'au cognac : il en buvait fréquemment et volontiers, sans autre dommage pour ses esprits qu'une aimable gaîté. Je me souviens qu'un soir à Biarritz le Roi, ayant fait appeler M. Fehr pour lui donner des instructions, fut frappé de sa tristesse et de sa loquacité.

— Monsieur Fehr, lui dit-il, êtes-vous souffrant ?

— Mais non, Sire... répondit le courrier.

— Alors, Monsieur Fehr, je parie que vous ne buvez plus que de l'eau depuis quelques jours.

— C'est vrai, Sire, je me suis mis au régime... pour vingt-quatre heures.

— Il ne vous convient pas. Vous me ferez le plaisir, Monsieur Fehr, quand vous aurez de ces fantaisies d'attendre que vous soyez chez vous : je ne veux pas voir devant moi un visage aussi maussade que le vôtre...

M. Fehr se fit une raison : il retourna incontinent au cognac.

La suite du Roi, lorsqu'il se déplaçait, était relativement très peu nombreuse : elle se composait invariablement de deux écuyers et d'un médecin. Le général

Sir Stanley Clarke fit longtemps partie de cette petite Cour ambulante : il ne quitta ses fonctions d'écuyer en chef que lorsque la haute faveur du Roi le désigna à celles plus importantes de *Clerk Marshal*. Parmi les autres écuyers qui se relayaient auprès du souverain, je citerai encore le colonel Ponsonby, fils du général Ponsonby qui, autrefois, accompagnait toujours la reine Victoria, le colonel Sir Arthur Davidson, l'honorable Seymour Fortescue et l'honorable John Ward ; quant au médecin, c'était ce brave Sir James Reid, qui fut pendant plus de vingt ans le médecin de la reine Victoria et qui personnifiait la rondeur joviale et la rude loyauté de l'Écossais. Il représentait aussi le type du docteur « tant mieux ». Aussi le taquinait-on volontiers sur son optimisme inaltérable.

— Nous autres Écossais, me disait-il, nous avons de nombreuses affinités avec les latins. Nous sommes confiants et exubérants comme eux : l'Écosse, c'est la Corse de l'Angleterre ; c'est pourquoi, mon cher Paoli, vous êtes mon frère !

Le personnel domestique comprenait deux valets de chambre et deux valets de pied. Le premier valet de chambre, M. Meidinger, était d'origine autrichienne : il remplissait en quelque sorte les fonctions de majordome et de maître d'hôtel de la maison du souverain lorsque Sa Majesté voyageait incognito. Le Roi, qu'il servait depuis dix-huit ans, l'aimait beaucoup et tolérait de sa part une certaine familiarité : c'est lui qui le réveillait chaque matin et que le Roi, encore à moitié endormi, saluait à son entrée dans sa chambre de cette invariable question :

— Quel temps fait-il aujourd'hui Meidinger ?

C'est aussi Meidinger qui préparait les objets de

toilette du souverain, lui apportait les journaux et s'assurait que rien ne manquait à son auguste maître. Le Roi s'habillait toujours seul, en effet, et faisait lui-même avec un soin particulier, son nœud de cravate.

Hawkins, le second valet de chambre, était anglais : il s'occupait de tous les détails auxquels la dignité du premier valet de chambre ne pouvait s'abaisser. C'est lui notamment qui était chargé de faire le lit du Roi : il connaissait mieux que quiconque ses habitudes et ses goûts : il savait, par exemple, qu'il ne fallait jamais retourner le matelas de Sa Majesté le vendredi. Le Roi, en effet, avait cette curieuse superstition : c'est la seule que je lui aie connue et il ne s'en cachait pas. Or, coïncidence extraordinaire, on m'a raconté que le matin de sa mort qui était un vendredi, les médecins, oubliant ses recommandations au milieu des graves soucis que leur causait l'aggravation si soudaine de son état, firent retourner son matelas dans l'espoir qu'il goûterait un peu de repos après une nuit de souffrances : quelques minutes avant que minuit sonnât, il rendait le dernier soupir...

Je n'ai pas eu, je m'empresse de le dire, l'occasion de contrôler l'authenticité de ce détail, bien qu'il m'ait été rapporté par une personne digne de foi : j'ai constaté par contre — et sa superstition concernant le matelas en témoigne — que le Roi avait toujours eu le pressentiment que le vendredi lui serait fatal.

Les deux valets de pied qui accompagnaient le Roi en voyage avaient également des fonctions déterminées. L'un, Hœpfner, était allemand : il devait sa brillante carrière à sa belle prestance. Engagé d'abord dans les grenadiers de la garde du Kaiser à cause de sa grande taille, il n'avait pas tardé à passer au service du grand-duc Michel de Russie qui, ayant besoin d'un valet de pied décoratif, n'hésita pas à enlever Hœpfner aux armées de S. M. Guillaume II. Le Roi Édouard, ayant à son tour aperçu sa stature gigantesque et constaté la correction de sa tenue, le prit à son service. Il servait le souverain à table et ouvrait la porte des appartements royaux, tandis que l'autre valet de pied — un sujet anglais du nom de Wellard — était exclusivement chargé de l'entretien des vêtements, des chaussures et du chien de Sa Majesté, service des plus absorbants si l'on songe que le Roi voyageait avec soixante-dix bagages dont un nombre incalculable de « gladstone bags », qu'il emportait une quarantaine de vêtements et plus de vingt paires de chaussures de tous genres.

* *

Il y avait aussi le chien.

« César » était un personnage d'importance : ce fox terrier blanc à poils longs et rêches avec des oreilles noires n'était pas, à précisément parler, d'une élégance aristocratique comme le sont les chiens de la reine Alexandra dont j'ai eu également l'occasion de faire la connaissance ; César avait plutôt ce que nous appelons la beauté du diable : il possédait une grande personnalité et une vive intelligence. Très indépendant d'allure, un peu gouailleur, il était profondément attaché à son royal maître qui le choyait comme un enfant. Lorsque le Roi était en voyage, César le suivait partout et ne le quittait ni jour, ni nuit, puisqu'il couchait à la droite de son lit, dans un fauteuil. Il assistait à tous les repas du souverain et acceptait volontiers les morceaux de viande ou de sucre que lui offraient les convives. J'avais ainsi réussi à gagner ses bonnes grâces : nous étions devenus une paire d'amis. Par contre, dès qu'il était hors de la maison, il ne connaissait plus personne. Sur la plage de Biarritz ou dans la rue de la Paix, on l'apercevait toujours derrière le Roi promenant fièrement son collier sur lequel on lisait : « I am Caesar, King's dog" » : « Je suis César, chien du Roi ». Et il le savait, semblait-il...

Quand Wellard, le second valet de pied, avait brossé les vêtements et nettoyé les chaussures du Roi, il procédait à la toilette de César, car la haute faveur dont il jouissait l'obligeait à être d'une propreté méticuleuse. Chaque matin il était lavé et peigné avec soin : je ne jurerais pas qu'il y trouvât de l'agrément... il s'y prêtait toutefois avec résignation.

Le personnel des « voyages royaux » se composait encore de l'ingénieur mécanicien Stamper, et de trois chauffeurs qui étaient chargés du service des trois automobiles que le souverain emmenait sur le Continent. Je n'aurais enfin garde d'oublier le receveur des postes — le postmaster — dont les fonctions consistaient d'abord à traduire en chiffre les télégrammes en clair rédigés par le Roi et inversement à remettre en clair les dépêches chiffrées de Londres : il recevait ensuite et préparait les valises d'État qui, tous les deux jours, apportaient au Roi les pièces à lire ou à signer et remportaient à Londres les documents officiels : c'est également lui qui distribuait leur courrier aux personnes de l'entourage royal.

J'ai dit que le Roi avait l'habitude de se servir de ses propres wagons sur tous les réseaux d'Europe. Ces wagons, au nombre de trois, furent construits, il y a quelques années, dans les ateliers de la Compagnie internationale des wagons-lits. Ils sont d'une sobre élégance et d'un confort raffiné : point de dorures ou de moulures ou d'étoffes éclatantes comme dans la plupart des wagons princiers que j'ai eu l'occasion de fréquenter : en revanche, des fauteuils moelleux, des tapis épais, des cabines spacieuses : le fumoir du Roi en cuir de Cordoue est un modèle de bon goût dans sa simplicité. Le souverain, quand il ne voyageait pas officiellement ou accompagné de la Reine, ne se servait généralement que d'une seule de ses « berlines », qu'on attelait en tête du train spécial. Le trajet en chemin de fer de Calais à Biarritz revenait environ à cinq mille francs ; quant à la traversée de Douvres à Calais elle coûtait à la cassette royale cent livres lorsque le Roi empruntait un steamer spécial du South Eastern Cie ; elle revenait à huit cents livres quand Sa Majesté faisait venir son yacht *Alexandra* ; cette différence de prix si considérable tient à ce que l'Amirauté britannique récupère chaque fois que le yacht royal se déplace pour l'usage du souverain, les frais qu'elle débourse pour son entretien annuel. Aussi bien le Roi, qui ne voulait pas que cet entretien fût supporté par le budget public, avait décidé depuis ces dernières années d'employer presque toujours l'*Alexandra* pour traverser la Manche.

*
* *

C'est naturellement à Calais que j'allais l'attendre. Dès qu'il m'apercevait, il ne manquait jamais de me dire :

— Toujours jeune et brillant monsieur Paoli !

Le Roi, comme on le voit, avait beaucoup d'indulgence à l'égard de mes cheveux blancs. Pour tous ceux qu'il avait l'habitude de voir à sa descente du bateau, il avait un mot aimable, un sourire et un « shake-hands », il se sentait chez lui et cette impression, visiblement, lui donnait une vive satisfaction. Pendant le trajet de Calais à Paris, il me mandait presque toujours dans son wagon et m'interrogeait sur nombre de menus faits de la vie parisienne qui prouvaient combien il était informé de ce qui se passait à Paris.

Il savait jusqu'aux recettes que faisaient telles pièces de théâtre réputées un succès ou un « four ».

Sitôt arrivé à l'hôtel Bristol, où il occupait chaque fois le même appartement, il faisait appeler le propriétaire M. Morlock et lui demandait les noms des voyageurs descendus à l'hôtel afin de savoir s'il ne se trouvait pas parmi eux des personnes qu'il connaissait : il demandait également les principaux journaux de Paris et parcourait aussitôt la rubrique : « Courrier des Théâtres » afin de fixer son choix sur le théâtre où il se rendrait le soir même. Dès qu'il avait désigné le spectacle qu'il désirait voir, M. Fehr prévenait l'hôtel qui louait par téléphone deux avant-scènes du rez-de-chaussée réunies en une seule. C'est également de l'hôtel que l'on envoyait le fauteuil qui lui était destiné, car il trouvait les sièges de nos théâtres peu confortables, et il était de ceux qui pensent avec raison que pour jouir pleinement d'un spectacle il importe d'être confortablement assis.

Édouard VII n'avait qu'un médiocre goût pour les drames et les pièces en vers. Il leur préférait le vaudeville et surtout la comédie de mœurs d'une psychologie fine et mordante : il avait une prédilection pour le théâtre des Variétés où, lorsqu'il était encore prince de Galles, il avait si souvent applaudi Mme Jeanne Granier dans le répertoire d'Offenbach. La dernière fois qu'il s'y rendit, ce fut pour assister à une représentation du « Roi » l'amusante satire de MM. Emmanuel Arène, Robert de Flers et Gaston de Caillavet. Il y était même, à certain moment, question de lui et sa photographie figurait très en vue sur une table. Aussi bien lorsque le souverain annonça sa venue, le directeur et les auteurs furent-ils fort perplexes. Le Roi n'allait-il pas se froisser de se voir mis en scène bien que l'allusion n'eut rien que de très flatteur pour lui ? On résolut, prudemment de remplacer sa photographie par celle d'un autre monarque et son nom par celui d'un souverain imaginaire. Mais le Roi mis au courant de ce petit subterfuge s'y opposa énergiquement. On dut s'incliner devant son désir. Quand vint la fameuse scène, il fut le premier à en rire et les spectateurs d'applaudir à ce trait d'esprit si joliment parisien !

Bien qu'Édouard VII depuis son avènement, se fût imposé plus de réserve dans sa fréquentation de la société parisienne, il avait néanmoins conservé un petit cercle d'amis qu'il voyait assidûment lors de ses séjours à Paris. C'est ainsi qu'il réunissait autour de sa table le marquis de Lau, le marquis et la marquise de Breteuil, le marquis et la marquise de Ganay, M. et Mme Standish, le général de Gallifet, le grand peintre Edouard Detaille dont il visitait régulièrement l'atelier... et j'en passe.

Il témoignait notamment au général de Gallifet la plus indulgente sympathie — je dis « indulgente » car il tolérait de la part du général cette liberté de langage et cette franchise d'opinion qui étaient un des traits pittoresques de la séduisante personnalité de ce vaillant soldat. Il aimait son esprit étincelant, ses anecdotes savoureuses, son caractère chevaleresque, sa témérité folle et ses amusantes boutades ! Je me souviens que lorsque le Roi vint à Paris quelques mois après la mort du général de Gallifet, il me dit tristement :

— Voyez-vous, Paoli, c'est un grand vide pour moi que la disparition de Gallifet. J'ai perdu un bon ami que je ne remplacerai jamais.

Pourtant, il y avait eu entre eux de vives discussions en 1905 à propos du Maroc. Le général estimait que la politique marocaine était dangereuse du moment où l'on n'était pas franchement décidé à faire la guerre à l'Allemagne. Je n'ai point à apprécier cette opinion : je me borne à l'enregistrer. Le Roi d'ailleurs, n'a jamais exprimé devant moi son sentiment sur les affaires marocaines. Ses actes dans leur silencieux et méthodique développement comportaient par eux-mêmes plus d'éloquente netteté que toutes les paroles. Son voyage officiel en France au début de nos difficultés avec l'Allemagne, sa croisière dans les parages marocains, et sur la côte d'Algérie au lendemain de la visite de l'empereur Guillaume à Tanger constituèrent autant de démonstrations *voulues* sur la signification desquelles l'opinion française ne s'est jamais trompée et dont elle lui fut profondément reconnaissante.

J'ai souvent remarqué, d'ailleurs, que le Roi connaissait admirablement le caractère français et savait parfois mieux que nos hommes d'État, donner aux événements de chez nous leur véritable portée.

Je me souviens que certaine année — c'était en 1907

je crois — Édouard VII, qui venait d'accomplir sa croisière annuelle dans la Méditerranée, avait annoncé son arrivée à Paris pour le 1ᵉʳ mai. Or, les fédérations socialistes préparaient précisément pour ce jour-là, de grandes manifestations dans la rue. On craignait des troubles, dans la capitale. Aussi le gouvernement, avait-il fait savoir au souverain qu'il eût été peut-être préférable qu'il reculât son arrivée de vingt-quatre heures : mais le Roi n'avait rien voulu entendre...

Lorsque je fus le recevoir à la gare frontière de Pontarlier avec mission de tenter un dernier effort afin qu'il se décidât à « éviter » Paris, il me dit en me jetant un regard malicieux.

— Alors, Paoli, c'est vrai... On ne veut pas de moi à Paris ?

— C'est-à-dire, Sire, répondis-je, que l'on craint que Votre Majesté ne soit importunée par des manifestations...

— Alors vous pouvez être tranquille. Il n'y aura rien Les manifestations annoncées ne se produisent jamais... tout au plus ira-t-on déjeuner sur l'herbe, au Bois de Boulogne, en famille. Voyez-vous, Paoli, je connais vos compatriotes mieux que vous. L'heure n'est pas, en ce moment, aux sanglantes révolutions. On crie, on menace, on chante et on va se coucher. J'arriverai donc, tranquillement à Paris, personne ne fera attention à moi, si ce n'est les journalistes.

Ce fut lui, en effet, qui eut raison contre nous.

Si les anarchistes et les socialistes évitaient de troubler sa quiétude, les reporters par contre, s'attachaient à ses pas avec un acharnement désespérant... à tel point que lors de son premier séjour incognito à Paris après son avènement, il me déclara un jour impatienté :

— Puisque je ne puis obtenir que l'on respecte mon incognito, je me verrai forcé, à mon grand regret, de me priver désormais de venir à Paris.

J'étais fort ennuyé. J'avais beau essayer de dépister ces messieurs de la presse : impossible ! je les retrouvais sur le passage du Roi, derrière sa voiture, devant sa porte. En désespoir de cause, il me vint l'idée de recourir à un moyen que je jugeais au premier abord assez ingénieux : il consistait à trouver au Roi un sosie : un sosie que j'habillerais à la dernière mode, et que j'enverrais à droite quand notre hôte irait à gauche, au Théâtre du Gymnase quand le Roi serait à celui des Variétés. Je connaissais précisément un ancien inspecteur de la Sûreté qui ressemblait à Édourd VII d'une façon si frappante qu'on l'avait surnommé « Édouard » dans sa famille et chez ses amis. Persuadé qu'il saurait m'être utile dans certains cas, je le fis appeler à mon bureau. Je ne m'étais pas trompé. Il continuait de plus en plus à ressembler au Roi, même visage, même yeux clairs, même barbe en pointe, même embonpoint — il avait, en effet, poussé le souci d'exactitude semblait-il, jusqu'à engraisser comme le souverain.

Mais hélas ! là s'arrêtait la ressemblance. Quand il fallut saluer, marcher, et sourire. il n'avait plus rien de commun avec Sa Majesté. Je compris que je devais renoncer à la trouvaille dont j'étais si fier ! J'eus alors recours à une solution plus simple : je réunis les journalistes chargés de rendre compte du séjour du Roi et m'adressant à leur courtoisie, à leur patriotisme, je les adjurais de mettre plus de discrétion dans leur mission. J'offris, enfin de leur communiquer moi-même tous les soirs, un procès-verbal de la « journée du Roi »...

Ils acceptèrent... à partir de ce moment le Roi fut libre... et tout le monde se déclara content.

*
* *

Éclectique dans ses goûts, curieux de toutes les manifestations de la pensée d'autrui, soigneux de son prestige qu'il considérait comme un des aspects nécessaires de son métier de roi, épris de toutes les parures de l'esprit comme de toutes les formes de la beauté, affable et distant selon l'ambiance, poussant parfois l'indépendance de ses opinions, de ses allures jusqu'au paradoxe, frivole, superficiellement, en grand seigneur, regardant passer les hommes et la vie avec la même curiosité amusée que lorsqu'il regardait du haut d'une tribune se disputer une course, ce prince si élégamment pénétré de ses droits était profondément discipliné à ses devoirs. Dans cet ordre d'idées, il n'oubliait et ne négligeait rien. C'est ainsi que nul anniversaire de famille, de Cour ou d'Histoire n'échappait à son souvenir. Il gardait un culte attentif et touchant aux disparus : sa première visite lorsqu'il arrivait à Biarritz était régulièrement pour les soldats anglais enterrés dans le petit cimetière de Bayonne.

A l'exemple de sa mère, il possédait l'esprit de famille : dans l'intimité de son appartement d'hôtel, n'y séjournait-il que vingt-quatre heures, la fidélité de sa pensée pour les siens s'attestait dans l'empressement avec lequel il recommandait à son valet de chambre Meidinger d'orner sa cheminée et ses guéridons de photographies représentant les princes et les princesses d'Angleterre au milieu desquels les traits fins et l'élégante silhouette de la reine Alexandra se profilaient en un grand cadre d'argent.

J'avoue pourtant que ce qui m'a le plus frappé au cours des longues semaines que j'ai eu l'occasion de passer auprès de lui, c'est la somme immense de travail qu'il parvenait à fournir au milieu de sa vie mondaine, sportive et brillante et sans qu'il parût, sans qu'il en ressentît la moindre lassitude.

Il s'occupait, en effet, aussi activement en voyage qu'à Londres, des affaires de l'État. Il y apportait une méthode admirable, exigeant de ses écuyers un labeur quotidien considérable mais nullement désagréable tant il mettait de bonne humeur, et de courtoisie dans ses rapports avec eux.

Dès que le courrier du Cabinet arrivait de Londres, porteur des trois grands sacs de toile scellés d'un cachet rouge et orné d'une plaque où s'inscrivait ces simples mots: « Post-Office »; dès que le post-master avait trié les nombreux plis qu'ils renfermaient, le Roi prenait connaissance de tous les rapports, les étudiait, les annotait, répondait de sa propre main au premier ministre, traitait lui-même toutes les questions importantes, indiquait la solution qu'il fallait donner aux affaires secondaires et répartissait le travail entre ses écuyers; ceux-ci possédaient des dossiers séparés afférant à chaque ministère et tenus avec un soin méticuleux. Aussi était-ce merveille de voir la promptitude et l'exactitude avec lesquelles ils étaient renseignés sur n'importe quelle affaire susceptible d'intéresser le Roi. Jamais de confusion ou d'erreur : si écrasante que fût parfois leur besogne, ils l'accomplissaient avec la même tranquillité souriante, silencieuse que s'il s'agissait d'une partie de bridge !

C'est naturellement à Biarritz que j'ai surtout vécu dans l'intimité du Roi et de son entourage. Sa Majesté avait renoncé, comme on le sait, à se rendre comme autrefois sur la Côte d'Azur.

— Je ne vais plus à Cannes et à Nice, me disait-il un jour, parce que l'on y rencontre trop de princes, je serais obligé de passer tout mon temps à recevoir et à rendre des visites : or je viens sur le Continent pour me reposer ».

J'ai constaté, en effet, que les souverains et les princes lorsqu'ils sont à l'étranger « s'évitent » assez volontiers : témoin l'incident suivant :

Le roi d'Angleterre venait d'arriver à Paris, et le soir même avait fait retenir une loge au théâtre des Capucines où jouait, à ce moment Mme Jeanne Granier. J'accompagnais Sa Majesté.

Or, quelle ne fût pas ma surprise d'apercevoir aux fauteuils d'orchestre... le roi des Belges ! Lui aussi était venu applaudir la célèbre comédienne.

J'en informais Édouard VII.

— J'en suis charmé, me répondit-il... Et il évita, à partir de ce moment, de regarder dans la direction où se trouvait son auguste cousin.

Quand le roi d'Angleterre eut quitté le théâtre, j'attendis à la sortie le roi des Belges :

— Sire, lui dis-je, après lui avoir présenté mes hommages, nous avons eu ce soir un parterre de Rois. Savez-vous, en effet, que le roi d'Angleterre assistait également au spectacle ?

— Pas possible, me répondit-il de l'air le plus étonné du monde, je regrette de ne pas l'avoir vu, j'aurais été heureux d'aller lui serrer la main...

— Il le savait, me glissa après son départ, l'aimable directeur M. Michel Mortier, puisque je l'en avais prévenu !

. .

A Biarritz, si sévèrement que fussent réglées ses journées, ce que le roi Edouard entendait par le repos, comportait encore une vie singulièrement active !

Levé régulièrement à sept heures du matin, il commençait par se plonger dans un bain d'eau tiède et par absorber une tasse de lait, après quoi il procédait à sa toilette et désignait les divers vêtements qu'il comptait mettre dans la journée.

A dix heures, second déjeuner qui se composait d'œufs à la coque, de bacon, de fritures de poissons avec une préférence marquée pour les éperlans et les petites truites, le tout accompagné d'un bol de café au lait. Il s'installait ensuite à sa table de travail qu'il ne quittait qu'à midi et demi pour accomplir sa quotidienne promenade à pied jusqu'à une heure, heure du lunch dont le menu invariablement se composait d'œufs de *vanneau*, cuits comme des œufs durs et relevés de poivre « paprika », de truites, de saumon ou de soles grillées, d'un plat de viande et de fruits cuits.

Les œufs de vanneau de même que les asperges et les fraises représentaient pour lui un véritable régal ; il détestait par contre les grosses viandes et ne tolérait en dehors du poulet que l'agneau. Le repas du soir qui avait lieu à huit heures quinze, était généralement assez copieux ; le souverain y conviait volontiers les personnes qu'il honorait de son amitié sans que toutefois la table fût jamais de plus de dix couverts.

En fait de boisson, le Roi buvait au repas du Chablis avec de l'eau de Perrier, du Champagne extra dry, rarement du Bordeaux. En dehors du repas, il prenait parfois du « wisky and soda »; au dessert : un verre de fine champagne marque Napoléon. J'ai constaté encore qu'il mangeait vite et ne souffrait pas que le lunch durât plus de trente minutes ou que le dîner se prolongeât au delà de quarante à quarante-cinq minutes; il ne tolérait pas davantage que des domestiques autres que les siens parussent dans la salle à manger. Les serviteurs de l'hôtel apportaient les plats jusqu'au seuil de l'appartement royal où son valet de pied Hoepfner les leur prenait des mains et les leur remettait lorsque le service était terminé.

Le Roi, enfin, était un grand fumeur : dans son porte-cigares que son valet de chambre lui emplissait chaque matin, les « Corona y Coronas » voisinaient avec les « Henry Clay Tsar » : ses cigarettes préférées étaient : les « Royal Derby » et les « Laurent du Caire ». Il portait à sa chaîne de montre un minuscule porte-allumettes en or frappé de la couronne royale. Comme je l'admirais un jour devant lui, il le détacha aussitôt de sa chaîne :

— Acceptez-le, mon cher Paoli, en souvenir de moi, vous me ferez plaisir.

Et, gentiment, il m'obligea à l'attacher à ma propre chaîne; elle ne m'a plus quitté depuis.

Le Roi possédait également une remarquable collection de cannes qui toutes étaient ornées de son chiffre en brillants; c'est-à-dire d'un *E* surmonté de la couronne. Il en était une surtout, que le souverain affectionnait; elle avait appartenu à la reine Victoria et provenait, disait-on, d'une branche de chêne qui avait abrité le roi Charles II lorsqu'il fut poursuivi par les cavaliers de Cromwell. Conservée par les descendants des Stuarts, elle était ornée de leur chiffre que la Reine fit ensuite remplacer par une exquise petite statuette de déesse hindoue découverte dans des fouilles sur les bords du Gange. Le Roi, bien entendu, ne se servait jamais de cette canne précieuse, du moins en voyage.

Autre particularité que j'ai eu l'occasion de noter, tous les pardessus du Roi portaient à l'intérieur au-dessous du col une petite croix de Malte, en soie blanche cousue sur la doublure ; c'est là, paraît-il, l'insigne obligatoire qu'arborent les chevaliers de Malte et dont le Roi en sa qualité de Bailli honoraire de l'Ordre, respectait les traditions.

.·.

Chaque après-midi, le Roi, durant son voyage à Biarritz excursionnait en automobile. Le surintendant de la police anglaise et moi le suivions dans une autre auto. Il s'arrêtait volontiers dans les villages, visitait les églises, assistait à des jeux de « pelote basque » et ne partait jamais sans laisser aux pauvres un souvenir de sa générosité. Lorsqu'ils apprirent sa présence à Biarritz, de nombreux malheureux s'étaient imaginés que le ciel leur envoyait une aubaine inespérée !

Une véritable nuée de mendiants s'abattit donc sur la ville... Craignant que le souverain n'en fût importuné, je les avais fait tous disperser à l'exception de deux vieux aveugles dont je connaissais les antécédents et qui étaient dignes de toute pitié. Régulièrement, qu'il ventât ou qu'il plût, ils se postaient chaque jour à l'heure de la sortie du Roi sur la route qui menait à la plage. Dès qu'ils entendaient les aboiements de César, qui ne s'était jamais résigné à les tolérer, ils avançaient leur sébille, et époussetaient d'un revers de manche leur pancarte sur laquelle s'étalait en grosses lettres maladroites la formule consacrée : « Aveugle de naissance ».

Le Roi s'approchait, jetait dans leur gobelet une généreuse obole et leur criait en passant : « A demain ».

Or, il arriva qu'un matin il ne vit qu'un seul aveugle au rendez-vous habituel. Ému, craignant qu'il ne fût arrivé quelque malheur à l'autre — car il avait fini par s'accoutumer à ces fidèles factionnaires — il s'informa. On ne l'avait pas vu.

Le lendemain, le deuxième aveugle était de nouveau à son poste.

— Vous étiez donc malade hier ? lui demanda le Roi.

— Non, Monsieur le Roi.

— Vous étiez en retard, alors ?

— Pardon, excuse, Monsieur le Roi, répondit l'infirme embarrassé, c'est vous qui étiez en avance...

— Tous mes regrets ! répliqua le Roi en riant de bon cœur.

Édouard VII avait, je l'ai dit, au suprême degré le sens de l'humour. Ainsi s'étant trouvé à Biarritz au moment des élections du conseil municipal, il prenait un malicieux plaisir à s'arrêter devant les affiches des candidats et à les lire — tel un simple électeur.

Un jour, qu'il parcourait un placard fraîchement apposé, un individu qui était à ses côtés, dit, en désignant le souverain à son camarade :

— Sûr que le bourgeois en paletot gris, qui est là, doit être un royaliste !

Édouard VII entendit, se retourna et répondit avec un sourire :

— Je porte donc mes opinions écrites sur mon vêtement ?

Il se plaisait également à s'entretenir avec les humbles et s'arrêter dans leurs modestes demeures. Je me souviens, à ce propos, d'un incident qui lui advint durant le bref séjour qu'il fit à Marseille avant de s'embarquer pour sa croisière dans la Méditerranée.

Nous revenions d'Aix en Provence que nous avions été visiter en automobile, lorsque la pluie se mit à tomber et si formidablement que la caravane royale dût se réfugier dans une auberge de village. Le Roi nous invita à nous attabler avec lui dans une salle basse à côté de la grande salle commune. Le « patron » M. Thomé était absent ; la patronne s'était empressée de demander à « ces messieurs » ce qu'ils voulaient « prendre », sans se douter à qui elle avait affaire, lorsque M. Thomé, trempé, rentra.

— Sale temps... dit-il. Et dire, qu'il y a des gens qui se « balladent » en automobile par cette pluie...

Il ouvrit ensuite, comme à son habitude, la porte de la pièce dans laquelle se trouvait le Roi et il s'exclama :

— Té Gavary ! Que fais-tu là ? Tu me parais beau comme un astre aujourd'hui !

Il avait pris le Roi, qu'il n'apercevait encore que de dos, pour un de ses amis endimanché. L'aide de camp de Sa Majesté M. Seymour Fortescue le rappela au sentiment de la réalité.

— Taisez-vous, lui dit-il à voix basse. Vous parlez au roi d'Angleterre.

— Au Roi !... le malheureux Thomé blêmit. *Mon Dieou que marriba !* s'exclama-t-il.

Et depuis, il conserve religieusement la pauvre chaise de paille sur laquelle Édouard VII s'est assis et le verre dans lequel il but quelques doigts de cognac.

Si rayonnant était, en effet, le prestige qu'Édouard VII exerçait sur tous ceux qui avaient l'honneur de l'approcher, que l'on souhaitait garder de cette faveur un souvenir durable. Sa cordialité simple et sa bonté discrète lui gagnaient le cœur des foules autant que sa supériorité intellectuelle lui assurait la déférente estime des élites. On disait de lui dans les chaumières de France : « C'est un brave homme » et l'on pensait de lui dans les salons politiques : « C'est un grand Roi ».

Je ne sais si ces notes aideront à fixer pour l'histoire sa puissante silhouette. Telle n'est point mon ambition. Je souhaite seulement qu'elles contribuent à évoquer au souvenir de ceux qui l'ont fréquenté, l'homme qu'ils ont connu dans le souverain — l'homme de grand cœur et de grand esprit qui marquait toutes ses pensées, tous ses actes, tous ses gestes de sa prodigieuse individualité — l'homme qui nous a compris mieux que quiconque et qui nous a prodigué, à nous Français, les plus délicats témoignages de son admiration et de son affection.

VII

LA REINE WILHELMINE

C'est à Genève, où un an auparavant, j'étais allé à la rencontre de cette douloureuse et charmante impératrice Elisabeth d'Autriche et où trois années plus tard je devais la revoir étendue mortellement frappée, que j'eus l'honneur de me présenter moi-même le 1er novembre 1895 à la reine Wilhelmine. Les instructions officielles dont j'étais nanti, portaient que je devais accompagner Leurs Majestés la Reine et la Reine régente des Pays-Bas de Genève à Aix-les-Bains et assurer le service de sécurité pendant le séjour des deux souveraines sur le territoire français.

De cette présentation, dans un matin blafard, sur le quai de la gare de Genève, j'ai gardé l'impression que l'on éprouverait si une fenêtre s'ouvrait tout à coup sur le printemps! Je me souviens, en effet, tandis que je prenais contact avec l'aimable général du Monceau, premier aide de camp de la Reine, de la soudaine apparition sur le seuil du wagon royal, d'une jeune fille aux yeux rieurs, toute rose sous ses nattes de cheveux blonds cendrés, très simplement vêtue d'une jupe bleue et d'un paletot tailleur qu'enveloppait un grand boa noir; je me souviens d'une voix fraîche, presque enfantine qui fit exécuter à mon aimable interlocuteur un preste demi-tour et un profond salut :

— Général, disait-elle, n'oubliez pas de m'acheter des cartes postales !

Cette jeune fille rose et blonde, cette voix légère... c'était la reine Wilhelmine.

Elle venait d'avoir seize ans.

S'il est vrai que déjà, comme a dit un poète, elle posait des regards de femme sur son rire d'enfant, et que déjà, l'apprentissage de la fonction royale eût apporté à son esprit une maturité précoce, elle était encore, dans ses étonnements, dans ses spontanéités, dans sa franche gaîté, dans son intrépidité insouciante, une vraie jeune fille. Elle courait au-devant de la vie heureuse et confiante, elle s'épanouissait comme les tulipes de ses lointaines prairies, elle était à l'âge où l'on donne impérieusement des ordres au destin et où l'on habite un palais de verre ! Je crois bien qu'elle ne concevait pas — bien qu'elle ne m'en eût jamais fait la remarque — que le gouvernement français se crût obligé de détacher auprès d'elle un grave fonctionnaire — fût-ce M. Paoli ! — avec mission unique de la protéger contre le poignard d'un assassin... Elle ne se connaissait pas d'ennemis la gentille petite Reine, et ceux qui l'avaient jusque-là approchée, n'avaient appris d'elle, que sa bonté.

Quant à la reine Emma, elle était aussi accueillante, aussi simple que sa fille, bien que plus réservée. Elle remplissait avec beaucoup de dignité son double rôle de Régente et de mère, de conseillère et d'éducatrice, elle y apportait l'autorité virile, l'esprit de décision et l'égalité de caractère propres aux femmes appelées par un veuvage précoce, à assumer les responsabilités d'un chef de famille. Et rien n'était plus édifiant que l'union étroite de ces deux augustes femmes qui ne se quittaient jamais, prenaient tous leurs repas en tête à

Cliché Harlingue.

LA REINE WILHELMINE

tête, bien qu'elles eussent amené une suite nombreuse, et vivaient dans une constante communion de pensées, dans le bonheur secret d'une tendresse réciproque et si touchante !

Leur suite était nombreuse... elle se composait, outre le lieutenant général comte du Monceau, de deux chambellans : le lieutenant-colonel van den Foll et le jonkheer van Pabst van Binjerden, d'un référendaire au cabinet de la Reine, le jonkheer van Claerbergen, de deux dames d'honneur : « Mesdemoiselles les baronnes » (comme les désignait le protocole hollandais) E. van Ittersum et Rengers ; d'une lectrice, Mlle Kreusler ; de cinq femmes de chambre et de cinq valets de pied. Comparée aux petites cours qui accompagnent d'habitude les autres souverains en voyage, celle-ci devenait imposante ! Toutefois, et bien que cette Reine de seize ans m'apparût comme coiffée de l'auréole d'une princesse de féerie, je dois reconnaître que l'entourage royal n'avait rien de l'austérité et de la grâce surannée de ces vieilles Cours qu'évoquent si plaisamment les contes de Perrault : les « jonkheer » n'étaient point de vieux gentilshommes à tabatière et à jabot ; « Mesdemoiselles les baronnes » ne personnifiaient point de sévères gouvernantes guindées dans des robes de soie : cette Cour était jeune et gaie : de cette gaîté saine et tranquille qui caractérise le tempérament hollandais.

Qu'allait-elle faire à Aix ? Le choix de cette villégiature m'intriguait. Aix-les-Bains n'est guère fréquenté en novembre. Les principaux hôtels ont fermé leurs portes, car l'hiver s'installe dès la fin de l'automne dans ce pays de montagnes et l'on en subit toutes les rigueurs.

Le général du Monceau auprès de qui je m'informai, m'expliqua que les médecins avaient conseillé à la reine Wilhelmine une cure d'air vif et pur pendant une vingtaine de jours, voilà pourquoi l'on avait choisi Aix ou plutôt « les Corbières », localité située à 800 mètres au-dessus d'Aix sur le versant de la montagne du Revard.

Bien entendu il n'y existait point d'hôtel. Il avait fallu louer l'unique villa de la région. C'était un vaste chalet de bois, qui s'élevait à l'orée d'une forêt de sapins, tout proche du hameau. Le vent d'hiver y sifflait sous les portes et mugissait dans les cheminées : à défaut de calorifères, on allumait de grands feux. Des fenêtres de cette rustique demeure, le regard embrassait le cirque des montagnes de Savoie et leurs belles vallées profondes et l'on voyait au-dessus des toits de chaume, disséminés sous bois, monter toutes tremblantes, de petites fumées bleues.

Le lendemain de notre arrivée, la neige se mit à tomber : bientôt, elle couvrit d'un éclatant manteau blanc, les montagnes d'alentour, étendit son moelleux tapis sur les prairies, devant la maison, sema sur les longues chevelures des sapins, une poudre à frimas. Puis un grand silence se fit : il me semblait « vivre » de plus en plus un conte de fées...

On s'installa tant bien que mal. Les deux Reines occupaient trois modestes chambres au premier étage ; la suite royale se partagea les autres pièces ; une partie des domestiques logeait dans une ferme voisine : quant à moi, étant obligé de me trouver en communication télégraphique quotidienne avec Paris et le préfet du département, je trouvai plus commode de coucher à Aix. Chaque matin, je montai aux Corbières par le funiculaire que l'on avait remis en service pour l'usage de nos hôtes, et je redescendais chaque soir.

Les deux souveraines que cette solitude sévère paraissait ravir, s'étaient organisées une existence méthodiquement réglée. Levées dès huit heures, elles se rendaient au hameau, causaient avec les paysans et les bergers; après une courte promenade, elles rentraient à la villa où la reine Emma qui, à cette époque, exerçait encore les fonctions de régente, expédiait les affaires de l'État, pendant que la petite Reine étudiait ou dessinait, car elle possédait un charmant talent de dessinateur. Rien ne l'amusait plus que de croquer sur le vif, si j'ose dire, des scènes champêtres, des petits paysans conduisant leur vache au pré ou encore des paysannes tricotant ou filant sur le pas de leurs portes. On le savait dans le pays : on savait aussi qu'elle dédommageait généreusement ses modèles. Aussi, dès qu'elle s'installait au bord du chemin ou dans son jardin avec son album à dessin et ses crayons, des vaches ou des petits porcs suivis de leurs propriétaires apparaissaient comme par enchantement !

J'ai dit que les Reines avaient l'habitude de prendre leurs repas seules : l'étiquette de la cour hollandaise le voulait ainsi ; néanmoins, en dehors des repas, elles se mêlaient volontiers aux personnes de leur suite et leur témoignaient la plus affectueuse familiarité.

L'après-midi était consacré — quelque temps qu'il fît — à de longues promenades. La reine Wilhelmine partait, le plus souvent avec une ou deux demoiselles d'honneur et un chambellan : parfois je l'accompagnais. Nous rentrions souvent couverts de neige, le visage violet, les chaussures trempées ; n'importe : la petite Reine était ravie : elle époussetait ses guêtres, secouait sa jupe, ses cheveux d'or légers qui flottaient sur ses épaules et nous disait :

— Je voudrais être à demain pour recommencer !

Elle était très expansive et pourtant très réfléchie.

Élevée avec sévérité par une mère attentive et inflexible sur les principes, elle avait dès son enfance appris à ne reculer ni devant le travail, ni devant les fatigues, à

LA REINE WILHELMINE A 16 ANS

braver les intempéries de la saison, à se distinguer dans les exercices de corps comme dans ceux de l'esprit.

J'ai eu, au cours de mon séjour à Corbières, fréquemment l'occasion de constater combien son éducation était approfondie ; elle parlait déjà couramment le français, le russe, l'anglais et l'allemand — sans compter bien entendu sa langue maternelle. — Elle s'intéressait aux questions agricoles et n'ignorait point les questions sociales ; ainsi elle m'interrogeait souvent sur la condition des ouvriers en France et sur l'organisation de nos administrations : bien mieux, elle commençait à étudier le droit judiciaire et le droit constitutionnel. Je n'oserais affirmer, par exemple, que cette étude la passionnât : elle préférait, je crois, la lecture des livres d'histoire : elle s'intéressait vivement à l'épopée napoléonienne et comme elle me savait un compatriote de Napoléon :

— Vous devez bien regretter, me disait-elle un jour, d'être venu trop tard pour le connaître !

Puis, elle se plaisait aussi, à me parler de ses poneys :

— J'en ai quatre, me confiait-elle, et je les attelle tous les quatre ensemble.

J'étais fréquemment invité à partager les repas de la petite Cour et à m'asseoir à la table des dames d'honneur et des chambellans que présidait avec une bonne humeur et une courtoisie pleines de charme, mon excellent ami le général du Monceau qui était, bien que général hollandais, d'origine française comme son nom l'indique.

Il m'arriva même à l'un de ces dîners, une petite mésaventure dont, à la fois, mon patriotisme et ma gourmandise souffrirent cruellement.

Le cuisinier de la villa M. Perreard, était marseillais, propriétaire d'un hôtel à Cannes où je l'avais connu. En sa double qualité de marseillais et de cuisinier, il confectionnait comme personne, la traditionnelle bouillabaisse ; or, comme il me savait très friand de ce mets, il me dit un jour en grand mystère :

— Monsieur Paoli, vous aurez une agréable surprise à déjeuner ce matin. J'ai fait venir de Marseille des coquillages et des poissons pour vous faire goûter une bouillabaisse à ma façon. Je ne vous dis que ça ! Ils s'en régaleront là-haut, eux qui sont du Nord et qui ne savent pas ce qu'est une bonne cuisine !

Dès qu'on fut à table, en effet, je vis avec satisfaction, que l'on apportait une grande soupière d'où s'échappait un délicieux fumet de bouillabaisse. Les membres de la suite royale regardaient curieusement ce plat qu'ils ne connaissaient pas et s'apprêtaient de la meilleure grâce du monde à y faire honneur...

Avant d'y goûter moi-même, j'épiai leurs impressions... Hélas ! A peine y eurent-ils trempé leurs lèvres, qu'ils manifestèrent leur horreur... La baronne von Ittersum esquissa une grimace significative, cependant que le jonkheer van Pabst van Bingerder écartait son assiette et que la baronne Rengers réprimait un mouvement de répulsion.

Par égard pour moi, ils se turent : moi aussi. Ils attendaient avec bienveillance que je me fusse régalé : mais une politesse en appelle une autre, il ne me restait à mon tour qu'à y renoncer d'autant que je ne tenais pas à offrir le spectacle ridicule d'un homme mangeant seul quelque chose que tous ses voisins détestent.

La bouillabaisse s'en alla donc incontinent, intacte et toujours fumante ; ce fut une retraite silencieuse. Quant à la fureur de M. Perreard, je renonce à la décrire, elle s'épancha hélas ! dans mon oreille...

*
* *

Lorsque la Reine eut exploré tous les bois et tous les ravins d'alentour, elle voulut naturellement étendre le rayon de ses promenades; marcheuse intrépide, les sentiers abrupts — fussent-ils remplis de neige où l'on enfonce jusqu'au-dessus de la cheville — ne l'arrêtaient pas. Aussi avais-je instamment recommandé à la jeune souveraine de ne jamais s'aventurer au loin sans me prévenir. Je savais, en effet, combien il était facile de s'égarer dans le dédale des montagnes où l'on perd trace de toute route ; je craignais aussi les mauvaises rencontres, la Savoie étant souvent infestée d'émigrants piémontais à la recherche de travail.

Il y avait enfin « l'homme noir »...

La légende de l'homme noir courait le pays et y semait une secrète terreur. Voici en quoi elle consistait :

On racontait dans les hameaux qu'un homme tout de noir vêtu, errait à la tombée de la nuit dans les forêts voisines. Il avait des yeux de feu et était d'une maigreur effrayante.

Les paysans ne doutaient pas que ce ne fût un fantôme car il ne répondait jamais quand on l'interpellait et disparaissait dès qu'on l'approchait. Je ne partageais pas, bien entendu, les craintes superstitieuses des habitants des « Corbières », mais je pensais que le fantôme pouvait être tout simplement quelque malandrin ou quelque cheminot, et je ne me souciais pas que les Reines le rencontrassent. On se figure donc quelle fut mon émotion lorsqu'un après-midi où j'étais descendu à Aix-les-Bains, on me remit le laconique télégramme suivant :

« Reine partie promenade sans prévenir tarde revenir. »

Sauter dans le funiculaire et remonter aux Corbières fut pour moi l'affaire de quelques minutes. Là, j'appris que la reine Wilhelmine était partie avec ses deux demoiselles d'honneur en annonçant qu'elle allait prendre un peu d'exercice et qu'elle serait de retour dans une heure. Or, plus de deux heures s'étaient écoulées : elle n'était pas revenue et la reine Emma commençait à éprouver de sérieuses inquiétudes...

Je m'élançai aussitôt à sa recherche, interrogeant au passage ceux que je rencontrais. Personne ne l'avait vue. Je courus dans la forêt où je savais qu'elle aimait à se rendre ; j'appelais. Pas de réponse. De plus en plus alarmé, je m'apprêtais à prendre une autre direction lorsque mes yeux tombèrent sur des traces de pas qui avaient laissé leur empreinte dans la neige. Je les examinai : les empreintes étaient trop petites pour être celles d'un homme : elles provenaient évidemment de chaussures minuscules. Je suivis donc attentivement cette piste comme un chasseur de fauves. Je ne m'étais pas trompé : au bout d'une demi-heure de marche, j'entendis des voix claires qui appelaient et bientôt je vis arriver, suivie de ses deux compagnes, la petite Reine insouciante et rieuse.

— Eh bien, Monsieur Paoli, vous courez après nous je parie... Songez, nous nous étions perdues sans le savoir et nous cherchions notre chemin. C'était très amusant !

Je n'osai lui avouer que je ne partageais pas cet avis. Je me bornai toutefois à prévenir la Reine que sa mère était inquiète.

— Alors, retournons vite, me dit-elle, le visage rembruni.

Je crois bien que Sa Majesté en rentrant fut fortement grondée...

Chose curieuse, j'eus le soir de ce même jour l'occasion de mettre la main sur « l'homme noir ». Profitant, en effet, de ce que la nuit était claire — la lune s'était levée sur les montagnes couvertes de neige — je résolus de descendre à pied jusqu'à Aix au lieu d'emprunter le funiculaire. Je pris donc le sentier à travers bois lorsqu'arrivé à une clairière à quelques mètres de la villa royale, j'aperçus une ombre qui paraissait se dissimuler derrière les arbres.

— Voilà le fameux homme noir, pensais-je.

Mais comme l'ombre avait toutes les allures d'un animal de l'espèce humaine, je songeais aussitôt à la présence possible d'un anarchiste...

Je sortis mon revolver et criai :

— Qui va là ?

— Moi, Monsieur le Commissaire, répondit aussitôt une voix familière, cependant que l'ombre se précisait, sortait du bois et s'avançait en faisant un salut militaire.

Je reconnus alors un de mes inspecteurs que j'avais chargé chaque soir d'accomplir une ronde aux alentours du chalet royal.

C'était lui que l'on prenait pour « l'homme noir » : il ne s'en portait pas plus mal.

*
* *

Quand la Reine eut parcouru tous les environs immédiats des Corbières, quand elle eut suffisamment goûté dans ces solitudes sauvages, le plaisir de se croire un nouveau Petit Chaperon Rouge ou une nouvelle Belle au Bois Dormant dont le Prince charmant ne devait venir que bien des années plus tard, elle souhaita entreprendre les grandes excursions du pays.

Un beau matin, nous partîmes donc pour l'abbaye de Hautecombe située sur les bords de ce poétique lac du Bourget qui a inspiré à Lamartine une de ses plus belles méditations. Quoique situé en territoire français, l'antique monastère occupé par les moines Cisterciens, appartient encore à l'Italie ou du moins, demeure propriété de la Maison royale, en vertu d'un accord passé entre les deux gouvernements à l'époque de l'annexion de la Savoie à la France.

Hautecombe, en effet, renferme quarante-trois tombeaux de princes et de princesses de la Maison de Savoie. Depuis Amédée V jusqu'à Humbert III, tous les ancêtres de Victor-Emmanuel reposent sous la garde des Pères Blancs dans cet antique monastère plein de silence et de majesté. Leurs mausolées sont pour la plupart dus au ciseau d'illustres sculpteurs ; ils s'alignent côte à côte dans la grande nef de la chapelle en forme de croix latine, dont les voûtes sont peintes en bleu d'azur et dont les transepts sont peuplés de 300 statues en marbre de Carrare et qui semblent pressés dans cet étroit vaisseau comme une foule immobile et recueillie veillant les morts. On se penche sur les tombes, on lit des noms ; et c'est toute l'histoire aventureuse, chevaleresque, héroïque et galante de la Maison de Savoie qui s'éveille... Ici reposent Amédée VII, le comte Rouge, Philibert Ier le Chasseur : plus loin voici Marie-Christine de Bourbon Savoie, Jeanne de Montfold, Boniface de Savoie qui fut évêque et prince ; puis plus loin encore c'est, la tombe de cette jeune et charmante Yolande de Montferrat qui dort à côté de son père Aymon que l'histoire a surnommé le Pacifique. Enfin à l'entrée de la Basilique dans la chapelle Notre-Dame-des-Anges, s'élève le sarcophage du roi Charles-Félix, le restaurateur d'Hautecombe, qu'abrite de ses plis qui ne frissonnent plus depuis tant de siècles, le vieil Etendard des Gardes du Corps de la Compagnie de Savoie.

Cette belle leçon d'histoire dans un sanctuaire, intéressa vivement les deux reines de Hollande. Elle rendit la reine Wilhelmine rêveuse et quant à certain moment le moine qui la guidait lui dit avec un sentiment de fierté :

— C'est une glorieuse Maison que celle de Savoie !

La jeune souveraine, après un silence répondit :

— Celle d'Orange aussi...

Quelques jours après notre excursion à Hautecombe, nous allâmes visiter la cascade de Gresy, sorte de torrent furieux où la sœur de la maréchale Ney, la baronne de Broc périt en 1818 sous les yeux de la reine Hortense, mère de Napoléon III... Nous nous risquâmes également aux gorges du Fier, où jusqu'en 1869, aucun être humain n'avait osé s'aventurer.

Mise en goût par les excursions successives, la petite Reine me dit un matin :

— Monsieur Paoli, j'ai formé un grand projet que ma mère approuve : je veux aller visiter la Grande-Chartreuse.

— Rien de plus facile, répondis-je ; mais il faut une journée entière car le couvent est assez loin d'ici.

— Eh bien, Monsieur Paoli, organisez l'excursion comme vous l'entendrez : en pleine neige elle sera superbe !

J'écrivis d'abord au Père Supérieur afin de le prévenir du désir royal. Il me répondit aussitôt qu'il ne pouvait, à son grand regret, ouvrir les portes du monastère à des femmes, fussent-elles des reines, sans l'autorisation du Pape. Je me rappelais, en effet, que la même objection s'était élevée quelques années auparavant lorsque j'avais voulu conduire la reine Victoria à la Grande-Chartreuse et qu'il avait fallu s'adresser à Rome.

Aussi, je m'empressai d'avertir le général du Monceau qui, aussitôt, télégraphia au cardinal Rampolla, alors secrétaire d'État auprès du Saint-Siège. Le soir même, le cardinal répondit que le Pape accordait toutes les autorisations nécessaires. Ce préambule diplomatique donnait encore plus de saveur à notre expédition.

Car ce fut une véritable expédition.

Nous partîmes d'Aix-les-Bains à huit heures du matin par train spécial pour Saint-Béron, point terminus du chemin de fer avant de s'engager dans la haute montagne. Là, deux landaus attelés en poste nous attendaient. Les deux Reines et leurs dames d'honneur montèrent dans l'un ; le général du Monceau, les officiers de la suite et moi nous installâmes dans l'autre, et l'on se mit en route pour la Grande-Chartreuse.

Il était onze heures du matin : il fallait trois heures de voiture. Malgré l'intensité du froid, une averse de soleil tombait sur l'immense massif désert et glacé, allumant d'une flamme aveuglante les longues nappes de neige qui se déroulaient à l'infini jusqu'à l'horizon où elles semblaient s'enfoncer dans le bleu profond du ciel. Aucune vie n'apparaissait dans cet océan de monts, parmi ce peuple de sommets inégaux, écrasés et pointus que couronnaient à leur base de vastes forêts de sapins. Seul, le tintement rythmique des grelots de nos attelages en troublait le profond silence.

Au bout d'une heure, la faim commença à nous talonner. Prévoyant que nous ne trouverions pas d'auberge en chemin, j'avais, à Saint-Béron, veillé à ce qu'on n'oubliât pas d'ajouter des paniers de provisions dans les caisses des voitures.

— Voilà une excellente idée, me dit la reine Wilhelmine, vous allez déjeuner avec nous. Je vais mettre le couvert !

Les voitures s'étaient arrêtées en pleine route, en pleine solitude, en face du prodigieux panorama de montagnes blanches, de vallées sombres ; la petite Reine étendit sur nos genoux une grande serviette : elle sortit des profondeurs d'un panier, un poulet froid, des petits pains et gravement nous annonça :

— C'est servi.

Servi par une Reine, dans une voiture, au sommet d'une montagne... Cette aventure-là manquait à ma collection comme eut dit le Roi Alphonse !

Ai-je besoin d'ajouter que ce déjeuner si pittoresque fut extrêmement gai, et qu'il n'en restait plus aucun vestige lorsque vers deux heures nous approchâmes de la Grande-Chartreuse.

Nous avions aperçu d'abord sa tour carrée, puis ses grands toits d'ardoise, puis ses innombrables clochetons ; enfin, brusquement dans un repli de vallée, l'imposante masse des bâtiments nous apparut, toute grise dans le décor blanc, appuyée contre les forêts empanachées de neige qui grimpaient jusqu'au sommet du col de la Ruchère. Campé dans cette plaine immaculée, entre ces contreforts hérissés de rochers torturés, menaçants, comme dans un paysage d'Apocalypse, ce couvent sombre, hautain et froid nous glaçait d'une secrète terreur ; il semblait que nous venions d'atteindre les régions mystérieuses de quelque Walhalla wagnérien ; le conte de fées devenait une légende dans laquelle la blonde silhouette de la petite princesse passait comme une ombre légère...

Au seuil du portail, le couvent au grand complet attendait les Reines. Les moines s'étaient groupés autour de leur supérieur ; leurs robes blanches se perdaient dans les profondeurs du corridor immense dont on apercevait à travers la porte entr'ouverte, la ligne droite, sans fin.

Le Père Supérieur s'était avancé au-devant des Reines... De haute taille, avec un visage d'ascète, un regard perçant, une voix harmonieuse, une dignité froide et une courtoisie exquise où se reconnaissait l'homme du monde, il avait grande allure.

— Que Vos Majestés soient les bienvenues, prononça-t-il lentement.

Les Reines un peu intimidées s'excusèrent de leur curiosité... et la visite commença.

Les moines montrèrent successivement aux visiteuses royales leur cloître, leurs réfectoires, leur admirable bibliothèque qui renfermait plus de vingt mille volumes rares, leurs salles de méditation et de travail qui, chacune, portait un nom de pays ou de province parce qu'autrefois elles servaient de lieu de réunion aux prieurs de toutes les chartreuses de l'ordre ; ils montrèrent leur cuisine avec sa table formée d'un bloc de marbre long de 9 mètres et sa cheminée de proportions colossales ; ils entr'ouvrirent la grande salle de Chapitre décorée de vingt-deux tableaux représentant les généraux de l'ordre depuis sa fondation et meublée de hautes stalles où les moines venaient s'asseoir quand ils tenaient, deux fois l'an, leur assemblée secrète, ils montrèrent leurs étroites cellules carrelées, aux murs blanchis à la chaux, ornée chacune d'un grabat, d'un prie-Dieu, d'une table, d'un crucifix et d'une fenêtre s'ouvrant sur le vaste et magnifique horizon des montagnes sauvages ; ils montrèrent enfin leur église aux sculptures gothiques, surmontée d'une statue de la mort... leur cimetière uniforme et désolé où seules les tombes des prieurs ont droit à une croix de bois... Mais ils ne montrèrent pas leurs reliques et leurs précieux livres saints. Comme je m'en étonnai :

— C'est parce que les Reines sont hérétiques me répondit un Père ; nous ne les montrons qu'aux catholiques...

La reine Wilhelmine qui avait peu à peu retrouvé son assurance, interrogeait sans cesse le Supérieur qui répondait avec une parfaite bonne grâce à ses questions.

Quand enfin la promenade à travers le dédale de couloirs et de cloîtres fut terminée, la Reine, hésitante, demanda :

— Et la Chartreuse, ne la fabriquez-vous pas ici ?

— Certainement Madame, fit le Supérieur, mais nous ne pensions pas que notre fabrique pût intéresser Votre Majesté.

— Mais si, mais si, répliqua la Reine en souriant, je voudrais tout voir...

On nous conduisit alors au « moulin » situé à une heure du couvent où se préparait l'exquise liqueur dont les chartreux ont aujourd'hui emporté le secret dans leur exil. Les Reines trempèrent leurs lèvres dans un verre d'élixir jaune que leur offrit un moine et acceptèrent quelques bouteilles dont on leur fit hommage.

Une demi-heure plus tard, nous avions laissé le couvent loin derrière nous dans sa hautaine solitude : nous redescendions par l'autre versant de la montagne vers Grenoble où nous devions retrouver un train spécial pour nous ramener à Aix-les-Bains.

Quand nous approchâmes de l'antique capitale du Dauphiné la nuit était venue, une nuit noire et glacée ; devant nous toutes les lumières de la grande cité allumaient des milliers de feux clignotants dans les profondeurs de la vallée ; la reine Wilhelmine ne cessait de répéter : « Que c'est beau, que je suis contente ! »

Elle le fut moins — et moi aussi — lorsque nous aperçûmes aux portes de la ville des cyclistes qui paraissaient guetter nos voitures et qui partirent comme des flèches en estafettes devant nos landaus.

Je comprenais d'autant moins ces manœuvres mystérieuses que j'avais eu soin de ne pas prévenir la municipalité de Grenoble du passage des Reines, sachant qu'elle était socialiste et que d'autre part Leurs Majestés souhaitaient conserver un rigoureux incognito. J'avais compté sans l'indiscrétion involontaire des employés du chemin de fer... Ceux-ci avaient raconté qu'on avait commandé un train spécial pour les souveraines et comme il n'y a pas de gens plus anxieux de recueillir un sourire royal que les farouches adeptes de M. Jaurès et Cie, le premier bras qui respectueusement s'offrit à la reine Wilhelmine lorsqu'elle descendit de voiture, fut celui du sénateur-maire socialiste de Grenoble ! Il était tout miel ; il avait préparé un compliment, il avait amené la musique. Il fallut bon gré, mal gré subir une réception officielle : nous eûmes, il est vrai, une compensation : celle d'entendre au départ du train des cris de : « Vive la Reine ! » poussés par ceux qui passent le reste de l'année à crier : « A bas les tyrans ! » C'est l'éternelle comédie politique et humaine !

* * *

Le séjour des souveraines aux Corbières touchait à sa fin. Nous avions épuisé la série des excursions et des promenades ; le froid devenait chaque jour plus intense, le vent glacé mugissait de plus en plus fort sous les portes mal closes. Au châlet royal, la petite Reine s'était lassée de dessiner de jeunes pâtres avec leurs troupeaux ou de vieilles paysannes filant de la laine... Un beau matin, le général du Monceau m'annonça :

— Leurs Majestés ont décidé d'aller en Italie. Elles partiront après demain pour Milan.

Lorsque deux jours plus tard je les accompagnai jusqu'à la frontière, la reine Wilhelmine me dit :

— Nous nous reverrons : je voudrais tant connaître Paris !

Elle ne réalisa son vœu que deux ans après. C'était au printemps de l'année 1898 — si mémorable dans sa vie puisqu'elle marquait sa majorité politique et le commencement de son règne effectif — qu'elle fit, en compagnie de sa mère son premier séjour à Paris avant de se rendre à Cannes pour le mariage du prince Christian de Danemark avec la grande-duchesse de Mecklembourg.

— Vous rappelez-vous la journée de la Grande-Chartreuse ? furent ses premiers mots en me revoyant.

Elle avait toujours son clair regard d'enfant, mais elle portait maintenant ses beaux cheveux relevés ainsi qu'il convenait à son âge et elle avait acquis un léger embonpoint qui accentuait encore, semblait-il, son éclatante fraîcheur !

On citait d'elle des espiègleries qui contrastaient avec son air réfléchi. On racontait notamment qu'elle s'amusait à taquiner son institutrice allemande. Fraulein Winter et toute la Hollande avait su qu'un jour la Reine s'était amusée, en dessinant une carte d'Europe, à élargir démesurément les frontières hollandaises et à réduire considérablement celles d'Allemagne... On racontait aussi que, n'ayant pu obtenir à son grand regret, que l'on modifiât aussi fréquemment qu'elle l'eût désiré son effigie sur les timbres hollandais qui la représentaient encore sous ses traits de petite fille, elle ne manquait jamais d'apporter des retouches à la plume, aux timbres dont elle se servait pour ses lettres personnelles.

Ces enfantillages n'empêchaient qu'elles s'intéressât passionnément à toutes les manifestations de la poésie et de l'art. Si Walter Scott et Alexandre Dumas père représentaient ses lectures récréatives, elle lisait avec intérêt les livres d'histoire et les ouvrages d'art. Elle y avait acquis une érudition remarquable : j'eus l'occasion de le constater durant nos visites aux musées, surtout au Louvre. L'école italienne et l'école française lui étaient aussi familières que l'école flamande : elle gardait toutefois une prédilection pour Rembrandt.

— Je voudrais, disait-elle, qu'il eût sa statue dans toutes les villes de Hollande !

Toutefois les beautés artistiques de Paris ne l'absorbèrent pas, bien entendu, au point de méconnaître les attraits et les tentations que notre Cité offre à la curiosité d'une femme élégante et jeune qui ne dédaigne pas les chiffons. La reine Wilhelmine s'extasiait sur la beauté et le luxe de nos magasins ; c'est à grand'peine que la reine Emma parvenait à l'arracher aux vitrines de la rue Royale et de la rue de la Paix et cela finissait presque toujours par une visite dans le magasin et par de nombreuses emplettes. La petite Reine captivait tout le monde par sa simplicité, sa franchise et l'ingénuité charmante avec laquelle elle se laissait aller au bonheur de vivre. Bien qu'elle eut l'admiration facile, elle demeurait hollandaise dans l'âme et manifestait un patriotisme exclusif et fier.

« On comprend, me disait le président Félix Faure au lendemain de la visite qu'il avait faite aux souveraines, que le peuple hollandais professe un loyalisme exemplaire pour la reine Wilhelmine ; il se reconnaît en elle. »

Nul pouvoir, en effet, n'est mieux assis qu'en Hollande ; nul gouvernement plus facile. Le régime constitutionnel y fonctionne méthodiquement et le budget s'équilibre régulièrement grâce au commerce et aux colonies. Heureux pays ! Lequel aujourd'hui pourrait en dire autant ?

Une semaine après leur arrivée à Paris les deux Reines partirent pour Cannes ; appelé par mon service auprès de la reine Victoria qui venait de s'installer précisément à Cannes, j'avais été obligé de devancer de quelques jours les augustes voyageuses. Je ne les revis plus qu'au mariage du prince Christian de Danemark : j'eus pourtant encore une dernière vision de la reine Wilhelmine avant son départ pour la Hollande : c'était un soir à l'heure où le soleil allait disparaître derrière les palmiers : dans le jardin de l'hôtel qu'habitait la reine d'Angleterre, la reine Wilhelmine était venue lui faire ses adieux ; elle se tenait debout dans une attitude pleine de déférente timidité devant la vieille souveraine assise dans son fauteuil roulant : elles souriaient toutes deux et causaient gaîment. Puis, Wilhelmine se pencha, embrassa au front la vénérable Reine, et s'en alla légère dans l'or du couchant.....

VIII

LE ROI LÉOPOLD

On ne se représente guère la haute silhouette de Léopold II confondue parmi la brillante assemblée des manteaux d'hermine, des dolmans à brandebourgs, des casques empanachés et des tuniques éclatantes ; elle ne trouverait pas davantage sa place dans le groupe des démocratiques habits noirs et des plastrons rigides ornés d'un large ruban de couleur... on se représente plus volontiers la grande barbe blanche du feu roi des Belges, son regard ironique et fin à travers les paupières plissées, son buste long enveloppé d'une redingote trop large, ses jambes frêles et ses pieds immenses, se détachant sur un panneau isolé, un peu plus loin, d'un cadre très sobre.

De tous les souverains que j'ai eu, au cours de ma carrière, l'occasion de fréquenter, Léopold II est un de ceux que j'ai peut-être le mieux connu, à l'existence intime duquel j'ai été le plus initié, et un de ceux pourtant dont j'ai le moins pénétré la pensée et l'âme parce que sa pensée était impénétrable et que son âme restait fermée. Était-ce excès d'égoïsme, ou suprême indifférence ? L'un et l'autre peut-être. Déconcertant comme une énigme, ironique quelquefois jusqu'à l'insolence, cynique jusqu'à la cruauté, s'il cédait par moments à des accès de large gaîté bruyante, si derrière l'écorce rude jaillissait parfois, un élan de bonté inattendue, ce n'étaient là que des éclaircies passagères. Il reprenait promptement sa merveilleuse maîtrise de soi et l'on ne cherchait pas à comprendre sa mentalité et son cœur tant on était fasciné par son intelligence. Il était pourtant aussi peu communicatif que possible ; il ne possédait aucune des séductions extérieures de l'intellectualité qui captivent et qui charment : mais dès qu'il daignait vous accorder l'honneur d'un entretien, si bref fût-il, on découvrait chez lui un cerveau prodigieux, une clairvoyance lumineuse, un esprit critique d'une finesse et d'une acuité surprenantes.

Nul souverain n'a plus que lui usé et abusé jusqu'à son dernier jour de tous les ressorts de son activité physique et morale. Éternel voyageur, passant sans trêve ni repos d'une automobile dans un train, d'un tramway sur un bateau, ignorant les joies du sommeil, il travaillait continuellement. Soit qu'il se trouvât devant un beau site, en pleine mer, à table, en chemin de fer, à l'hôtel, ou en promenade, peu lui importait le lieu ou l'heure :

— Monsieur l'officier écrivez, disait-il à son aide de camp au moment où l'on s'y attendait le moins.

Et aussitôt « Monsieur l'officier » — car il n'appelait jamais autrement ses aides de camp — sortait des tablettes, prenait un crayon et notait pour mémoire, sous la dictée lente, précise et sûre du Roi, le texte d'une lettre, d'un rapport, d'un projet ayant trait aux multiples affaires dont s'occupait Léopold II. A l'encontre de la plupart des monarques qui se faisaient accompagner dans leurs villégiatures d'un véritable arsenal de dossiers et d'une bibliothèque d'archives, celui-ci n'emportait en fait de documents, qu'un petit dictionnaire franco-anglais qu'il glissait dans la poche de son pardessus et dont il se servait pour la volumineuse correspondance qu'il entretenait à propos de l'affaire du Congo.

LE ROI LÉOPOLD
(Instantané pris par la baronne de Vaughan.)

— J'ai beau savoir à fond la langue anglaise, m'avouait-il un jour, ces b... là se servent parfois de termes dont je ne comprends pas toujours le sens et la portée. Il me faut donc piocher mon lexique.

En revanche, il n'avait besoin d'aucun secours pour élaborer ses complexes et gigantesques combinaisons financières. Il avait, si j'ose dire, la bosse des chiffres. Pendant des heures entières, il se livrait à des calculs compliqués sans qu'il y eut jamais dans ses comptes, soit une hésitation, soit une rature. De même, il traitait à l'étranger les affaires de l'État avec une égale lucidité ; s'il jugeait utile de consulter un spécialiste dans la matière, il le faisait mander là où il était, l'interrogeait et le renvoyait après lui avoir souvent appris beaucoup de choses que celui-ci ignorait de son propre métier. Il décidait ensuite dans la plénitude de sa volonté indépendante et souveraine.

— Mes ministres, avouait-il avec son air gouailleur, sont souvent des imbéciles : c'est un luxe qu'ils peuvent s'offrir : ils n'ont qu'à faire ce que je leur dis.

Léopold II pourtant, n'entendait pas toujours ainsi la Monarchie constitutionnelle. Témoin cette anecdote : quelques mois avant sa mort, un ministre lui lisait un rapport en présence du prince héritier — aujourd'hui le roi Albert — lorsque le vent, qui s'engouffrait par la fenêtre restée ouverte dans le cabinet de travail royal, fit s'envoler sur le tapis une liasse de papiers posée sur le bureau du Roi. Le ministre s'élançait déjà pour les ramasser lorsque le souverain le retenant par la manche, dit en se tournant vers son neveu :

— Ramasse-les toi-même.

Et comme le ministre insistait :

— Laissez faire, lui souffla-t-il à l'oreille, il faut qu'un futur roi constitutionnel apprenne à se plier...

Autocrate dans ses actes, il affectait de ne point l'être dans ses principes.

Que sa méthode fût ou non répréhensible peu importe : l'histoire dira que Léopold II a été pour la Belgique, l'artisan d'une prospérité sans égale bien qu'il en fût presque toujours absent.

Le prince en effet, aimait la France, il aimait sa Côte d'Azur, il aimait surtout sa capitale. Sa barbe blanche s'attardait volontiers dans le périmètre de Paris, et quand par hasard elle s'éclipsait pour quelques semaines, on la retrouvait encore dans les revues, dans les journaux illustrés et satiriques, sur les affiches des tailleurs à bon marché, des pilules fortifiantes ou des quinquinas régénérateurs. Léopold II était donc dans toute la gloire de ce titre, une personnalité bien parisienne. Il ne le fut jamais pourtant à la façon élégante d'Édouard VII. Vous l'eussiez vainement cherché au balcon du cercle, sur l'asphalte des boulevards, dans l'avant-scène d'un théâtre subventionné ou encore au pesage de Longchamps. Mais si d'aventure vous eussiez rencontré aux alentours des musées, dans les vieilles rues de la rive gauche, ou, plus volontiers, le long des quais, un homme enveloppé d'un ulster sombre, chaussé de caoutchoucs à élastique par dessus de fortes bottines, coiffé d'un melon noir, armé d'un parapluie légèrement décoloré, et serrant sous son bras tantôt des livres aux reliures jaunies, tantôt un bibelot enveloppé hâtivement dans un journal, si vous eussiez surpris ce vieux bourgeois de Gand robuste et long, figé dans une contemplation muette devant une façade du Louvre ou le portail de Saint-Germain-l'Auxerrois, ou la grille de l'École des Beaux-Arts, si vous l'eussiez aperçu marchander un bouquin moisi au coin du pont des Saints-Pères et sortir lentement des écus d'argent d'un porte-monnaie fortement culotté... Alors vous auriez pu vous dire : « J'ai vu le roi des Belges. »

C'était lui, en effet...

Je l'ai suivi bien souvent dans ces flâneries où le bibliophile et l'artiste chez lui, trouvaient l'occasion de maintes joies secrètes qu'ils goûtaient en silence : car ce Roi qui détestait la musique, qui s'ennuyait au théâtre, méprisait toutes les manifestations de l'art moderne, avait une véritable passion pour les vieux tableaux, les belles architectures, les bibelots rares et les fleurs.

— Monsieur le Commissaire (il tenait aux titres officiels), me disait-il fréquemment avec son fort accent belge, aujourd'hui nous excursionnons avec Monsieur l'officier.

Et « l'excursion » presque toujours aboutissait à un magasin d'antiquités, au Musée Carnavalet, ou au marché aux fleurs du Quai de la Tournelle. Dans les dernières années de sa vie, il dut pourtant renoncer à ses promenades à travers la ville : atteint de rhumatismes, il ne pouvait plus marcher qu'appuyé sur des cannes ou au bras de son secrétaire ; puis, certaines aventures galantes dont on l'a fait quelquefois à tort, le héros ridiculisé, lui avait suscité une popularité gênante dont il éprouvait un réel déplaisir. On le ridiculisait dans les music-hall et dans les petites feuilles à scandale ; sa caricature s'étalait sur les devantures des marchands de journaux... cette curiosité stupide et parfois méchante l'affligeait positivement. Nous tâchions de notre mieux, bien entendu, de lui cacher les dessins satiriques où il figurait dans des attitudes peu compatibles avec la dignité d'un Roi, mais nous ne réussissions pas toujours. Il avait heureusement plus d'esprit encore que de rancune. Se rappelant qu'il avait en la personne d'un vieux parisien, M. Mabille, un sosie étonnant, il ne manquait jamais de s'écrier

Cliché Boule.
LA PRINCESSE CLÉMENTINE

lorsque, par un malencontreux hasard, ses yeux tombaient sur une caricature où sa royale silhouette était représentée :

— Voilà ce malheureux M. Mabille qu'on embête

encore! Comme il me ressemble, grand Dieu! Comme il me ressemble!

Ironiste à froid, il vous jetait dans un malaise perpétuel quand il était, par hasard, en veine de conversation. On ne savait jamais s'il plaisantait ou s'il était sérieux. Ce grand vieillard taillé à coups de serpe avait des réparties cinglantes sous des allures de bonhomie innocente; et il s'entendait comme nul autre à infliger finement une leçon bien sentie à quiconque se permettait devant lui un propos incorrect ou une familiarité déplacée.

Un soir, au cours d'une réception qu'il donnait aux autorités dans son châlet d'Ostende, le vénérable curé de la paroisse s'approche de lui d'un air soucieux et le prenant respectueusement à part :

— Sire, lui dit-il, vous me voyez profondément affligé : le bruit court, hélas, que Votre Majesté n'apporte pas dans sa vie privée toute l'austérité compatible avec la haute et difficile mission que le Seigneur a confiée aux monarques. Songez, Sire, que les Rois doivent donner l'exemple aux peuples.

Et le brave curé s'autorisant de ce qu'il connaissait Léopold II depuis trente ans, lui adresse un long sermon. Le pénitent, qui avait pris un air contrit, écoute l'homélie sans sourciller. Quand enfin le prêtre s'est arrêté à bout d'éloquence :

— Que voilà donc une chose étrange, Monsieur le curé, murmure le Roi en le fixant d'un regard froid, savez-vous que l'on m'a dit exactement la même chose de vous... Seulement, moi, je ne l'ai pas cru!

N'est-elle pas d'une savoureuse ironie aussi la boutade qu'il lança à ce ministre du Brésil qu'il recevait pour la première fois et qui, le croyant probablement dur d'oreille, s'évertuait à parler fort et à prononcer distinctement. Le Roi, impassible, finit par l'interrompre :

— Pardon, Monsieur le Ministre, mais ce n'est pas moi qui suis sourd, lui dit-il avec un exquis sourire, c'est mon frère !

Rappellerai-je enfin sa mordante réponse à l'un de nos plus farouches députés radicaux qui, au cours d'une audience qu'il lui avait accordée et conquis par l'intelligence si ouverte de Léopold II, s'était écrié à brûle-pourpoint :

— Sire, je suis républicain, je n'admets pas les monarchies et les monarques. Je reconnais toutefois votre grande supériorité et j'avoue que vous feriez un président de République remarquable.

— Tiens ! Tiens ! répliqua le Roi de son air le plus candide, savez-vous que je vais faire à mon médecin, le docteur Thiriar qui va venir tout à l'heure, un compliment « à votre manière ». Je lui dirai : « Thiriar, vous êtes un grand médecin, et je crois que vous feriez un excellent vétérinaire ! »

La piètre opinion qu'il professait pour la République — et cette boutade semblerait l'indiquer — ne l'empêchait pas de lui témoigner une considération très empressée. De tous les souverains étrangers, il est assurément celui qui a entretenu avec nos présidents successifs les relations les plus cordiales. A chacun de ses voyages à Paris il ne manquait jamais de se rendre à l'Élysée. Il s'y présentait en voisin, en ami, sans se faire annoncer. Lorsque M. Fallières fut élu au Congrès de Versailles, la première visite qu'il reçut en rentrant au palais du Sénat qu'il habitait encore, fut celle de Léopold II.

Quelque sympathie personnelle que le roi des Belges

éprouvât pour la France, il était toutefois trop peu accessible aux considérations d'ordre sentimental pour qu'on puisse leur attribuer l'affectation très soulignée qu'il mettait dans ses amabilités envers le monde officiel républicain.

Cette attitude, selon moi, s'explique par plusieurs raisons : il estimait d'abord que la France était un facteur utile au développement de la prospérité de la Belgique et qu'il fallait multiplier les liens économiques qui les unissent ; d'autre part que serait devenue sa colossale entreprise au Congo si la France s'était ralliée à l'Angleterre qui lui manifestait une hostilité violente ? Je crois enfin que ce monarque paradoxal qui n'avait cessé chez lui de gouverner avec des ministères catholiques, parce que telle était la volonté exprimée par la majorité des suffrages, était, au fond, un libre penseur et trouvait chez nos gouvernants des opinions qui répondaient à ses propres et secrètes tendances. En effet, Léopold II, on ne saurait assez le répéter, n'envisageait toutes choses qu'au double point de vue des réalités pratiques et de son égoïsme. Ce prince, dans les veines duquel se mêlait le sang des Cobourg et des d'Orléans, deux races également intelligentes mais également dénuées de sensibilité, considérait la vie comme une équation qu'il convenait de résoudre par tous les moyens, peu lui importait lesquels, pourvu que le résultat répondît à celui qu'il lui avait d'avance assigné.

Remarquablement observateur, il connaissait admirablement le caractère de son peuple, ses faiblesses et son orgueil et il en jouait avec la sûreté d'un virtuose qui se sent maître de son clavier et de ses effets.

Son habileté consistait à paraître suivre un mouvement alors qu'en réalité il le dirigeait et même le provoquait parfois. Ainsi, lorsqu'en 1884, la violente réaction catholique que la politique anticléricale de M. Frère Orban avait suscitée dans le pays, aboutit au retour au pouvoir des conservateurs, Léopold II se retranchant derrière les devoirs de son rôle constitutionnel, se montra du jour au lendemain aussi ferme soutien du parti catholique qu'il l'avait été jusque-là du parti libéral. Or je crois savoir qu'il n'avait pas été étranger à cette brusque évolution de la nation, car s'il éprouvait des sympathies personnelles pour l'anticléricalisme, il était trop prévoyant pour ne pas avoir aperçu derrière le libéralisme libre penseur, le spectre du socialisme naissant ; il en connaissait le danger, aussi il n'hésita pas à donner un coup de barre à droite et à s'y fortifier sans qu'il eut pourtant abdiqué aucune de ses préférences personnelles.

.·.

Ma première rencontre avec Léopold II date de 1896. Le Roi s'était rendu sur la Côte d'Azur accompagné de sa fille, cette charmante princesse Clémentine, aujourd'hui princesse Napoléon, qui, dès cette époque, remplissait auprès de son père son rôle si touchant d'Antigone d'une vieillesse orageuse. Je me souviens encore de ma surprise, lorsque le Roi qui venait pourtant de faire d'une seule traite le long trajet de Bruxelles à Nice, dit au moment de sortir de la gare à son chambellan le baron Snoy :

— Renvoyez la voiture, Monsieur le chambellan, nous irons à l'hôtel à pied. Il faut se dégourdir les jambes !

Nous descendîmes donc l'avenue Thiers suivis d'un certain nombre de curieux, ce qui ne manquait pas d'être fort gênant, lorsqu'au moment où nous allions traverser une rue, un landau survint qui nous obligea à reculer ; quand il passa devant nous, le Roi gravement salua : il venait de reconnaître au fond de la voiture, la reine Victoria qui parut stupéfaite de cette rencontre inattendue.

Arrivés sur la place Masséna, nouveau salut du Roi : c'était l'impératrice douairière de Russie qui entrait dans un magasin :

— Il y a donc un embarras de souverains ici, me dit-il avec son air narquois. Qui vais-je rencontrer maintenant ?

Je le vis peu, lors de ce premier et bref séjour qu'il fit à Nice : j'étais, en effet, attaché encore à la personne de la reine d'Angleterre et j'avais dû remettre à un de mes collègues le soin de le protéger. Je le rencontrais parfois — et toujours à pied — sur la route de Cimiez, je l'apercevais aussi vers la fin de l'après-midi chez le pâtissier Rumpelmayer où il prenait le thé avec ses deux filles les princesses Clémentine et Louise et avec son gendre le prince Philippe de Saxe-Cobourg-Gotha. Ces réunions de famille autour d'une table dans un five o'clock tea, marquaient les derniers beaux jours d'une paix plus apparente que réelle entre ces augustes personnages.

Lorsque Léopold II revint deux ans plus tard sur la Côte d'Azur, il s'était entre temps brouillé avec sa fille Louise qui s'était elle-même brouillée avec son mari ; il ne voyait pas davantage sa fille Stéphanie qui avait épousé le comte Lonyay et il se rencontrait le moins souvent possible avec sa femme la Reine Henriette. Seule, la princesse Clémentine trouvait encore grâce devant son autoritarisme et continuait avec un dévouément et une abnégation admirables à entourer de soins attentifs et à suivre partout où il allait, le vieillard si sévère aux autres et si indulgent à lui-même !

Je n'ai jamais rencontré de plus souriante résignation que celle de cette princesse si fièrement pénétrée de ses devoirs. Rien ne parvenait à la décourager dans l'accomplissement de sa touchante mission : ni les rebuffades, ni les caprices de son père, ni les situations souvent délicates et parfois humiliantes qu'il lui imposait, ni même enfin la persistance avec laquelle il contraria jusqu'à son dernier jour, l'inclination secrète de son cœur.

On a raconté qu'il avait songé certain moment à lui donner pour époux le prince de Naples — aujourd'hui roi d'Italie — et qu'il y renonça à la suite de l'opposition irréductible que ce projet souleva parmi de hautes personnalités politiques... J'ignore si telle fut jamais la pensée du Roi ; par contre, je crois savoir qu'il souhaita, il y a quelques années pour gendre, le comte de Turin : des négociations furent même engagées à cet effet avec la cour d'Italie : mais le moins discutable des arguments — le seul dont on avait omis de tenir compte — s'opposa aussitôt à la réalisation de ce projet : la princesse aimait ailleurs.

Elle aimait le prince Victor Napoléon et s'était promise qu'elle n'épouserait pas d'autre que lui. Je n'ai pas assisté bien entendu à la scène que provoqua entre le père et la fille, cette volonté nettement exprimée. On assure qu'elle fût violente. A partir de ce jour ils ne parlèrent plus jamais du prince ; la princesse continua comme par le passé, son rôle de fille attentive et dévouée, elle continua à s'acquitter exactement de ses devoirs de « Petite Reine » comme l'appelaient les

Belges depuis qu'elle avait remplacé sa mère morte en 1902 dans les fonctions officielles ; elle continua, avec plus de sollicitude que jamais, à secourir les déshérités, à soigner les malades ; on la revit comme naguère au bas de la Cambre conduisant son poney chaise. Seulement dans l'intimité de son boudoir, dès qu'elle en avait le loisir, elle se plongeait dans la lecture des mémoires qui parlaient de Napoléon.

Je crois, à vrai dire, que si le prince Victor n'avait eu, aux yeux de Léopold II, le tort grave d'être un prétendant au trône de France, il eût à la longue accordé à sa fille qu'il adorait le consentement qu'elle sollicita vainement pendant six ans; seulement, comme le Roi était avant tout très personnel, qu'il tenait pour les raisons que j'ai dites plus haut à conserver d'excellentes relations avec la République française, il ne voulait à aucun prix introduire l'héritier des Bonaparte dans sa famille. Aussi bien, avait-il fini par éprouver pour le prince l'antipathie brutale qu'il ressentait pour toute personne qui s'interposait sur sa route et qui troublait ses calculs. Je me souviens en avoir constaté la réalité certain matin à la gare de Bâle où j'étais allé l'accompagner. Le Roi attendait sur le quai le train de Bruxelles, lorsque je reconnus le prince Victor qui sortait du buffet. Je crus devoir en avertir le souverain.

— Tiens, tiens ! Allons regarder les locomotives, me dit-il aussitôt en s'éloignant à grands pas.

Est-ce parce qu'il était sûr de n'y rencontrer ni le prince Victor, ni les membres de sa famille qu'il se décida sur la fin de sa vie à fixer une de ses principales résidences sur la Côte d'Azur ? Je ne saurais l'affirmer. Je crois tout simplement que le vieux monarque passionnément épris du soleil, de fleurs et de liberté avait trouvé dans ce pays charmant et facile le cadre qui répondait le mieux à son tempérament et à ses goûts.

Dès 1898 il résolut de se créer un paradis dans cette merveilleuse propriété de Passable qu'il venait d'acquérir aux environs de Nice et dont les jardins s'étendaient jusqu'à la pointe du cap Ferrat. Il déploya à l'embellir toute sa science d'horticulteur, d'architecte et de metteur en scène. Tibère ne fit pas mieux à Capri. Chaque année il l'agrandissait, car il avait la manie de la construction et de la démolition : il avait aussi l'âme d'un spéculateur. Nul ne s'entendait comme lui à marchander un terrain : il subjuguait, intimidait et menaçait mais obtenait toujours gain de cause. Il en éprouvait alors une joie d'enfant :

— Allons, allons, tout va bien, disait-il avec un gros rire, j'ai fait une bonne affaire !

Il faut reconnaître, au reste, qu'il ne ménageait ni son temps, ni son activité lorsqu'il flairait ce qu'il appelait une « bonne affaire ».

Je le revois encore sortant un après-midi de chez M. Waldeck-Rousseau auquel il était allé rendre visite au Cap d'Antibes et apercevant sur la route de la gare un magnifique parc clos de murs qui paraissait abandonné :

— A qui est cette propriété ? demande-t-il soudain.

— A un anglais, Sire, lui répond-on, qui n'y vient jamais.

— Nous avons le temps de la visiter avant le départ du train qui me ramène à Nice, déclare le Roi ; qu'on aille chercher le jardinier.

Le jardinier était introuvable, mais la grille était ouverte.

Léopold II n'hésite pas : il la pousse, il entre, suivi du baron Snoy, de mon collègue M. Olivi et de moi, parcourt d'un pas rapide les allées solitaires, s'extasie sur la beauté de la végétation ; mais quand il s'agit de sortir, nous découvrons avec effroi que quelqu'un pendant notre visite a, en passant, refermé la grille. Pas de clef, impossible d'ouvrir. Nous avons beau appeler, crier. Personne. L'heure du train est proche ; le Roi s'impatiente, que faire ? Olivi a un trait de génie. Il court jusqu'à un hangar dont on apercevait le toit à travers un fourré voisin et revient portant une échelle.

— Sire, faute de mieux, si votre Majesté y consent, elle passera par-dessus le mur.

Impassible, le Roi accepte, et l'ascension commence. Le baron Snoy passe d'abord, je le suis, le Roi prend à son tour les échelons, soutenu par Olivi. Arcboutés sur la crête, le baron Snoy et moi le hissons jusqu'à nous. Olivi nous rejoint. Mais à ce moment l'échelle vacille et tombe. Un désastre ! Nous voilà tous les quatre à cheval sur le mur, les jambes ballantes, sans moyen de redescendre de l'autre côté.

— Nous avons l'air de cambrioleurs, dit le Roi qui riait sans conviction.

Il ne nous reste qu'à sauter. Bien que la hauteur du côté de la route ne soit pas considérable, et que le baron Snoy, Olivi et moi réussissions sans trop de peine à tomber sur nos pieds, le Roi qui boite et qui manque d'agilité n'y peut songer.

Mais Olivi, qui est décidément un homme de ressources résout le problème. Il propose que nous fassions au souverain la courte échelle. Le Roi se laisse donc glisser sur les épaules du baron Snoy qui le passe sur le dos d'Olivi tandis que je m'empare de ses longues jambes et que je dépose ses pieds à terre.

Quelques années après, apercevant Olivi à la gare de Nice :

— Je vous reconnais monsieur, Olivi, lui dit Léopold II, vous étiez n'est-ce pas de la fameuse gymnastique d'Antibes ?

— Parfaitement, Sire.

— Eh bien, savez-vous monsieur Olivi, que maintenant je n'ai plus à sauter le mur. J'ai la clef : la propriété m'appartient.

Il est tout entier dans ce trait...

Ce monarque si volontiers regardant dans les détails de la vie matérielle se montrait d'une prodigalité presque inquiétante dès qu'il s'agissait de satisfaire un caprice ou d'augmenter ses biens immobiliers. Au fond, il avait gardé de l'éducation bourgeoise qu'il avait reçue, certains préceptes de la grande bourgeoisie d'autrefois : il estimait par exemple que l'étendue de la richesse se mesurait à celle des biens que l'on possédait au soleil. Il se méfiait des valeurs en portefeuille, à cause des fluctuations trop fréquentes auxquelles elles étaient soumises : il éprouvait par contre une satisfaction — j'allais dire une volupté — à acquérir du sol et à asseoir sa fortune sur de la brique, du marbre ou de la chaux, parce qu'il s'imaginait qu'elle était ainsi plus solide...

Durant ses longs séjours dans le midi le roi Léopold s'affranchissait bien entendu autant que possible de toute corvée officielle ou mondaine. Il fréquentait peu ses augustes cousins en villégiature sur la Côte d'Azur, il évitait les dîners et les garden-parties. Quand il ne travaillait pas, il consacrait ses loisirs à de longues et d'interminables promenades, ou bien il allait s'asseoir sur un banc, soit dans quelque jardin public, soit au bord de la mer où il s'immobilisait dans ses réflexions. Parfois, lorsqu'il était pressé de rentrer, il prenait le tramway ou hélait un fiacre. Il choisissait en ce dernier cas, le plus vieux et le plus humble.

Ayant, un jour, fait signe sur sa demande à un cocher qui stationnait place Masséna,

— Non, non, pas celui-là, me dit-il, appelez cet autre là-bas dont le cheval a l'air à moitié crevé.

— C'est que sa voiture paraît bien sale, risquai-je...

— Justement : comme il n'est pas engageant, il ne doit pas faire ses affaires : il faut l'aider.

Léopold II avait parfois de ces façons de bonté brusque et inattendue.

Sceptique jusqu'à l'indifférence, il éprouvait des antipathies et des répulsions bizarres : il avait l'horreur du piano et la terreur des rhumes.

Quand il devait faire choix d'un nouvel aide de camp il commençait toujours par lui poser les deux questions suivantes :

— Jouez-vous du piano ? Vous enrhumez-vous facilement ?

Si l'officier répondait négativement, le Roi s'écriait : « Allons tant mieux ! tant mieux ». L'aide de camp était agréé ; mais lorsque par malchance le malheureux répondait évasivement, son sort était réglé : il retournait à son régiment. Cette crainte inexpliquée du « coryza » avait atteint de telles proportions pendant les dernières années de sa vie que son entourage — voire son entourage féminin — avait découvert un moyen aussi simple qu'ingénieux d'obtenir quand il le désirait un petit congé : il éternuait avec insistance...

Au troisième éternuement, le vieux souverain regardait avec méfiance « l'éternueur » et lui disait aussitôt :

— Je n'aurai pas besoin de vous aujourd'hui.

Le tour était joué.

Par contre, il se montrait fort indulgent aux aventures galantes de ses jeunes officiers. C'est au capitaine Binjé qu'il adressa certain matin à Nice cette malicieuse boutade :

Le capitaine Binjé, dont il appréciait vivement l'intelligente activité et le dévouement, s'était ce matin-là, présenté devant lui légèrement en retard et pour comble, ses vêtements exhalaient un parfum capiteux. Le Roi le renifle aussitôt :

— Oye ! Oye ! s'écrie-t-il, je parie que vous vous êtes, en venant ici, cogné à une fleur ?

— Sire... balbutie le capitaine.

— Très bien, très bien, mon enfant, c'est de votre âge.

Comme tout mortel, il avait ses manies : il se faisait par exemple en guise de tub, jeter sur le corps quatre seaux d'eau de mer tous les matins ; il eut souhaité qu'on lui servît du perdreau toute l'année et il se faisait repasser au fer chaud, comme de simples mouchoirs de poche, les journaux qu'il devait lire, car il ne supportait pas qu'ils eussent le moindre pli !

Lorsqu'il s'adressait enfin aux domestiques il ne parlait de lui-même qu'à la troisième personne. Ainsi à son chauffeur il disait : « Vous l'attendrez » au lieu de « vous m'attendrez ». Aussi quand on n'était pas prévenu, on se demandait quel était le personnage mystérieux auquel il faisait allusion...

Un singulier original, direz-vous ? sans doute, car ces bizarreries ne s'expliquaient point de la part d'un homme qui était l'esprit le plus pratique, l'intelligence la plus lucide, le « business man » le plus retors dès qu'il se trouvait en face des réalités quotidiennes de la vie. Mais, je le répète, il apparaissait à ceux qui le connaissaient le mieux, comme une constante et troublante énigme qui s'attestait aussi bien dans l'étrangeté de ses manies, que dans le contraste de ses sentiments. Ainsi comment s'expliquer que ce Roi, si dur et parfois si cruel aux êtres auxquels il n'aurait pourtant jamais dû fermer son cœur ni refuser son indulgence, éprouvât une infinie tendresse pour les enfants. C'est un fait, ce rude vieillard adorait les tout petits : son regard froid et coupant s'attendrissait au spectacle de leurs rires et de leurs larmes. Comment expliquer la joie profonde, intense et jalouse qu'il ressentait lui si insensible aux émotions délicates, devant la beauté fragile d'une fleur rare ? Comment expliquer qu'il eût réservé la douceur et la bonté, qu'il refusait si âprement à sa femme et à ses filles, pour sa malheureuse sœur l'impératrice Charlotte dont la folie mystérieuse s'isolait depuis quarante-deux ans, derrière les hauts murs du château de Bouchout ? Chaque matin, pourtant, depuis ces quarante-deux années, il ne manqua jamais de s'en aller vers cette demeure silencieuse passer deux heures en tête-à-tête avec la veuve tragique.

N'était-ce point, enfin, l'effet du plus déconcertant contraste chez Léopold II, chez celui que l'on s'imaginait entre tous insensible aux faiblesses du cœur, que l'éclosion brusque, au soir de sa vie, d'une idylle sentimentale ?

* * *

Nul n'a été, ai-je dit au début de ces notes, plus initié que moi à l'existence du feu Roi : c'est une des conséquences, je me garderai d'ajouter un des bénéfices, de ma mission professionnelle auprès des souverains ; aussi bien eussé-je hésité à aborder le chapitre des aventures royales si toutefois ce chapitre était demeuré secret, mais la malignité publique et l'indifférence du Roi en matière de commérages lui ont accordé trop de retentissement pour que j'éprouve des scrupules à en parler à mon tour d'autant que j'y trouve l'occasion de détruire en maintes circonstances la légende dont on s'est plu à l'orner, et de rectifier la réalité des faits que la curiosité en éveil a pu surprendre.

C'est à la légende, en effet, qu'il convient de reléguer l'idylle que l'on attribua pendant dix ans à Léopold II avec Mlle Cléo de Mérode. Elle aida peut-être à la réputation mondiale de la jeune et jolie danseuse autant qu'elle importuna le Roi ; il n'est pas jusqu'à Bruxelles où l'irrévérencieux surnom de « Cléopold » ne l'eut poursuivi... D'où venait chez le public, cette conviction si gratuitement fondée? D'un potin parti du boulevard.

Le potin était tenace, il courut dix ans sans perdre haleine, et lorsqu'au bout de ce long intervalle qui suffit à faire d'un mensonge une vérité, Léopold II assistant un soir à une représentation de l'Opéra, demanda à un haut fonctionnaire de lui présenter Mlle de Mérode qu'il ne connaissait pas mais dont il avait « beaucoup entendu parler. », le haut fonctionnaire pensa que cet homme était décidément très fort.

Le Roi pourtant ne l'avait jamais vue. On pût s'en convaincre lorsque, s'adressant, la présentation accomplie, à la charmante ballerine, il lui dit de son air le plus candide :

— Je suis bien aise, Mademoiselle, d'avoir pu enfin faire votre connaissance. C'est une bien petite faveur en comparaison de celle qu'on m'attribue, mais à mon âge on devient modeste.

Il exagérait, car une affection unique et définitive — puisqu'il la conserva jusqu'à sa mort — devait bientôt fixer ses pensées et greffer sur son cœur vieilli une tardive éclosion de jeunesse.

Lorsque Léopold II fit la connaissance de Mlle Blanche-Caroline Delacroix qu'il allait par la suite orner du nom et du titre de baronne de Vaughan, il venait d'atteindre sa soixante-cinquième année : elle s'enorgueillissait de dix-huit printemps. L'humilité de son origine lui interdisait de lever les yeux jusqu'à un trône : fille d'un ouvrier mécanicien dont elle était le treizième enfant, paraît-il, née à Bucarest où son père était allé chercher fortune, elle avait été élevée dans des cours qui — est-il besoin de le dire — n'avaient rien de royal ; on conçoit donc que son éducation ne l'eut guère préparée à la brillante destinée que lui réservait sa vie mouvementée. Aussi, quand certain après-midi, on vint la chercher pour la présenter au Roi Léopold, alors de passage à Paris et qui avait entendu parler de ses mérites et s'était intéressé à sa modeste condition, elle fut si troublée qu'elle confondit la Belgique avec la Suède, ce qui en soi n'était pas bien grave, mais aurait pu le devenir en l'occurrence, si Léopold II n'avait été ce jour-là de belle humeur.

Persuadée, en effet, qu'elle était en présence du roi de Suède, elle ne s'aperçut de son erreur qu'à la surprise de plus en plus amusée que manifestait Léopold II chaque fois que, dans son ignorance très compréhensible des formules d'étiquette, Mlle Delacroix s'ingéniait à l'appeler « Sa Majesté Oscar II »...

Je dois reconnaître d'ailleurs qu'elle se ressaisit promptement lorsque le roi des Belges pensa devoir discrètement l'éclairer sur son identité ; elle s'amusa beaucoup de sa méprise et quand, deux ans plus tard, je racontais la mésaventure au roi de Suède qui se trouvait en même temps que la baronne de Vaughan à Biarritz, Oscar II me dit :

— Présentez-moi donc ma... cousine qui me fit tant d'honneur !

— C'est que, répondis-je, elle aura peut-être des regrets ?

— Vous croyez, Paoli ? Je ne suis pourtant guère plus « frais » que mon cousin de Belgique. Je crains, voyez-vous, que les regrets ne soient que pour moi.

Ils furent, je crois, réciproques. Mais tout s'arrangea. La baronne prit avec son kodak un instantané du Roi : il fut décidé qu'on n'en parlerait pas au roi Léopold qui était de nature jalouse.

Est-ce au pittoresque de ses propos, à son éclatante fraîcheur de blonde déesse, ou encore à son intelligence qui était réelle, que Blanche-Caroline Delacroix dût son succès auprès de Léopold II ? Je ne sais. Ce qu'il y a de certain, c'est qu'elle réussit dès sa première audience à éveiller dans le cœur du vieillard un amour, qui se traduisit d'abord par un flirt galant, pour se consacrer ensuite dans une union dont le mystère n'a jamais été éclairci.

Le Roi de même que Mme de Vaughan se sont soigneusement interdit, en effet, toute confidence sur ce chapitre, même à ceux auxquels ils accordaient le plus volontiers leur confiance ; j'ai toujours pensé néanmoins qu'une cérémonie religieuse et secrète avait, à certain moment, régularisé leur situation sinon à l'égard de la loi belge du moins vis-à-vis de l'Église et de leur conscience. Cette conviction chez moi s'est fortifiée à la suite de la lettre pastorale que Mgr Mercier, archevêque de Malines, adressa aux diocèses belges au lendemain de la mort du Roi, et dans laquelle le prélat déclarait que le souverain était mort en règle avec la religion catholique. On ne pouvait plus diplomatiquement confirmer, en tenant compte des légitimes susceptibilités de la famille royale, l'existence d'une union morganatique. D'aucuns prétendirent que le mariage avait été célébré à San Remo durant un séjour du Roi et de Mme de Vaughan dans le Midi. Je ne saurais le certifier. Quand j'interroge mes souvenirs, je me rappelle simplement que certain matin — quelques années avant la mort de Léopold II — je vis le Roi et Mme de Vaughan partir ensemble en automobile — ce qu'ils ne faisaient jamais — lui, très nerveux, elle, fort agitée, et défendre qu'on les accompagnât. Ils ne rentrèrent que le soir sans nous dire quel avait été le but de leur excursion. Le chauffeur raconta qu'il les avait conduits à San Remo en territoire italien ; mais Marcel, connu dans le monde des « wattmen » sous le sobriquet peu élégant de « tutu », se montra remarquablement discret : on n'en sut jamais davantage.

Je constatai toutefois qu'à partir de ce jour, l'attitude du couple changea : ils se montrèrent publiquement ensemble, allèrent ostensiblement au théâtre de Nice, au veglione du Carnaval et s'abstinrent de prendre les précautions, d'ailleurs bien puériles et un peu ridicules, que le Roi avait prescrites pendant la période du flirt et des « fiançailles » sous prétexte de « sauver les apparences ».

Ridicules et puériles... jugez-en. Ainsi, bien que M*me* de Vaughan fût de tous les voyages du Roi et qu'elle l'accompagnât dans ses moindres déplacements, elle ne devait jamais lui adresser la parole en public ou avoir l'air de le connaître. Ils prenaient les mêmes trains, descendaient aux mêmes gares, s'installaient porte à porte dans les mêmes hôtels, déjeunaient et dînaient dans la même salle à manger, mais s'ignoraient : ils s'ignoraient, lui, avec un sang-froid imperturbable, elle, avec des maladresses charmantes.

Le Roi ne parlait jamais de M*me* de Vaughan aux personnes de son entourage : je ne crois pas qu'il lui soit arrivé de prononcer une seule fois son nom devant moi : il savait pourtant *que je savais...* il n'ignorait pas que je la connaissais et que nous passions des heures à bavarder dans les « halls » d'hôtels. Il s'imaginait par contre, que personne, sauf moi, se doutât de cette intrigue galante alors que c'était le secret de Polichinelle et que tout le personnel des hôtels, depuis le directeur jusqu'aux marmitons, en jasaient du matin au soir ! Stoïquement, il continuait à jouer son enfantine comédie. Chaque jour, après le déjeuner durant lequel, assise avec sa femme de chambre à une table en face de la sienne, elle adressait des sourires et des signes tantôt au capitaine Binjé, tantôt à moi qui tâchions de garder notre sérieux, chaque jour, dis-je, Léopold II partait en promenade avec son aide de camp, tandis que M*me* de Vaughan s'en allait de son côté, accompagnée de sa camériste : une demi-heure plus tard, ils se rencontraient sur la grande route. Le Roi, pressant le pas, s'avançait en saluant :

— Vous, Madame ! Quel heureux hasard ? s'écriait-il très haut.

C'était un signal. Aide de camp et suivante se retiraient discrètement, laissant les deux amoureux en tête à tête. Ils se promenaient ensemble pendant deux heures, après quoi, chacun reprenait le chemin de l'hôtel de façon à y rentrer séparément.

Les jours de pluie, la petite scène s'accomplissait en automobile. Le Roi, au rendez-vous indiqué, passait dans l'auto de Mme de Vaughan, cependant que la suivante montait dans l'auto du Roi. Quand d'aventure la monotonie de cette promenade sentimentale lassait la patience de la baronne — car elle était d'humeur assez fantasque, — elle s'empressait de recourir au classique moyen qui réussissait toujours : elle éternuait, héroïquement, éperdument. Du coup, Léopold II oubliait son amour : il l'engageait vivement à rentrer.

Au demeurant, Mme de Vaughan n'était pas méchante femme. Pendant les premiers temps, elle supporta les violentes sorties que lui faisait parfois le Roi : elle allumait un gros cigare et n'y pensait plus. Dans la suite, lorsqu'elle s'habitua à se considérer comme l'épouse morganatique du souverain, ses ambitions s'accrurent : elle exigea des égards. Elle se plaignait à moi que la princesse Clémentine qu'elle avait croisée dans l'allée d'un jardin ou sur la route, n'eût pas daigné répondre à son salut et elle ajoutait avec mélancolie.

— Dire que si j'avais vécu au temps de Louis XIV, j'aurais eu un tabouret à la Cour.

A défaut de tabouret, elle s'était fait une existence opulente. Le Roi, qui ne la quittait plus, l'avait installée lorsqu'il habitait Bruxelles, dans une villa charmante qui communiquait directement avec le parc du château de Laeken au moyen d'un pont qui enjambait la route et aboutissait dans le jardin de Mme de Vaughan. Il faisait chaque jour précéder ses visites des plus belles fleurs de ses serres et des plus beaux fruits de son verger.

Il lui avait également donné un ravissant pavillon dans sa propriété de Passable près de Nice. Il s'y rendait le soir, seul à travers le jardin, armé d'une lanterne sourde et y passait deux heures à jouer aux cartes avec la baronne. Vers 11 heures, il regagnait, toujours éclairé de sa lanterne sourde, sa propre villa tandis que mes propres inspecteurs, tapis dans les bosquets, veillaient à sa sécurité sans qu'il pût les voir, car il tenait beaucoup, sans en avoir l'air, à ce qu'on veillât à sa sécurité.

Très regardant aux dépenses, il avait fini par inculquer à sa compagne ses habitudes d'économie. Mme de Vaughan épluchait les comptes de la cuisine comme une modeste bourgeoise : il est vrai que la cuisine prenait vis-à-vis de son livre des libertés excessives. Je me souviens qu'une année au château de Lormois que le Roi avait loué pour la saison à Mme Constant Say, la veuve du grand raffineur, il y eut une scène violente avec le cuisinier qui avait osé porter sur le compte soixante-quinze œufs dans l'espace de six jours, Mme de Vaughan, justement irritée, s'était empressée de le flanquer à la porte en refusant de lui verser l'indemnité que l'usage accorde aux domestiques renvoyés. Mais le maître coq ne l'entendait pas ainsi.

Furieux, il ne trouva rien de mieux que de venir se planter tous les jours devant la grille du château où il se répandait en invectives sur son ancienne patronne, et se lamentait sur l'injustice dont il se prétendait l'objet. Nous n'osions pas l'arrêter à cause du scandale qu'il menaçait de provoquer : il connaissait en effet les habitudes de la maison. Mes inspecteurs essayèrent vainement de le raisonner, et nous désespérions, quand au bout d'une semaine nous nous aperçûmes qu'il se lassait de son pèlerinage quotidien. Un beau soir il partit pour Paris. On ne le revit plus.

Quelque grande que fût l'influence que M⁽ᵐᵉ⁾ de Vaughan avait su prendre sur l'esprit du Roi, je dois reconnaître quelle ne s'exerça jamais dans les décisions politiques ou dans les entreprises spéculatives de Léopold II, M⁽ᵐᵉ⁾ de Vaughan ignorait ces choses et ne cherchait pas à les comprendre. Aussi le Roi lui savait-il gré de cette discrétion qui n'était que de l'indifférence ; il oubliait auprès d'elle ses préoccupations et n'en goûtait que davantage sa compagnie.

Cette diversion lui était d'autant plus nécessaire, qu'au fur et à mesure qu'il se rapprochait de la tombe, ses préoccupations grandissaient, son activité augmentait : il semblait qu'un avertissement mystérieux l'eût prévenu que ses années étaient désormais comptées et qu'il fallait qu'il hâtât la réalisation de ses vastes et nombreux desseins. Sans compter son œuvre du Congo au sujet de laquelle il était l'objet de violentes attaques, tant du dehors que de la part de l'opposition en Belgique, ses vastes entreprises étaient, elles aussi, le sujet d'acerbes critiques de la part de ses adversaires qui estimaient qu'il se désintéressait de l'évolution politique pour ne s'intéresser qu'à ses projets de transformation de la ville de Bruxelles. Il connaissait si bien cet état d'esprit que lorsque le bourgmestre de la capitale, M. Mott, — son collaborateur et son ami —, vint lui présenter ses vœux à l'occasion du dernier anniversaire royal, le Roi lui dit :

— Souhaitons que j'aie le temps d'achever mon œuvre.

— Pourquoi non, sire? répondit M. Mott; nous sommes du même âge et vous êtes plus solide encore que moi.

— N'importe, Monsieur le Bourgmestre, rappelez-vous que lorsque l'un de nous deux fermera les deux yeux, il faudra que l'autre ouvre l'œil.

Il était écrit, en effet, que Léopol II serait rappelé avant d'avoir pu réaliser complètement son rêve colossal et régler ses nombreuses affaires personnelles. Agonisant, il travaillait encore ; il garda, comme on le sait, jusqu'à la fin sa lucidité intelligente et son inflexible cruauté vis-à-vis des siens. Il mourut comme il avait vécu, inaccessible, sceptique et hautain, opposant, même, une fois entré dans l'éternel repos, une dernière résistance à l'anéantissement suprême.

Un des aides de camp de Léopold II m'a raconté en effet, ce terrifiant détail : la nuit qui suivit le décès du Roi, tandis que deux sœurs de charité et un officier, l'épée au poing, veillaient la dépouille mortelle dans la chapelle ardente, on entendit soudain des craquements sinistres qui venaient du cercueil. On crut d'abord à une hallucination; comme les craquements pourtant se succédaient de plus en plus violents, les deux sœurs examinèrent la bière et quelle ne fut pas leur terreur, lorsqu'elles aperçurent, à travers les fissures du bois qui se fendait, surgir, peu à peu, les boutons de l'uniforme dont on avait revêtu le souverain et la garde de son épée! Les médecins appelés aussitôt constatèrent que sous l'effet des gaz délétères qui s'échappaient du cadavre mal embaumé le corps du Roi avait enflé jusqu'à provoquer l'éclatement du cercueil.

Ainsi la mort elle-même quand elle l'eut immobilisé pour toujours lui refusa la majesté et le mystère dont elle entoure, tant qu'ils ne sont point descendus dans la tombe, ceux qu'elle frappe.

X

LE ROI GEORGES DE GRÈCE

Dans un tiroir de mon bureau, je possède un paque[t] de lettres que je conserve soigneusement et auquel d[e] temps à autre vient s'ajouter une lettre nouvelle. L'écr[i]ture en est fine et régulière, le papier ne porte ni chiffr[e] ni couronne ; l'emblème qui se détache en exergu[e] sur le cachet de cire rouge qui scelle les enveloppe[s] semble, lui-même, choisi à dessein pour décourage[r] toute curiosité indiscrète : il représente une tête [de] Minerve casquée...

Cette correspondance ne manque pourtant pas d'i[n]térêt : je crois bien qu'un historien lui attribuerait u[ne] valeur inestimable : non seulement elle lui fournira[it] une curieuse documentation sur certains événemen[ts] contemporains ; il découvrirait encore l'exquise sensi[bi]lité d'un monarque sympathique entre tous, la je[u]nesse de son esprit et les raisons pour lesquelles mêm[e] sous le radieux ciel de l'Attique la couronne d'un R[oi] peut être parfois lourde...

Voici vingt ans bientôt que je connais l'illustre sign[a]taire de ces lettres : le roi Georges de Grèce ; vin[gt] ans que je veille à sa sécurité chaque fois qu'il vil[lé]giature en France. — C'est même de lui que me vie[nt] ce surnom de « Vassilophilax », « gardien des Rois dont je m'honore. — A cette longue fréquentation, j'ai gagné sa bienveillante sympathie, il a acquis mon plus affectueux dévouement. Quand il est dans ses États je me permets de lui écrire souvent ; il ne manque jamais de me répondre régulièrement et notre correspondance est comme la suite des causeries familières pleines de bonne humeur et de charme, commencées à Aix-les-Bains, à Paris, en chemin de fer...

Il serait puéril de dire que le roi Georges aime la France : la fréquence de ses visites l'atteste. Il ne se borne pas à éprouver pour notre pays une chaleureuse admiration : ce prince danois, qui depuis quarante-sept ans porte la couronne hellène, était avec son beau-frère le roi Édouard le plus parisien de nos hôtes étrangers. Son parisianisme ne se trahit pas seulement dans l'aisance élégante avec laquelle il parle notre langue : il s'accuse également dans sa tournure d'esprit essentiellement boulevardière, dans sa silhouette mince et robuste, haute et dégagée qui rappelle celle de nos officiers de cavalerie : et la malice légère que souligne dans sa physionomie un plissement continuel de l'œil et de la lèvre et qui jaillit en traits heureux, en boutades inattendues, est précisément celle qui fait dire de *nous*, que nous sommes le peuple le plus moqueur de la terre.

La « malice » du roi Georges n'est en tout cas jamais cruelle et si son ironie se risque à devenir parfois mordante, du moins elle est toujours, si je puis dire, « en situation ».

Ainsi, lorsqu'au début de son règne, il se trouva aux prises avec les premières difficultés intérieures, un chef de l'opposition parlementaire, qui souhaitait vivement la chute du ministère alors en fonctions, vient un jour

le trouver et lui dit avec une mélancolie hypocrite :
— Ah ! Sire, si seulement vous aviez un ministre...

GEORGES Iᵉʳ
SUR LE CHAMP DE COURSES D'AIX-LES-BAINS

— Un ministre ? répond le Roi jouant l'étonnement, mais j'en ai au moins sept...

Élevé à cette admirable école de simplicité, de droiture et de bonté qui fut celle de son père le roi Christian, familiarisé dès son adolescence avec tous les détours du labyrinthe politique, il apportait à la Grèce, lorsque la chute du roi Othon l'appela par le plus grand des hasards au trône hellène, non seulement le prestige de ses innombrables et illustres alliances et le fruit d'une expérience précoce acquise dans ce merveilleux poste d'observation qu'est la cour de Danemark, il apportait également les qualités de son tempérament froid et pondéré d'homme du Nord au milieu de ce peuple chez lequel il n'est pas besoin du pétillant vin de Patras pour que les têtes s'échauffent...

Aussi que d'heures difficiles !

Nous autres, spectateurs lointains des crises helléniques et qui pour la plupart ne connaissons la Grèce que par la beauté de son passé et par le symbole qu'elle éternise à notre imagination de poètes ou à notre esprit de lettrés, nous ne pouvons soupçonner la somme de tact, de patience, de sang-froid et de souplesse qu'exige le périlleux honneur de diriger les destinées de la nation hellène. Si grave qu'ait paru la situation politique parfois, on ne saurait dire que la Couronne ait jamais été menacée.

Tout dernièrement encore le loyalisme des sujets hellènes s'attestait dans l'accueil enthousiaste que les habitants de Corfou firent à la famille royale et plus récemment encore dans la spontanéité avec laquelle le peuple grec partagea l'affliction de son Roi à l'occasion de la mort d'Édouard VII. Les Grecs, sans distinction de parti, reconnaissent les grands services que leur souverain a rendu à la cause hellénique qu'il n'a cessé depuis quarante-sept ans de défendre dans les chancelleries européennes avec une chaleur et une éloquence infatigables.

— Je n'ai jamais rencontré de diplomate plus persuasif et plus habile, disait, il y a deux ans, M. Clemenceau à l'issue d'une visite qu'il avait reçue de Georges Ier.

Son habileté n'a pas seulement consisté à défendre son pays contre les ambitions de la Turquie, elle s'est révélée dans l'aisance avec laquelle il sait manœuvrer au milieu des querelles de partis qui empoisonnent la vie politique en Grèce. Guidé par son bon sens naturel et une remarquable connaissance des hommes, il s'est appliqué dans son Gouvernement « à laisser dire et à laisser faire », tout au moins dans une mesure qui lui permet de ne jamais se mettre en lutte ouverte avec l'amour d'indépendance et l'orgueil irritable de ses sujets ; il a compris qu'il fallait plutôt une extraordinaire souplesse que d'inflexibles principes ; et de tous les ministres qui se sont succédé depuis son avènement, le célèbre Coumoundouros a paru être celui dont Sa Majesté a retenu les meilleures façons d'ironie gouvernementale.

Il faut reconnaître, au reste, que si le peuple hellène est parfois déconcertant dans ses défauts et dans ses faiblesses qui tiennent d'ailleurs à son tempérament et à sa race, il est généreux et spontané et sa fierté ombrageuse n'est chez lui que l'effet d'un patriotisme ardent qui se manifeste parfois sous les traits les plus savoureux.

Ainsi lorsqu'on fut convaincu de la nécessité de créer une flotte de guerre et que le gouvernement annonça qu'il allait ouvrir, dans ce but, une souscription nationale, tous les condamnés de droit commun qui purgeaient leur peine dans les prisons de l'État demandèrent à jeûner pendant trois jours afin d'offrir en guise d'obole à la souscription, le montant de leur nourriture pendant ces soixante-douze heures !

L'empereur d'Allemagne, à qui un homme d'État hellène racontait quelques mois après ce trait remarquable de solidarité nationale, se refusait à y croire. Il est pourtant rigoureusement exact.

On en cite d'autres encore : A l'époque notamment où la Grèce renouant une antique et pittoresque tradition, s'avisa naguère de rétablir les Jeux Olympiques et que l'on apprit que cet événement allait attirer à Athènes de nombreux étrangers, les « pickpockets » tinrent une assemblée et prirent l'engagement de suspendre les « hostilités » pendant la durée des fêtes afin de sauvegarder la bonne réputation du pays. Ils eurent même soin de porter à la connaissance du public leur « ordre du jour » par voie d'affiches, bien mieux : ils observèrent scrupuleusement la parole donnée... et l'on vit cette chose inouïe : la police en vacances, grâce à la grève des voleurs.

Il y a quelques années enfin, Mme Jacquemaire, la fille de M. Clemenceau alors Président du Conseil, visitait la Grèce. En revenant en chemin de fer d'Athènes au Pirée où elle allait s'embarquer pour Trieste, elle perd son sac de voyage qui renfermait ses bijoux. Ce précieux bagage lui avait été évidemment dérobé : bien qu'elle refuse de porter plainte, sa mésaventure ne tarde pas à être connue. Vive agitation. Le Gouvernement ordonne qu'une enquête soit faite ; elle demeure vaine. Mais la presse entre temps s'est emparée de l'incident : encore persuadée à cette époque que

M. Clemenceau, dont les sentiments philhellènes sont notoires, a promis au gouvernement grec son appui pour obtenir l'annexion de la Crète à la Grèce, l'opinion s'émeut. La fille de celui sur l'amitié duquel les Grecs fondent tant d'espérances ne doit pas, déclare-t-on, emporter une fâcheuse impression de l'hospitalité hellène. Les journaux en de véhéments articles adjurent donc le voleur inconnu, s'il est Grec, de renoncer au bénéfice de son larcin et d'accomplir un beau geste : les affiches apposées aux murs du Pirée et d'Athènes font appel à son patriotisme...

Vingt-quatre heures après la police recevait le sac et son contenu intact qui furent restitués à Mme Jacquemaire à son arrivée à Trieste...

Aussi uni dès que l'honneur national ou l'intérêt du pays est en cause, que divisé lorsque les passions politiques sont en jeu, tel est le peuple dont Georges Ier dirige, depuis près d'un demi-siècle, les troublantes destinées.

*
* *

C'est un dur métier que celui de pilote lorsqu'il faut naviguer parmi de continuels écueils, surveiller constamment un équipage turbulent, et veiller aux « grains » qui sans cesse accourent de l'Orient.

On conçoit que le roi Georges éprouve le désir, lorsque les événements le lui permettent, d'aller chercher sous d'autres cieux une diversion momentanée à ses absorbantes responsabilités, d'autant que son état de santé l'oblige également à suivre, lorsqu'il le peut, une cure d'eaux.

— Voyez-vous, m'avouait un jour le roi Léopold de

Belgique, notre véritable repos à nous c'est d'oublier qui nous sommes.

On ne saurait dire pourtant que les distractions et le repos qu'il trouve chez nous soient l'unique but de son voyage annuel que le roi Georges entreprit en Europe jusqu'à l'avant-dernière année. Il emportait toujours une valise diplomatique dans son bagage de touriste : il est de ceux qui pensent qu'un souverain peut travailler pour son pays tout en voyageant pour son plaisir :

— Je suis mon propre ambassadeur, me déclarait-il souvent.

Le royal voyageur nous arrivait vers la fin de juillet avant de se rendre à Copenhague où il ne manquait jamais d'aller saluer son père, le roi Christian, et ses sœurs, la reine Alexandra et l'impératrice douairière Marie Feodorovna. Il affectionnait cette réunion annuelle qui groupait autour du vénérable aïeul sous les grands arbres de Fredensborg, la plus illustre et la plus nombreuse famille qui soit au monde et sur laquelle l'ascendant et l'autorité du vieux monarque étaient demeurés tels, que ses enfants, fussent-ils empereurs ou rois, n'osaient aller jusqu'à la ville sans lui en avoir au préalable demandé l'autorisation.

— Là-bas il me semble que je suis encore un petit garçon ! disait en riant le roi Georges.

Ici, il était un jeune homme.

Il partageait son séjour entre Aix-les-Bains et Paris, et à Paris, comme à Aix, il n'avait qu'une préoccupation : celle de fuir les pompes officielles : il eût été navré qu'on le traitât trop ostensiblement en souverain : s'il acceptait le dîner officiel auquel le Président de la République ne manquait jamais de l'inviter, il refusa toujours énergiquement d'être reçu dans la capitale avec les honneurs royaux. S'il se soumettait durant sa villégiature d'Aix, à l'obligation d'assister aux réjouissances que la charmante ville d'eaux, où il est très populaire, organisait à son intention, c'est qu'il ne voulait faire à personne nulle peine, même légère. Et quand on l'invitait à se rendre à quelque feu d'artifice :

— Allons, soupirait-il, encore une soirée à mon bénéfice !

Retenu par d'autres occupations, je n'avais pas eu, lors de ses premiers séjours à Aix, l'honneur d'être attaché à sa personne : le Gouvernement français avait dépêché deux inspecteurs de la Sûreté de Lyon pour veiller à sa sécurité. Ces braves agents, qui n'avaient pas été chargés encore de ce genre de missions, vivaient dans des transes continuelles. Garder un Roi consistait pour eux à ne jamais le perdre de vue, à le suivre pas à pas comme un prisonnier, à l'épier comme un coupable. Ils avaient fini par affoler notre hôte : dès qu'il sortait de sa demeure, deux ombres s'attachaient à ses talons et ne le quittaient plus ; qu'il allât au restaurant, au Casino, au théâtre, immuables, deux visages sévères, se dressaient en face de lui, quatre yeux soupçonneux scrutaient ses moindres gestes : il avait beau s'ingénier à dépister les sbires, chercher des doubles issues ; impossible de les éviter : ils étaient toujours là... Il se plaignit discrètement : on me pria de les remplacer.

— Soyez le bienvenu, me dit-il, les agents de Lyon m'impressionnaient tellement que j'avais fini par me prendre moi-même pour un criminel !

Il me parut pourtant que la mission de surveillance

d'un roi si simple et si affable n'était ni très absorbante, ni très ingrate. A Aix, où il circulait du matin au soir, comme un simple particulier, tout le monde le connaissait. Je n'avais pas besoin de consulter les rapports de mes inspecteurs pour savoir de quel côté le rencontrer : les badauds, les boutiquiers, les paysans se chargeaient de me renseigner.

« Monsieur le Roi a passé par ici, il a tourné par là, me disaient-ils. »

Vingt pas plus loin, en effet, j'apercevais, la canne à la main, le chapeau tyrolien sur l'oreille, alerte et svelte dans son complet gris clair, une silhouette familière, flânant dans la rue, campée devant une vitrine de magasin, arrêtée au milieu d'un groupe d'ouvriers : c'était Monsieur le Roi...

« Monsieur le Roi » était également très populaire chez les braves lavandières qu'il saluait d'un bonjour amical lorsqu'il passait près de leur lavoir pour se rendre à l'établissement thermal. Car il suivait scrupuleusement la cure d'eaux et de douches que son fidèle médecin, le docteur Guilland, lui avait prescrite pour son arthritisme. Chaque matin il quittait de bonne heure son hôtel et descendait à pied à l'établissement en suivant la route qui traverse un des plus vieux faubourgs d'Aix. Les habitants de ce coin pittoresque, à force de le rencontrer, avaient fini par le traiter en aimable voisin. Dès qu'il apparaissait à l'entrée de la rue du Puits-d'Enfer les gamins s'arrêtaient de jouer et l'assaillaient de leurs cris joyeux. La nouvelle de son approche volait de porte en porte jusqu'au lavoir... Aussitôt les « batteuses » interrompaient leurs gestes rythmiques ; sur leurs lèvres, brusquement, la chanson commencée se taisait ; vite, dans un bout de tablier ou de jupon, elles séchaient leurs mains trempées de mousse de savon, tandis que le bourdonnement de leurs voix claires lui jetait le salut familier :

— Bonjour, Monsieur le Roi. Vive Monsieur le Roi !

Quelquefois on engageait un bout de causette ; le Roi amusé interrogeait, plaisantait, répondait : puis, après avoir légèrement touché le bord de son feutre, continuait son chemin, tandis que les voix claires, gentiment, lui criaient : « Au revoir Monsieur le Roi… A demain ! »

Il aimait l'innocente distraction que lui procurait cette halte matinale avant d'aller à la piscine de l'établissement thermal. Elle faillit pourtant lui être supprimée : la municipalité sachant en effet que les lavandières lorsqu'elles se penchaient pour plonger leur linge dans le fond du bassin relevaient leurs croupes de telle sorte qu'elles montraient leurs jambes jusqu'à une hauteur indécente, s'était imaginée qu'il convenait de placer un écran en tôle de façon à masquer au Roi une exhibition de mollets susceptible d'offusquer ses augustes regards.

D'où fureur des bonnes femmes qui n'eurent rien de plus pressé que d'aller se plaindre à leur royal ami.

— On veut nous mettre en cage comme des poules, protestèrent-elles.

Le Roi se montra aussi indigné que les lavandières.

— J'arrangerai cela, leur promit-il.

Il se rendit en personne à la mairie pour solliciter l'enlèvement de l'écran en ajoutant que la perspective qu'on voulait lui cacher n'avait rien de désagréable pour lui.

Le lendemain l'écran avait disparu...

* * *

Ses journées à Aix, comme à Paris, étaient mathématiquement réglées : Georges Ier est un chronomètre vivant. Après avoir accompli son pèlerinage quotidien à l'établissement thermal, accompagné de son écuyer, le comte de Cernowitz, il rentrait à l'hôtel, prenait connaissance des dépêches, parcourait tous les journaux français et anglais, travaillait tantôt avec M. Delyanni, le regretté Ministre de Grèce à Paris, qu'il honorait d'une affection très vive et qui venait toujours le rejoindre à Aix, tantôt avec son aide de camp. De 11 heures à midi il donnait généralement audience soit aux autorités du département avec qui il entretenait des rapports cordiaux, soit aux étrangers de marque qui lui étaient présentés durant son séjour.

S'il retenait quelques personnes à déjeuner — ce qui lui arrivait fréquemment — il fallait qu'elles se résignassent à ne point satisfaire complètement leur appétit. Le Roi, en effet, mangeait très peu le matin et ses convives, par déférence, se croyaient naturellement obligés de l'imiter, d'autant qu'ils risquaient autrement d'avoir la bouche pleine lorsqu'il leur faudrait répondre aux questions du souverain qui interrogeait beaucoup. Aussi bien, ses commensaux habituels : le préfet et le maire avertis par l'expérience, et fort gastronomes tous deux, avaient-ils adopté un système aussi ingénieux que pratique : chaque fois qu'ils étaient conviés à la table royale, ils déjeunaient avant...

Le soir, par contre, Sa Majesté mangeait davantage. Elle dînait régulièrement dans la salle commune du restaurant du Casino ou de la villa des Fleurs en compagnie des personnes de sa suite, de son médecin et de quelques amis, et lorsque le docteur Guilland se récriait devant le nombre excessif de plats que le royal amphitryon se plaisait à ordonner :

— Ne vous fâchez pas, lui disait-il, c'est le restaurant qui les sert : s'il ne faisait pas ses affaires avec moi avec qui les ferait-il ?

A l'issue du dîner, il se rendait tantôt dans les salles de jeux, tantôt au théâtre. Bien que le Roi ne jouât point, il s'amusait à flâner autour des tapis verts, à observer la tête des joueurs et à surprendre les mille incidents typiques qui se produisent au milieu de cette foule cosmopolite dont se compose la clientèle des villes d'eaux. Il aimait aussi à connaître tous les potins de l'endroit, les petites intrigues, les drames intimes : il se faisait enfin volontiers présenter les artistes connus de passage à Aix.

C'est ainsi qu'ayant aperçu un soir, à la villa des Fleurs, Mlle Balthy, il m'exprima le désir de faire sa connaissance. J'avais eu souvent l'occasion de lui parler; rien n'était donc plus facile... Cette présentation pourtant m'inquiétait un peu. L'esprit de cette joyeuse fantaisiste qu'est Balthy est parfois tellement audacieux ! Je craignais le pittoresque excessif de ses propos... Je m'en ouvris au Roi.

— Laissez donc, Paoli, fit-il, le « pittoresque » de Mlle Balthy m'amusera follement : ne soyez pas plus royaliste que le Roi.

J'allai donc trouver l'aimable femme.

— Ma chère Balthy, lui dis-je, venez avec moi que je vous présente au Roi.

— A Georges ? me répondit-elle, en clignant de l'œil.

Je frémissais d'épouvante.

— A Sa Majesté le Roi de Grèce, parfaitement.

— Allons.

Mais voilà, ô stupeur, que devant le souverain, Balthy perd toute assurance; je m'attendais à ce qu'elle lui tapât sur l'épaule : au lieu de cela, elle lui esquisse une savante révérence. En réponse aux compliments qu'il lui adresse, elle se contente de baisser modestement les yeux : elle se risque même jusqu'à rougir. On se serait cru à la Cour.

Et comme le Roi interloqué et légèrement déçu, s'étonnait de sa timidité et lui avouait sa surprise :

— Que voulez-vous, lui déclara-t-elle, si encore vous n'étiez qu'un Président de la République, ça ne me gênerait pas, mais un Roi, ça me trouble. Et puis un Roi ne doit pas admirer les femmes maigres. Or, moi, j'ai l'air d'une sardine à côté de Sarah Bernhardt.

La glace était rompue... La Balthy légendaire peu à peu reparaissait : Ils se quittèrent enchantés l'un de l'autre.

Notre hôte ne se contentait pas de témoigner sa sympathie aux illustrations de l'art : il comptait aussi des amis parmi les modestes pensionnaires du grand théâtre. Sabadou, le bon, le joyeux, l'inénarrable Sabadou, depuis vingt ans première basse noble du théâtre Municipal, était de ce nombre. Voici comment je l'appris : lors de l'arrivée du Roi à Aix, il y a quelques années, Sabadou, jouant des coudes, s'était glissé au premier rang des badauds qui attendaient le souverain devant la gare. La foule enthousiaste ne cessait de crier : « Vive le roi Georges! » Sabadou, de sa voix puissante, criait plus fort que les autres, et pour mieux crier avait fait un pas en avant...

Mais un sergent de ville veillait. Craignant que le cortège royal ne fût gêné par cet indiscret, il s'avance et, d'un ton autoritaire, lui ordonne de rentrer dans le rang...

Sabadou, qui est Toulousain, s'apprêtait à protester bruyamment, lorsque sur ces entrefaites paraît le Roi.

— Tiens! monsieur Sabadou, dit-il en apercevant la basse noble ; bonjour monsieur Sabadou, ça mord-il cette année ?

— Oui, Sire Majesté, répond Sabadou. Et votre famille, toujours en bonne santé ? Allons ! tant mieux !

Puis, se retournant vers le sergent de ville ébahi :

— Ça t'la coupe, hein, mon fils ?

Comment le Roi connaissait-il le chanteur ? Pourquoi lui avait-il demandé si ça mordait cette année ?

Les journaux de la localité, en rapportant l'incident (car il défraya la chronique), en donnèrent une explication que je n'ai pas contrôlée. Mais elle est à la fois trop amusante et trop vraisemblable pour que je ne la reproduise pas ici.

Il paraît donc que le Roi, qui dirigeait souvent ses promenades du côté du lac du Bourget, s'était avisé certain après-midi d'essayer de pêcher à la ligne. Muni des accessoires nécessaires, il se rend sur une des rives du lac et s'installe. Dix minutes, vingt minutes s'écoulent. Rien. Le Roi était d'autant plus contrarié que trente mètres plus loin un homme, — un étranger comme lui — relevait à tout moment sa ligne au bout de laquelle frétillait chaque fois un lavaret ou un ombre-chevalier.

Le souverain, découragé, finit par se décider à aborder le pêcheur afin de lui demander d'où vient qu'il attrape tant de poissons. Mais celui-ci le devançant, se lève, salue cérémonieusement et d'une voix de stentor :

— Sire Majesté...

— Comment vous me connaissez ? dit le Roi.

— Sire Majesté, je me présente moi-même : Sabadou, deuxième basse noble au théâtre du Capitole de Toulouse, actuellement premier coryphée du théâtre Municipal d'Aix-les-Bains... Je vous ai vu à l'avant-scène.

— Ah! fait le Roi interloqué. Mais expliquez-moi pourquoi vous prenez tant de poissons tandis que moi...

— L'habitude, Sire Majesté, le tour de main, puis la « fascination personnelle ». Il faut une éducation, j'ai fait la mienne à Pinsaquel près de Toulouse, au confluent de l'Ariège et de la Garonne... Pinsaquel !

Et l'on sentait courir dans la voix de Sabadou toutes les rancœurs de la nostalgie.

— Vous n'êtes jamais allé à Pinsaquel? Allez-y, c'est le paradis des pêcheurs !

— Certainement, j'irai un jour. Mais en attendant je vais rentrer bredouille.

— Jamais de la vie. Mettez-vous à ma place Sire Majesté, chaque fois que je vous dirai : « Hop », vous lèverez la ligne... et vous m'en direz des nouvelles.

Le Roi que cette aventure amusait se laisse faire.

Au bout de trois minutes, la formidable voix de Sabadou donnait le signal convenu : C'était une truite.

La pêche fut miraculeuse.

*
* *

Le roi Georges, qui est comme la plupart des souverains, un infatigable marcheur, partait tous les jours en promenade vers la fin de l'après-midi et ne rentrait qu'à l'heure du dîner : il emmenait presque toujours quelqu'un de sa suite ; un de mes inspecteurs les suivait. Tous les paysans des environs d'Aix connaissaient notre hôte et le saluaient au passage : il était en quelque sorte comme le châtelain du pays. Très jeune de caractère il s'amusait parfois à jouer quelque bon tour à son compagnon de route... dès qu'il s'apercevait, par exemple, que celui-ci après avoir parcouru un nombre respectable de kilomètres, commençait à tirer la langue, si j'ose dire, il lui proposait d'entrer chez un cabaretier pour se rafraîchir.

— Il y a là, ajoutait-il, un certain petit vin du pays qui possède une saveur spéciale, mais il faut le boire d'un seul trait.

L'autre, qu'il eut soif ou non, n'osait refuser. On entrait donc au cabaret, le Roi faisait emplir un grand verre de ce nectar fameux qu'il offrait à son hôte, tout en se gardant d'en boire lui-même... C'était, en effet, une « piquette » d'un goût très particulier : elle ressemblait à du vinaigre. Aussi bien l'invité du Roi lorsqu'il vidait son verre esquissait-il, malgré lui, une grimace épouvantable. Par respect, toutefois, il n'osait se plaindre..... et quand le souverain, qui s'était follement diverti, lui disait avec un grand sérieux :

— Exquis, n'est-ce pas ?

— Oh ! exquis, répondait-il d'un air convaincu.

N'allez pas croire pourtant que les « gamineries » royales fussent toujours cruelles... le plus souvent, elles attestaient sous des dehors malicieux, la délicate bonté de son cœur.

Je me souviens, à ce propos, qu'une année à la gare de Culoz (il venait d'Aix-les-Bains et se rendait à Paris) les personnes de sa suite et moi l'avions laissé quelques instants seul pendant que, sur son désir, nous achetions des livres et des journaux. Or, tandis qu'il faisait les cent pas sur le quai, il aperçoit à la fenêtre d'un wagon de troisième classe une bonne femme — une paysanne rouge et plantureuse — qui faisait de vains efforts pour ouvrir la portière et trépignait de colère et d'impatience. Soudain, avisant le Roi qui la regardait :

— Eh là-bas ! Monsieur, lui crie-t-elle, venez donc m'aider.

Le Roi aussitôt se précipite, ouvre la portière, reçoit dans ses bras l'énorme voyageuse. Celle-ci alors se retournant vers lui :

— Passez-moi mon panier de légumes et mon baluchon, ordonne-t-elle.

Docile, le Roi s'exécute. A ce moment nous apparaissons sur le quai... Jugez de notre étonnement ! Mais, le souverain nous fait signe de ne pas broncher. Il porte, en effet, les paquets jusqu'à la salle d'attente, va prendre le billet de la voyageuse qui changeait de train et refuse qu'elle le rembourse malgré ses instances.

Quel délicieux souvenir elle a dû conserver des voyageurs qu'on rencontre à la gare de Culoz !

Autre aventure, celle-ci à Aix. Le Roi avait l'habitude lorsqu'il quittait le Casino chaque soir de rentrer à l'hôtel avec les personnes de sa suite dans l'omnibus de la maison que l'on réservait à son usage; il trouvait ce système plus commode que de prendre une voiture. Un soir, au moment où nous nous disposions à monter dans le véhicule, une voyageuse de l'hôtel — une dame étrangère — ignorant qu'il fût réservé exclusivement au Roi, nous y précède, s'installe et attend que l'on parte. Comme je faisais le mouvement de me précipiter pour la prier de descendre.

— Laissez donc, me dit le Roi, elle ne nous gêne pas.

Nous montons donc, je m'assois en face du souverain : l'omnibus part : la dame ne bronche pas. Tout à coup le Roi, rompant le silence, m'adresse la parole : je lui réponds en employant bien entendu les formules habituelles de « Sire » et de « Majesté ».

La dame, alors, nous regarde, effarée, se jette contre la vitre, frappe, appelle.

— Qu'ai-je fait, mon Dieu, qu'ai-je fait, crie-t-elle, je suis dans l'omnibus du Roi, arrêtez ! arrêtez !

Puis, se tournant vers le souverain, avec un geste théâtral :

— Sire, pardon !

Le Roi, pris d'un fou rire, cherche à la tranquilliser :

— De grâce, Madame, calmez-vous, n'ayez pas peur un Roi n'est pas une épidémie !...

La dame s'apaisa : mais jusqu'à notre arrivée il nous fut impossible d'arracher une parole à sa gorge contractée...

Elle ne ressemblait pas en cela à la plupart de ses compagnes dont nous subissons depuis notre per

Adam l'impérieux et aimable despotisme. Jamais souverain, en effet, n'éveilla, que je sache, plus de curiosité très sympathique dans le clan féminin que le roi Georges. Le prestige de sa situation y était sans doute pour quelque chose, mais j'ai lieu de croire que l'élégance de sa personne, l'affabilité de ses manières et l'allure conquérante de ses moustaches n'y demeuraient pas tout à fait étrangères... Soit qu'il sortît de son hôtel, soit qu'il entrât dans un restaurant, ou dans une salle du Casino, soit enfin qu'il apparût au pesage du champ de courses qu'il fréquentait assidûment, il était l'objet de savantes manœuvres d'approche chez les gracieuses jeunes femmes qui évidemment désiraient voir de près comment est fait un Roi...

Un homme n'est jamais insensible à de tels hommages. Georges Ier avait toutefois trop d'esprit pour s'y laisser prendre : il s'en amusait, les accueillait avec son aimable scepticisme un peu ironique bien que leur indiscrète insistance l'importunât souvent.

Au demeurant il menait à Aix comme à Paris une vie très tranquille, très méthodique, assez uniforme : car il y a chez ce souverain comme chez la plupart des monarques un fond de bourgeoisie qui s'atteste en d'innocentes manies.

Ainsi le roi Georges descend toujours dans les mêmes hôtels, occupe les mêmes appartements et tient — tant il déteste l'imprévu — à retrouver chaque fois qu'il y vient les meubles aux mêmes places où il les a laissés.

Je me souviens encore de mon étonnement lorsqu'entrant un jour dans la chambre du Roi quelques instants après son arrivée à l'hôtel Splendide à Aix, je le surpris transportant à bras-le-corps, aidé de son médecin, une commode Louis XV.

— Vous comprenez, me dit-il, elle était autrefois près de la cheminée : je la retrouve près de la fenêtre : je la remets donc à sa place.

J'ai dit qu'il assistait volontiers aux courses et aux batailles de fleurs, par contre il refusait énergiquement de se rendre au tir aux pigeons.

— Je ne puis supporter, me disait-il, le carnage d'oiseaux sans défense. C'est de la barbarie inutile.

Bien qu'il ne partageât pas sur l'efficacité des eaux minérales l'aimable scepticisme des rhumatisants Aixois qui, lorsqu'on leur demande candidement pourquoi ils ne suivent pas le traitement, vous répondent avec un sourire de compassion : « C'est bon pour les Parisiens ! » il prenait toutefois très au sérieux son titre de citoyen d'Aix. Lorsqu'éclatait, pendant ses séjours, quelque incendie dans le pays, il ne manquait jamais d'arriver le premier sur les lieux du sinistre et de diriger les secours. Il signait volontiers les pétitions locales, interrogeait les gens et signalait au maire les doléances des habitants. Et il lui disait :

— Si jamais je prends ma retraite comme Roi, je crois bien que je me présenterai ici au Conseil municipal...

*
* *

S'il est vrai que la surveillance de ce monarque était une agréable sinécure, j'eus pourtant, étant avec lui, à Aix une terrible alerte. Certain soir, en effet, comme je me tenais à côté de lui dans la salle des « petits chevaux » au Casino, un de mes inspecteurs me glisse un billet dans la main : il m'avisait qu'un individu de nationalité roumaine, grecophobe acharné, venait d'arriver à Aix, avec, craignait-on, l'intention de tuer le souverain. Aucune autre indication.

On juge de mon émoi. Prévenir le Roi ? Je ne l'osais : c'eût été, peut-être, lui gâter son séjour. Le quitter à ce moment pour aller aux renseignements ? Moins que jamais je ne pouvais le laisser seul. Comment découvrir cet individu ? Peut-être était-il là, tout près : instinctivement je regardai avec la plus méticuleuse attention tous les gens qui se pressaient autour de nous : je ne quittai pas des yeux ceux qui me paraissaient dévisager notre hôte avec trop d'insistance : je m'efforçai de surveiller chaque geste des joueurs.

Le lendemain, dès l'aube, je me mis en campagne et procédai à une enquête. Je n'eus aucune difficulté à découvrir mon homme. C'était un étudiant roumain : il était descendu dans un modeste hôtel, on le disait assez exalté dans ses allures sinon dans son langage. L'arrêter ? Impossible n'ayant aucune charge précise contre lui. Je pris le parti de le faire étroitement « filer » par la police d'Aix ; quant à moi je m'arrangeai de façon à ne plus lâcher le Roi d'une semelle.

Les choses durèrent ainsi pendant quelques jours : le Roi ne savait rien... le Roumain non plus : je lui eusse volontiers offert un billet de chemin de fer pour qu'il s'en allât...

Or, sur ces entrefaites, voici qu'un matin un de mes inspecteurs se présente terrifié :

— On a perdu la « filature » du Roumain, m'annonce-t-il.

— Vous êtes fou, criai-je.

— Hélas! non, il a déguerpi de son hôtel à notre insu : on ne sait pas ce qu'il est devenu...

Furieux, j'ordonne aussitôt qu'on le recherche. Impossible de retrouver sa trace.

Pour le coup, j'étais sérieusement inquiet. Je résolus de tout dire à notre hôte afin qu'il se laissât docilement surveiller. Mais le Roi se contenta de hausser les épaules et de rire.

— Voyez-vous, Paoli, je suis fataliste, me dit-il : si mon heure est venue, ce n'est ni vous ni moi qui l'éviterons et je ne vais certainement pas laisser empoisonner ma villégiature par de semblables vétilles.

« Ce n'est pas la première fois d'ailleurs que je verrai le danger de près et je vous assure que je n'ai pas peur.

« Tenez, il y a quelques années je revenais de Phalères un après-midi avec ma fille. Nous étions en voiture sans escorte. Tout à coup, ayant détourné la tête par hasard, j'aperçois au bord de la route deux canons de fusils braqués sur nous. D'un bond je suis debout et instinctivement je me jette devant ma fille. Les fusils me suivaient toujours. Je me dis : « C'est fini, je suis mort. » Et savez-vous ce que je fis ? Je n'ai jamais pu m'expliquer pourquoi : Je me mis à compter tout haut : *un! deux! trois!* cela me parut durer un siècle : j'allais prononcer « *quatre* » lorsque les coups partirent. Je fermai les yeux, les balles sifflèrent à mes oreilles. Effrayés, les chevaux s'emballèrent : nous étions sauvés. Il ne fut plus question de cet incident.

« Ne nous alarmons donc pas d'avance mon bon Paoli : nous verrons bien ce qui arrivera. »

J'admirais, sans doute, le beau sang-froid du souverain : Je n'en étais pas plus rassuré pour cela...

c'est le Roi pourtant qui eut cette fois raison contre moi : nous n'entendîmes plus jamais parler du mystérieux Roumain.

* * *

Georges Ier ne garde, au surplus, que d'excellents souvenirs de ses villégiatures d'Aix : je n'en citerai pour preuve que le regret qu'il m'exprimait en 1910 dans l'une de ses lettres de ce que la crise hellène l'eût empêché d'accomplir cette année-là son habituelle visite en France.

« Ici où le devoir me retient, pour combien de temps? nul ne le sait, je pense souvent à mes amis d'Aix, à mes amis de France, que j'aurais tant de plaisir à revoir, à nos promenades, à nos causeries, à ce pays qui est si beau... Mais la vie est faite de petits sacrifices : ils ne sont rien si on réussit à atteindre le but que l'on poursuit; et le mien c'est d'assurer à mon peuple le bonheur et la prospérité qu'il mérite. »

Je ne connais pas de meilleur portrait de Georges Ier roi des Hellènes...

XVI

LA FAMILLE ROYALE D'ANGLETERRE

J'ai eu plus d'une fois, en écrivant ces souvenirs, l'occasion d'évoquer en passant quelques « figures » de la famille royale d'Angleterre : on les retrouve en effet dans la plupart des cours souveraines, car ce n'est point vainement que l'on a dit de la reine Victoria qu'elle était la grand'mère de l'Europe. Jamais, je crois, image ne fut plus vraie : de quelque côté où l'on jette les regards par delà les océans, on voit flotter le pavillon britannique, de même, quelle que soit la généalogie royale que l'on étudie, on est sûr d'y découvrir presque toujours une alliance anglaise.

Si les longues années que j'ai passées auprès de la reine Victoria, la confiance dont elle m'honorait en m'admettant dans son intimité, m'ont permis de connaître plusieurs membres de cette grande famille si unie et si accueillante, je dois reconnaître qu'aucun d'eux ne m'a oublié : ils daignent m'accorder un petit coin dans leurs souvenirs d'enfance ou d'adolescence, ils daignent se rappeler que lorsqu'ils venaient jadis à Nice, à Aix, à Biarritz ou à Cannes présenter leurs devoirs à l'Aïeule et lui apporter le sourire de leur jeunesse, il y avait toujours auprès du landau qui promenaît la bonne Reine sur les routes de campagne, ou à côté de sa chaise roulante que traînait à travers les jardins, un petit âne blanc, quelqu'un qui prenait sa part de l'allégresse commune et à qui la souveraine témoignait une affectueuse bienveillance.

Ce « quelqu'un » c'était moi...

J'ai eu ainsi l'honneur d'apercevoir le roi Georges V lorsqu'il portait l'uniforme de lieutenant de la marine royale, et de connaître plus tard la reine Mary, quand elle n'était encore que duchesse d'York. Elle me permettra même, à ce propos, de rappeler ici un incident qui, tout un soir, égaya le petit cercle de la Reine. C'était au cours d'un séjour qu'elle faisait auprès de la Reine à Nice. La vénérée souveraine à qui j'avais appris que les « dames de la halle aux poissons » — une des plus anciennes corporations de Nice — désiraient lui offrir des fleurs, avait prié la duchesse d'York de les recevoir en son nom et de leur exprimer sa gratitude émue.

Lorsque ces braves femmes eurent remis leurs bouquets à la Duchesse, je vis, qu'intimidées et hésitantes, elles cherchaient les formules d'un compliment :

— Embrassez donc ce monsieur, leur soufflai-je à l'oreille, en leur désignant le colonel Carrington, aide de camp de la reine : ce sera votre meilleur discours !

Ces dames trouvèrent sans doute mon idée excellentes car toutes, aussitôt, se jetèrent au cou du colonel qui, ahuri et un peu vexé, dut, bon gré mal gré, subir cette avalanche de baisers sous les yeux de la Princesse qui riait aux larmes.

Comme je m'excusais ensuite auprès de lui du tour pendable que je lui avais joué :

— Si seulement elles eussent été jolies! me dit-il avec un soupir.

Le fait est que ces dames ne rappelaient que très imparfaitement la Vénus de Praxitèle !

* * *

Grâce au souvenir de ces années lointaines auxquelles se rattachait plus d'une charmante ou joyeuse anecdote, je n'étais plus un inconnu pour le duc et la duchesse d'York lorsqu'élevés, à la suite de l'avènement du roi Édouard, au titre de prince et de princesse de Galles, ils traversèrent la France sous ma garde afin d'aller s'embarquer à Brindisi pour les Indes.

— Je veux vous présenter moi-même au Prince, me dit avec une exquise et simple bonne grâce la princesse Mary lorsqu'elle m'aperçut à la gare de Calais. Et aussitôt :

— George, ajouta-t-elle (et il me semblait revoir sous les traits du Prince, le Tsar que je venais de quitter) voici monsieur Paoli... vous souvenez-vous ?

— Je me souviens, répondit le Prince en me tendant la main, combien ma grand'mère vous appréciait et vous témoignait de sympathie, c'est vous dire toute celle que nous vous gardons...

Pouvais-je souhaiter plus cordial accueil ? Ce voyage fut d'autant plus agréable pour moi qu'il me donna l'occasion de retrouver un vieil et fidèle ami dans la personne du secrétaire du Prince, que j'avais beaucoup connu lorsqu'il était secrétaire de la reine Victoria et qui, aujourd'hui encore, remplit ces mêmes fonctions auprès du roi George V : j'ai nommé sir

Arthur Bigge. Il est de cette race de serviteurs de la monarchie dont le dévouement et le zèle ne cessent qu'avec la mort.

C'est à lui qu'advint, lors de la première entrevue de la reine Victoria avec M. Félix Faure, une aventure qui n'a jamais été racontée jusqu'ici et dont je fus le témoin amusé.

L'entrevue fixée pendant l'arrêt du train royal à la bifurcation de Noisy-le-Sec avait revêtu, en raison des circonstances politiques, une certaine solennité. A travers les vitres du wagon-salon où se tenait la Reine, nous avions d'abord assisté à un long entretien particulier entre la souveraine et le président; puis, selon l'étiquette, ils s'étaient réciproquement présenté leurs suites; or, lorsque vint le tour de sir Arthur Bigge, la Reine, sans l'ombre de malice, dit à M. Félix Faure :

— Mon secrétaire, que je vous présente, a toute ma confiance et mon estime. D'ailleurs, son nom ne vous est sans doute pas inconnu : c'est lui, en effet, qui accompagna l'impératrice Eugénie lorsqu'elle accomplit son douloureux pèlerinage au Zoulouland pour revoir l'endroit où son malheureux fils était tombé sous les flèches ennemies.

Imperturbable, le Président s'était incliné sans prononcer une parole cependant que sir Arthur, fort embarrassé, pensait qu'après une telle présentation, il ne lui restait plus qu'à se tenir coi et à demeurer à l'écart...

Aussi, quelle ne fut pas sa surprise lorsque, les présentations terminées, il s'entendit appeler par M. Félix Faure :

— Sir Arthur... un mot...

— Que peut-il me vouloir? se demanda-t-il légèrement inquiet.

LE ROI ET LA REINE D'ANGLETERRE ET LEURS ENFANTS
(Photographie donnée par la Reine à M. Paoli.)

Dès qu'ils se trouvèrent en tête-à-tête, le Président lui dit à brûle-pourpoint :

— En ma qualité de Français je tenais à vous remercier du dévouement que vous avez témoigné à une de nos compatriotes dans une circonstance si pénible pour elle. Vous avez agi en homme de cœur. Je vous en félicite.

M. Félix Faure savait ainsi par des traits heureux, rehausser le caractère de sa fonction et se concilier à l'étranger de déférentes sympathies.

Mais je m'éloigne de mon sujet : revenons au prince de Galles. La cordialité qu'il m'avait témoignée en m'apercevant à Calais, promettait un voyage charmant. Effectivement, j'eus l'occasion, durant le trajet, de constater combien le Prince et la Princesse aimaient la simplicité et la gaieté. Ils étaient visiblement ravis de s'en aller aux Indes, bien que la Princesse songeât continuellement à ses enfants qu'elle laissait, à son grand regret, en Angleterre. Quant au Prince, il se réjouissait d'avance de la longueur de la traversée : ni l'un ni l'autre ne craignait la mer.

— On ne se sent véritablement *vivre* que sur un bateau, me déclarait le Prince, qu'en pensez-vous monsieur Paoli ?

— Je pense, Monseigneur, répondis-je, que Votre Altesse me permettra de ne pas partager son avis, car moi, sur un bateau, je me sens généralement mourir...

— Vous n'êtes pas le seul, répliqua-t-il en regardant du coin de l'œil un de ses aides de camp qui ne sourcillait pas.

Le Prince était volontiers taquin : ses taquineries, toutefois, n'étaient jamais cruelles et il les accompagnait de tant de bonté qu'on ne pouvait s'en formaliser. Au fond, le Prince était resté le « midshipman » de jadis, bon garçon, espiègle, plein d'entrain, aimant à rire, s'intéressant à tout.

Je le revis lors du mariage de la reine d'Espagne, puis en 1908. Le Prince et la Princesse venaient pour la première fois passer une semaine à Paris et s'en retournaient en Angleterre enchantés de leur séjour. A peine le train spécial avait-il quitté la gare du Nord que l'honorable Derek-Keppel qui accompagnait le Prince vint me trouver dans mon compartiment :

— Monsieur Paoli, me dit-il, je suis chargé par Leurs Altesses de vous demander de leur faire le plaisir de déjeuner avec Elles.

Je passai aussitôt dans le wagon royal. Le Prince causait avec M. Hua, le précepteur de ses fils, un Français aussi aimable qu'érudit, qu'il traitait en ami; la Princesse s'entretenait avec lady Eva Dugdale, sa dame d'honneur. On ne parlait, bien entendu, que de Paris et des impressions que le Prince et la Princesse avaient rapportées de leurs visites à Versailles, à Chantilly, à Fontainebleau et à Chartres.

— Je comprends que mon père ait tant d'admiration et de sympathie pour la France, me dit le Prince; c'est un magnifique pays et un peuple intéressant. Je suis heureux que l'entente cordiale ait resserré les liens d'amitié qui unissaient les deux nations. Je veux revenir plus souvent chez vous.

Tandis que le Prince me tenait ces aimables propos, je remarquais avec étonnement que son valet de chambre déposait au milieu du wagon deux grands paniers d'osier qui paraissaient fort lourds; ma surprise s'accrut lorsque je vis la princesse ouvrir elle-même un de ces paniers et en tirer une nappe, des assiettes, un poulet, des verres, bref un service complet.

— Au fait, me dit le Prince, j'ai oublié de vous prévenir. Comme il n'y a pas de wagon restaurant dans le train, nous allons improviser un déjeuner ici. Ce sera bien plus amusant.

Ce le fut en effet. Le domestique rapprocha deux tables pliantes qui se trouvaient dans le wagon, puis, sur une invitation de la princesse, chacun aida à dresser le couvert! L'un s'empara des assiettes, l'autre des verres, le troisième des couteaux et des fourchettes pendant que la Princesse découpait elle-même la volaille.

Quand enfin tout fut prêt, nous nous assîmes gaiement autour de cette table improvisée et attaquâmes avec un superbe entrain ce repas d'ailleurs excellent. Le propriétaire de l'hôtel Bristol qui s'était chargé de garnir les paniers, avait eu l'heureuse idée d'y glisser deux bouteilles de champagne : elles furent la cause d'un incident qui acheva d'égayer ce joyeux déjeuner.

Le Prince, en effet, avait déclaré qu'il voulait les ouvrir lui-même. S'étant fait passer la première bouteille il se mit donc en devoir d'en retirer le bouchon avec mille précautions savantes ; mais il avait compté sans l'impatience extrême de ce maudit bouchon, qui, aussitôt débarrassé de ses liens, lui échappa des mains et partit comme un coup de pistolet tandis que le champagne allait maculer la robe de la Princesse. Le Prince était désolé. Mais la Princesse prit la chose en riant et déclara que « cela ne tachait pas ». Elle fit immédiatement, en effet, nettoyer sa jupe avec de l'eau et le déjeuner se termina aussi gaiement qu'il avait commencé.

Je ne saurais d'ailleurs donner un plus frappant exemple de la simplicité de cette Princesse qui personnifie si joliment toutes les vertus familiales, qu'en citant d'elle ce trait piquant. Comme je lui faisais mes adieux à bord du navire qui allait emmener les augustes voyageurs de Calais à Douvres :

— Venez donc nous voir en Angleterre, me dit-elle, je voudrais vous montrer mes enfants que vous ne connaissez pas.

— Madame, répondis-je, ce serait avec plaisir si mes fonctions me permettaient de prendre un congé. En attendant je rappellerai respectueusement à Votre Altesse qu'elle m'avait promis au dernier voyage une photographie des jeunes Princes.

— C'est vrai, répliqua-t-elle, je n'y ai plus pensé. Mais cette fois, attendez... Et la Princesse tirant son mouchoir de sa ceinture, fit un nœud dans un coin de la fine batiste.

— De cette façon, ajouta-t-elle en souriant, je n'oublierai pas !

Près de trois années se sont écoulées depuis ce dernier voyage. Je n'ai pas eu depuis l'honneur de revoir le roi Georges et la reine Mary. Ils daignent néanmoins se souvenir quelquefois de moi, ainsi que l'atteste cette affectueuse lettre que m'adressa mon ami sir Arthur Bigge lorsque je pris ma retraite :

Marlborough House. Pall Mall, S. W.
Le 28 février 1909.

« Mon cher Paoli,

« La lettre que vous m'avez adressée, datée du 24 courant, a été communiquée au Prince et à la Princesse qui ont appris avec des sentiments de profond regret la nouvelle de votre retraite que vous avez sollicitée.

« Leurs Altesses Royales ont vraiment de la peine à pe

ser qu'Elles n'auront plus l'avantage de vos services si appréciables, rendus d'une manière aussi fidèle et aussi efficace, toujours arrangés pour le plaisir et le confort de Leurs Altesses Royales pendant leur séjour en France.

« En même temps, le Prince et la Princesse se réjouissent de savoir que vous goûterez désormais un repos bien mérité, après 42 ans de services délicats et pénibles, et Elles se plaisent à espérer que vous vivrez un grand nombre d'années dans la santé et le bonheur.

« Leurs Altesses Royales sont très sensibles à vos paroles leur exprimant votre loyal dévouement et Elles vous remercient du fond du cœur pour ces bons sentiments.

« Quant à moi, la pensée de votre retraite me rappelle qu'un lien précieux avec le passé et spécialement la mémoire de notre grande et bien-aimée Reine Victoria est maintenant brisé.

« Je me rappelle la première fois que nous nous rencontrâmes à Modane quand Sa Majesté faisait un voyage pour se rendre en Italie ; de ces heureux jours, au service de Sa Majesté, votre souvenir restera inséparable.

« Je m'imagine très bien l'intérêt que vous aurez à terminer votre livre sur vos mémoires.

« Ma femme et ma famille me prient et désirent sincèrement que je les rappelle à votre bon souvenir, et nous espérons encore vous voir à Londres d'ici peu. Au revoir, mon cher Paoli, et croyez-moi votre vieil et dévoué ami.

ARTH. BIGGE.

*
* *

Puisque je me suis promis d'évoquer ici ceux des membres de la famille royale que mes longs et nombreux séjours auprès de la reine Victoria m'ont donné l'occasion de fréquenter, je ne saurais omettre de mentionner une princesse aujourd'hui disparue, femme de haute intelligence et de grand cœur, à qui la vie ne sut point épargner les plus cruels chagrins après lui avoir accordé les plus orgueilleuses destinées : je veux parler de l'impératrice Frédéric d'Allemagne, fille aînée de la reine Victoria et mère de Guillaume II.

Je fis sa connaissance dans des circonstances assez curieuses. C'était pendant la revue navale passée par la reine Victoria à l'occasion de son jubilé en 1897. Invité par faveur spéciale à assister à ce magnifique spectacle à bord de l'*Alberta*, je contemplais d'un regard émerveillé la majestueuse flotte de cuirassés au milieu de laquelle le yacht royal venait de s'engager lorsque j'entendis une voix qui me disait dans le plus pur toscan :

— Buon giorno, signor Paoli.

Je me retournai. Une femme encore jeune d'allure sinon de visage, et qu'auréolait sous un chapeau de deuil, une couronne de cheveux gris, s'avançait vers moi, la main tendue :

— Je vois, ajouta-t-elle en souriant à ma surprise, que vous ne me connaissez pas? Je suis l'impératrice d'Allemagne. J'ai beaucoup entendu parler de vous et je désirais vous connaître pour vous remercier des attentions que vous avez eues pour ma mère.

Et, tandis que tout en m'inclinant, je songeais combien il était peu banal pour un Français d'être interpellé en italien sur un bateau anglais par une impératrice d'Allemagne, elle continua :

— Je sais que vous êtes Corse, et c'est pourquoi je vous parle votre langue que j'ai apprise à Florence et que j'aime autant que ma propre langue.

L'impératrice Frédéric était, en effet, remarquablement cultivée, comme toutes les princesses anglaises : elle savait aussi bien le français que l'italien et ne s'exprimait presque jamais en allemand, si ce n'est avec son chambellan, le comte Wedel. Durant notre entretien je pus constater qu'elle s'intéressait vivement à notre pays : elle me posa mille questions sur les choses de France et notamment sur les artistes français.

— J'admire beaucoup les œuvres de M. Detaille, me dit-elle, et après un silence :

— Ne trouvez-vous pas qu'il ressemble à l'Empereur mon fils ?

Je crus devoir être prudent :

— N'ayant jamais vu l'empereur Guillaume, répondis-je, je ne saurais répondre à Votre Majesté.

Je ne la revis plus que deux ans après, lorsqu'elle traversa le territoire français pour se rendre d'Angleterre en Italie. Elle était cette fois nerveuse et inquiète :

— Me répondez-vous, interrogea-t-elle en débarquant à Calais, qu'il ne m'arrivera rien de fâcheux d'ici la frontière d'Italie ?

— Que craignez-vous donc, Madame ? lui demandai-je.

— Vous oubliez, monsieur Paoli, que je suis impératrice d'Allemagne, et qu'à ce titre je ne suis pas sympathique à ce pays. Si on allait me reconnaître ! Il y a des souvenirs, vous le savez bien, que le patriotisme français n'oublie pas.

Elle faisait non seulement allusion aux événements de 1870, mais à la fâcheuse impression qu'avait produite à Paris la visite qu'elle avait faite quelques années auparavant — et sans arrière-pensée — aux ruines du palais de Saint-Cloud, oubliant qu'il avait été détruit par les Allemands.

Je la rassurai néanmoins et déclarai me porter garant du respect qui lui serait témoigné.

Le trajet, est-il besoin de le dire ? s'accomplit sans

incident. L'Impératrice avait pris place, avec sa suite, dans la berline de son frère, le prince de Galles, qui avait été attelée à l'express de Paris et que l'on accrocha ensuite au rapide de Nice, car l'auguste voyageuse se rendait à Bordighiera, sur la Riviera italienne.

Pendant le bref arrêt que nous fîmes à Paris, elle n'osa quitter son wagon ; mais lorsque nous arrivâmes le lendemain matin à Marseille elle me dit :

— J'ai terriblement envie de prendre un peu d'exercice, voilà dix-huit heures que je suis dans cette voiture !

— N'hésitez pas, Madame, lui répliquai-je aussitôt, je vous assure qu'il ne vous arrivera rien de désagréable.

Elle se décida alors à m'écouter. Elle descendit sur le quai et se promena au milieu des voyageurs. Accueillie de tous côtés par des marques de déférence, — car bien entendu, son incognito avait été trahi comme il convient à un incognito — elle se sentit soudain si rassurée qu'elle descendit à partir de ce moment à tous les arrêts. Elle mettait même, au fur et à mesure que sa confiance renaissait, de moins en moins d'empressement à regagner son wagon, si bien qu'elle faillit manquer son train à Nice et que, lorsque je pris congé d'elle à Bordighiera jusqu'où je l'avais accompagnée, elle s'écria en me tendant sa main à baiser :

— Excusez-moi, mes craintes étaient absurdes ; maintenant, je n'ai plus qu'un désir : celui de faire un nouveau séjour en France... Qui sait ! l'année prochaine peut-être...

Je n'eus pas l'honneur de la revoir : je n'entendis plus rien d'elle jusqu'aux obsèques de la reine Victoria.

Comme je m'étonnais de ne point l'y rencontrer et que j'en demandais le motif à son chambellan le baron Reischach aux côtés duquel j'étais placé pendant la cérémonie funèbre dans la chapelle de Windsor :

— Hélas, me dit-il, notre pauvre Impératrice est clouée au lit par une atroce maladie. Songez à ce qu'elle peut souffrir, son corps n'est plus qu'une vivante plaie !

Quelques mois après, elle était morte.

* * *

Si je n'ai eu qu'une vision en quelque sorte fugitive de cette aimable souveraine dont la destinée, bien que moins tragique que celle de l'impératrice Élisabeth d'Autriche, ne fut guère plus heureuse, j'ai eu en revanche l'occasion de me rencontrer d'une façon beaucoup plus suivie avec deux de ses sœurs : la princesse de Schleswig-Holstein et surtout la princesse Henri de Battenberg.

Autant elles se ressemblaient par l'admirable piété filiale qu'elles témoignaient à leur mère, autant elles diffèrent quant à leur caractère : autant la première que l'on désigne familièrement du nom de princesse Christian se montre, en effet, communicative avec ceux qui l'entourent, autant l'autre paraît, en comparaison, silencieuse et presque renfermée, sans qu'il y ait pourtant de sa part la moindre affectation. J'ai même rarement connu de princesse plus modeste et plus accueillante aux humbles. Ce contraste d'attitude tient, je crois, à la différence de leur tempérament et de leurs goûts. La princesse Christian a hérité des vertus domestiques des princesses allemandes : elle s'intéresse surtout aux questions philanthropiques et sociales ; la princesse Henri éprouve, au contraire, une attirance marquée pour la littérature et pour les arts qu'elle cultive avec un réel talent : aussi, comme tous ceux dont le cerveau travaille souvent, elle aime à s'isoler du monde extérieur.

J'ai d'ailleurs moins connu la princesse Christian que sa sœur, pour la bonne raison qu'elle n'accompagna pas en France la reine Victoria aussi souvent que la princesse Henri ; je me souviens pourtant qu'elles revinrent ensemble en Angleterre certaine année, et à ce propos on me permettra de rappeler un petit incident qui montre combien les grands de la terre sont parfois sensibles aux plus légères attentions.

Le train royal qui avait quitté Nice dans la matinée venait de s'arrêter vers cinq heures de l'après-midi, comme il en avait l'habitude, dans une petite gare de campagne entre Marseille et Tarascon, afin de permettre à la Reine de prendre son *five o'clock tea* sans être incommodée par les secousses de la marche, lorsque la princesse Christian m'apercevant qui battais la semelle sur le quai, descendit se promener avec moi. Au cours de notre conversation, elle se mit à me parler de ses enfants.

— Quand je pense, me dit-elle avec une certaine mélancolie, que ma fille Victoria aura demain trente ans — car c'est demain son « birthday » — comme le temps passe vite !

La princesse Victoria était également du voyage. Aussi, dès que la princesse Christian m'eût quitté, je griffonnai une dépêche au commissaire spécial de Caen, où nous devions le lendemain matin stopper quelques minutes avant d'atteindre Cherbourg, lui donnant l'ordre de préparer un bouquet qu'il devait me remettre au passage du train.

Le lendemain, en effet, lorsque nous entrâmes en gare de Caen, le bouquet m'attendait : une modeste gerbe composée de toutes les fleurs champêtres que mon brave commissaire avait fait moissonner à la rosée du matin. Je le présentai aussitôt à la princesse Victoria en lui offrant mes vœux de joyeux « birthday », et je ne sais qui fut le plus ému de la Reine et des deux Princesses ou de moi pour la reconnaissance affectueuse qu'elles me témoignèrent toutes trois !

Mais ainsi que je l'ai rappelé ailleurs, de toutes les filles de la reine Victoria, c'est la princesse Henri de Battenberg que je voyais le plus souvent : elle ne quittait presque jamais son auguste mère depuis le jour où, douloureusement frappée dans son amour conjugal, sa détresse d'âme avait trouvé dans la tendresse de cette mère si délicatement compatissante à toutes les douleurs, un refuge et un apaisement.

Entre ces deux femmes une étroite communion s'était formée : la princesse Henri était devenue la confidente des pensées de la reine Victoria et aussi, bien souvent, l'intermédiaire de ses générosités discrètes. Elle s'était installée à Nice à la villa Liserb toute proche de l'hôtel où habitait la souveraine. J'ai assisté dans ses magnifiques jardins aux ébats des quatre enfants de la Princesse : les princes Alexandre, Maurice et Léopold et la petite princesse Ena, sans me douter que je verrais un jour sur ses beaux cheveux d'or qui flottaient alors au vent, se poser la couronne de Charles-Quint et de Philippe II... J'ai vu chaque jour, pendant nombre d'années, ces mêmes enfants saluer de cris joyeux l'apparition de leur grand'mère...

C'était, en effet, une des plus douces joies de la reine Victoria que cette promenade quotidienne dans le parc de la villa Liserb. Elle s'y faisait conduire dans sa « poney-chaise », traînée par Jacquot, l'âne légendaire, que surveillait gravement le serviteur hindou dont le costume aux couleurs ardentes tranchait sur la verdure comme une fleur monstrueuse. Sans hâte et sans cahots, avec des précautions extrêmes, ce petit équipage s'avançait à travers les allées qu'ombrageaient de leurs chevelures luxuriantes les oliviers, les pins et les eucalyptus. La Reine qui tenait les guides pour la forme, cherchait du regard ses petits-enfants habituellement tapis dans les corbeilles de fleurs ou cachés derrière les arbres, heureux de recommencer éternellement l'innocent complot d'une surprise — toujours la même — qu'ils tramaient contre leur grand'mère et qui consistait à surgir brusquement autour d'elle. Parfois c'était un volant, un cerceau, qui venait s'égarer dans les jambes de Jacquot. — « Jacquot arrête-toi !... » criaient les petits. Et Jacquot bienveillant s'arrêtait, d'autant qu'il comptait avec raison que sa patience serait récompensée d'un bout de sucre.

Dans cette oasis merveilleuse, la princesse de Battenberg passa de longues heures, partageant ses loisirs entre l'éducation de ses enfants qu'elle surveillait et dirigeait elle-même, et ses travaux intellectuels auxquels elle s'adonnait avec ferveur.

Elle dessinait et elle peignait, à cette époque, fort agréablement ; aussi n'oubliait-elle jamais d'emporter son album d'esquisses et ses crayons lorsqu'elle accompagnait la Reine dans ses promenades aux environs de Nice ; elle prenait, en effet, des croquis pendant que l'on préparait le thé dans quelque site pittoresque où l'équipage royal faisait régulièrement une longue halte.

Excellente musicienne, elle jouait de l'harmonium au service religieux du dimanche que l'on célébrait dans la chapelle de l'hôtel Regina et il lui arrivait fréquemment d'entrer dans les églises catholiques à l'heure des offices afin d'écouter la musique sacrée pour laquelle elle éprouvait une grande prédilection. C'est ainsi qu'elle appréciait tout particulièrement le talent d'un jeune organiste, M. Pons, aujourd'hui un compositeur distingué, et qui tenait alors les grandes orgues à Notre-Dame de Nice. Cet artiste, qui était du Midi, possédait un remarquable don d'improvisation qui émerveillait la Princesse à tel point qu'elle en parlait constamment à la Reine.

— Vous devriez l'entendre, lui disait-elle.

— Mais il ne peut transporter ses orgues à l'hôtel ! répondait en souriant la souveraine.

— Pourquoi n'iriez-vous pas à son église ? Je vous assure que vous ne le regretteriez pas...

La Reine, qui se laissait facilement convaincre par sa fille, finit par consentir à entrer un après-midi à Notre-Dame, à la condition qu'elle y serait seule avec sa suite pendant le petit concert qu'improviserait pour elle l'organiste.

La princesse de Battenberg ravie d'être arrivée à ses fins, me fit mille recommandations pour que la Reine eut la joie d'une belle surprise artistique.

— Veillez, m'avait-elle dit, à ce qu'il n'y ait personne dans l'église ; recommandez à M. Pons de se surpasser...

J'allai voir le curé et l'organiste. Le premier, très courtoisement, promit qu'il prendrait toutes mesures nécessaires pour que son église fut complètement évacuée pendant la visite de Sa Majesté, quant au second, l'honneur que lui accordait la Reine le combla de joie.

A l'heure fixée, le landau royal s'arrêta devant le porche de l'église ; la Reine, accompagnée de la Princesse, de quelques personnes de sa suite, dont j'étais, pénétra dans la grande nef obscure, déserte, où quelques veilleuses seulement allumaient des étoiles d'or. Quand elle eut pris place dans un fauteuil que j'avais fait apporter, Pons, du haut de ses orgues, versa sur nos têtes des flots d'harmonie.

Rien n'eut troublé notre recueillement, si, soudain, un énorme chat noir qui rôdait depuis un moment derrière les piliers, ne s'était, sans que nous nous en apercevions, approché jusqu'auprès du fauteuil royal et n'avait irrespectueusement sauté sur les genoux de Sa Majesté ! Jugez de l'émoi ! On le chassa une première fois. Il revint. On voulut le chasser encore. Mais il était obstiné dans ses affections. Il revint encore. La Reine, plus surprise que fâchée, prit alors son parti de cette singulière aventure. Elle caressa l'animal et le garda près d'elle jusqu'à la fin du concert...

Je ne saurais clore le chapitre de mes séjours avec la famille royale à Nice sans rappeler que j'eus également, durant les villégiatures, l'occasion de me trouver avec la marquise de Lorne, aujourd'hui duchesse d'Argyl, et le duc de Connaught ; j'accompagnais enfin la reine Alexandra chaque fois qu'elle traversait la France...

Les années ont passé, et ce n'est pas sans fierté que je songe aujourd'hui que de cette glorieuse famille royale d'Angleterre j'ai connu quatre générations !

Et voilà pourtant qui ne me rajeunit pas...

XII

LE ROI DU CAMBODGE ET SES DANSEUSES

Il n'était encore jamais venu en France lorsqu'il y a trois ans je le vis dans la clarté d'un matin de juin, saluer d'un rire bruyant le port de Marseille, les autorités chamarrées venues à sa rencontre, les soldats, les matelots et la musique.

Car il aimait à rire. L'hilarité, chez lui, était une habitude, une nécessité : elle éclatait comme une fanfare, elle partait comme une fusée à propos de tout, à propos de rien, illuminant brusquement son facies de vieux singe et découvrant au milieu de la tache sombre qu'était son visage, un éblouissant clavier d'ivoire.

Sisowath, roi du Cambodge, m'apparut un petit homme jaune, sec et nerveux sur lequel il aurait neigé : il avait en effet parmi sa dure broussaille de cheveux noirs et luisants, du côté des tempes, des luzernes de poils blancs où s'attestaient ses soixante-cinq étés. Jeune encore d'aspect à cause de la sveltesse de sa silhouette, il portait en fait de costume un singulier amalgame de vêtements cambodgiens et européens.

L'Orient s'évoquait depuis les genoux jusqu'à la ceinture : à partir de cette frontière de son individu,

l'Occident reprenait ses droits et imposait les modes...
d'avant-hier.

Ses pieds, en effet, étaient chaussés d'escarpins d'évêque à large boucle plate, d'où s'échappaient deux fuseaux emprisonnés dans des bas de soie noire et qui allaient s'enfoncer dans un étrange pantalon de tissu léger et soyeux, couleur chaudron, tenant le milieu entre la culotte de cycliste et le jupon de femme, et désigné au Cambodge du nom de « sampot ».

C'est un vêtement national.

Sur ce pantalon de coupe vague retombaient sans grâce les pans d'un habit à la française lequel s'ouvrait sur un plastron blanc barré du grand cordon de la Légion d'Honneur. Dominant enfin de ses reflets depuis longtemps éteints cet accoutrement étonnant, un chapeau haut de forme à la mode de 1830, coiffait la tête du monarque.

Il avait l'air ainsi d'un personnage de carnaval échappé d'un bal costumé. Il se prenait pourtant fort au sérieux et le gouvernement français le traitait avec considération, car il représentait une influence dont le concours nous est précieux dans l'exercice de notre protectorat sur le Cambodge.

En consentant à quitter momentanément ses États pour se rendre en France nul de ceux qui connaissent les traditions de la Cour cambodgienne, n'ignorait qu'il lui avait fallu violer toutes les lois religieuses et politiques, bien qu'il eût, pour apaiser la juste colère de Boudha et soulager sa conscience, envoyé avant de quitter Pnom-Penh sa capitale, de magnifiques offrandes sur les tombes des anciens rois Knenes et qu'il eût pris un bain avec de l'eau lustrale préparée par la prière de soixante-sept bonzes, imploré la statue d'émeraude du dieu Berdika, et qu'il s'était fait donner par le chef des Bhrahmes une feuille d'ambre parfumée en guise de porte-bonheur. On ne pouvait vraiment s'entourer de plus de précautions !

Il avait donc toutes raisons d'être de belle humeur

Cliché Chusseau-Flaviens.
Mme LOUBET AU BRAS DE SISOWATH

bien qu'il s'était mis dans une grande colère durant la traversée en voyant sa suite s'abandonner aux tortures du mal de mer.

— Je vous défends d'être malades, leur criait-il, c'est moi qui commande : ne suis-je pas le Roi ?

Affolée par l'impossibilité de lui obéir, elle s'était réfugiée dans les profondeurs du bateau et n'avait plus reparu sur le pont qu'aux environs du détroit de Messine — et le souverain plein de mélancolie dut pour la première fois se convaincre qu'il n'était pas omnipotent. Il en avait été tellement frappé, qu'il était depuis lors devenu d'une politesse presque gênante. Il serrait la main de tout le monde à commencer par celle des domestiques de la préfecture de Marseille qui faisaient la haie sur son passage...

Cliché Chusseau-Flaviens.
ARRIVÉE DU ROI A PARIS

Si vif que fût l'intérêt que suscitât Sisowath, il s'éclipsa pourtant devant la curiosité qu'éveillèrent ses danseuses. Elles faisaient, en effet, elles aussi, partie de cette extraordinaire suite royale où l'on distinguait trois de ses ministres, quatre de ses fils, sa fille, deux fils du roi Norodom son prédécesseur, onze favorites accompagnées d'une nuée de chambellans, de pages, de caméristes, de femmes vieilles et jeunes aux seins desquels pendaient d'affreux petits magots jaunes, hurleurs et chétifs, dont elles n'avaient pas voulu se séparer.

Par contre le corps de ballet, dans le désordre de ce troupeau oriental, formait lui, une caste à part, hautaine, hiératique et fermée.

Les vingt danseuses arrivaient en France précédées

d'une grande réputation de beauté. Est-ce l'effet de les voir dans un autre décor et sous un autre ciel ? Ce qu'il y a de certain c'est qu'elles ne m'apparurent nullement sous les traits où des voyageurs enthousiastes nous les avaient représentées.

Les danseuses de Sisowath ne sont pas précisément jolies selon l'idéal féminin que nous nous sommes formé. Avec leurs cheveux rudes taillés en brosse, leurs silhouettes d'éphèbes, leurs jambes fines et nerveuses de jeunes garçons, leurs bras et leurs mains de fillettes, elles n'appartiennent semble-t-il à aucun sexe bien défini. Elles tiennent de l'enfant, du jeune guerrier antique et de la femme : leur vêtement habituel mi-féminin, mi-masculin, puisqu'il se compose du fameux « sampot » s'enroulant entre leurs genoux et leurs hanches et d'un châle de soie enserrant les épaules, croisé sur le buste et noué aux reins, tend à augmenter cette impression bizarre. Mais à défaut de la beauté, elles ont la grâce, une grâce souple, captivante, royale, qui s'accuse dans leurs attitudes, dans leurs gestes ; elles ont un parfum de légende fabuleuse qui les suit, le caractère sacré de leurs fonctions qui les anoblit ; elles ont enfin leurs danses pleines de mystère, de majesté, de science, leurs danses qui leur ont

Cliché Chusseau-Flaviens.

LE ROI AU BOIS

été transmises fidèlement dans le cortège des siècles et dont chaque mouvement, chaque courbure savante s'inscrit encore dans les bas-reliefs des ruines d'Ankor. Pour toutes ces raisons, elles sont belles, de cette beauté spéciale qui s'attache aux choses lointaines, impénétrables et fragiles.

Toutes sont filles de race : car c'est un honneur très recherché par les familles nobles du Cambodge que celui d'avoir un enfant admis dans le corps de ballet du Roi. Contrairement à ce qu'on a prétendu les danseuses ne font pas partie du harem royal : elles sont considérées comme des sortes de vestales : virginales et radieuses, elles accomplissent en dansant, un rite quasi religieux : c'est le seul plaisir qu'elles offrent à leur souverain et maître.

Universel-photo.
DANSEUSES

Lorsqu'elles accompagnèrent Sisowath en France, elles étaient sous la direction suprême de la propre fille aînée du Roi, la princesse Soumphady, vieille fille laide et revêche qui les menait tambour battant ; elles avaient pour « étoiles » quatre premières danseuses dont les noms paraissaient avoir été cueillis, comme les feuilles d'ambre parfumée du Roi, dans quelque bois sacré du mystérieux Empire de Boudha : elles s'appelaient en effet, Mesdemoiselles Mih, Pho, Xuy et Pruong.

⁂

Lorsque tout ce monde eut débarqué il fallut l'installer et ce ne fut pas une petite affaire. La préfecture de Marseille était à peine assez vaste pour loger cette fabuleuse et encombrante suite du Roi ; on l'éparpilla dans quelques maisons voisines ; mais elle passait ses journées à la préfecture qui du coup avait été transformée en un campement de caravane asiatique. Les couloirs et les antichambres étaient encombrés de bagages plus singuliers les uns que les autres : on y voyait pêle-mêle, des caisses à bijoux, des malles à costumes, des caissettes d'opium, des ballots de riz et des sacs de charbon de bois. Les Cambodgiens, en effet, craignant ne point trouver en Europe le charbon de bois dont ils se servent pour faire cuire leur riz, avaient, à tout prix, voulu en emporter avec eux deux cents sacs qui traînaient sur les tapis de Smyrne...

Universel-photo.

MAITRESSE DE BALLET

Lorsque je me frayai un chemin à travers cet amoncellement de colis disparates afin de me présenter, le soir de son arrivée, au Roi que je n'avais fait qu'entrevoir sur les quais de Marseille, M. Gautret, l'administrateur colonial qui avait accompagné nos hôtes me dit :

— Sa Majesté est à table mais désire vous recevoir. Venez...

De cette première audience, quel souvenir !

Autour d'une grande table Sisowath entouré de sa famille, de ses ministres, de ses favorites et de ses danseuses, dînait, tandis que tapis dans un coin, assis par terre, une demi-douzaine de musiciens qui faisaient office de tziganes de Sa Majesté, grattaient éperdûment des instruments aux sonorités grêles. Le Roi mangeait du poisson salé préparé par ses cuisiniers : seul, il se servait de fourchettes et de couteaux. Les autres n'en avaient cure ; de temps en temps un domestique promenait devant les convives une grande bassine d'or remplie de riz dans laquelle ministres, favorites et danseuses plongeaient à pleines mains qu'ils portaient ensuite à leur bouche.

Dès que M. Gautret m'eut nommé et eut expliqué le caractère de mes fonctions au souverain qui se délectait dans son poisson nauséabond, il leva la tête, me tendit la main et me lança dans son éternel rire bruyant, quelques vagues monosyllabes :

— Content... ami..., vive France !

Ce jour-là, notre entretien n'alla pas plus avant. Le lendemain nous visitâmes ensemble les beautés de Marseille et son Exposition coloniale. Sisowath toujours loquace, ne s'étonnait de rien ou du moins ne le laissait-il point paraître. Ses danseuses et ses favorites par contre s'étonnaient de tout. Elles caressaient longuement les fauteuils de soie rouge avant de s'asseoir sur l'extrême bord tant elles craignaient de les abîmer : le plus souvent, après avoir hésité d'abord, elles s'installaient finalement sur le parquet ; elles s'y sentaient plus chez elles. Elles avaient pourtant du tact : elles le prouvèrent lorsque je les emmenai, sur le désir du Roi, visiter la basilique de Notre-Dame de la Garde qui du haut de son rocher domine la ville, la campagne et la mer. Elles voulurent monter jusqu'au sanctuaire ; elles y pénétrèrent avec le même respect craintif que dans la plus sacrée de leurs pagodes, et lorsqu'on leur eut expliqué que les milliers d'*ex-voto* qui ornent les murs de la chapelle représentaient autant de témoignages de reconnaissance pieuse, leurs yeux comme ceux du roi de Thulé se remplirent de larmes puis brusquement elles se prosternèrent ainsi qu'elles le faisaient devant l'image de leurs bouddhas familiers.

Pendant ce temps, le Roi qui avait sorti une paire de gants blancs, une cravate blanche et orné son « sampot » d'une ceinture d'émeraudes souriait à la *Marseillaise*, et dit-on, aux Marseillaises aussi...

Je n'avais eu jusque-là, qu'un avant-goût de l'existence et des mœurs de la Cour cambodgienne ; le séjour que Sisowath et sa suite allaient faire à Paris devait achever de m'édifier.

Après trois journées de promenades à travers Marseille la royale caravane, en effet, se mit en route pour la capitale où le gouvernement français avait décidé de le recevoir officiellement et de l'héberger aux frais de l'État. A cette intention, il avait loué une maison particulière dans l'avenue Malakoff que le Garde-Meuble national, avait prudemment orné de meubles « qui ne craignaient rien ».

Le ministère des Colonies m'ayant confié, sur ces entrefaites, la haute surveillance de ce nouveau palais royal, je dus pendant tout le séjour de nos hôtes y transporter mes pénates ; je connus ainsi durant trois semaines toute la saveur de la vie la plus étrangement exotique qui se puisse concevoir.

La chambre que l'on m'avait assigné, s'ouvrait sur le corridor des appartements du Roi, je me trouvais donc aux premières loges pour assister aux spectacles savoureux qu'offrait continuellement la Cour cambodgienne dès qu'on en pénétrait l'intimité.

Ce qui me frappa d'abord, ce fut la familiarité indiscrète de la famille et de l'entourage de Sa Majesté. Princes, ministres et favorites qui passaient leur vie dans les couloirs, pénétraient dans ma chambre avec une étonnante désinvolture et dans les costumes les plus légers. Si par hasard j'étais « at home », ils ne faisaient aucune attention à ma présence ; ils exploraient la pièce, furetaient dans les coins, essayaient les ressorts de mon lit, me demandaient des cigarettes, examinaient mes objets de toilette, souriaient et s'en allaient. Quand je n'y étais pas : ils entraient quand même, vidaient mes boîtes de cigares et de cigarettes, s'installaient sur mon tapis et échangeaient des propos qui étaient peut-être badins ; je n'ai jamais pu le savoir.

Désirant éviter tout froissement, je ne me plaignis pas. Je m'étais borné à mettre sous clef mes objets personnels et à remplacer les boîtes de havane par des boîtes de cigares à deux sous : mais mes dévaliseurs ne l'entendirent point ainsi ; les dames surtout qui avaient appris à distinguer les cigares de luxe des vulgaires « sénateurs » m'exprimèrent à l'aide de gestes véhéments, leur fureur et leur dépit et résolurent dorénavant de me battre froid : je n'espérais pas tant.

Restait un autre inconvénient que je dus, celui-là,

bon gré mal gré subir jusqu'à la fin : il consistait dans la fâcheuse habitude qu'avait Sisowath de se promener toutes les nuits dans les corridors, causant et riant avec son entourage tandis que son orchestre égrenait avec accompagnement de tambourins et de cymbales, les airs « du pays », que les marmots pleuraient et piaillaient malgré que leurs mères leur glissaient des cigarettes allumées entre les lèvres pour les faire taire. C'était tout simplement affolant.

Lorsque j'essayai discrètement de protester on me répondit que comme Sa Majesté faisait la sieste dans la journée, elle n'avait nul besoin de sommeil la nuit. L'argument était sans réplique : je dus m'en contenter.

J'avais par contre quelques compensations : j'étais invité de temps en temps à assister à la toilette du roi lorsqu'il revêtait pour se rendre à un dîner officiel ou à une cérémonie quelconque ses habits de gala. Une fois ses ablutions terminées — car il était extrêmement soigneux de sa personne — ses femmes procédaient à son habillage. Elles lui passaient un magnifique « Sampot » de soie verte et or et une tunique de brocard, elles lui mettaient autour du cou une sorte de collier qui ressemblait au hausse-col d'une armure et qui était d'or mat serti de pierreries d'où se détachaient aux épaules deux feuilles d'or déployées comme deux ailes. Elles lui ceignaient ensuite les reins, les bras et les chevilles de ceintures et de bracelets incrustés d'admirables pierres ; elles remplaçaient enfin son vieux haut de forme décoloré et démodé par un large feutre cambodgien surmonté d'une espèce de tour à trois étages terminée en pointe, ornée de ciselures d'or et littéralement pavée de diamants et d'émeraudes. Sous cet accoutrement Sisowath avait grand air : il ressemblait à une statue de dieu hindou qu'on aurait sorti de sa pagode.

Pourtant la civilisation occidentale commençait sournoisement à exercer sur ses goûts sinon sur ses mœurs, sa redoutable influence...

Il n'était pas depuis huit jours à Paris que déjà notre hôte avait, pour ses sorties de l'après-midi, jugé préférable de remplacer le sampot par le classique pantalon à l'européenne et son antique habit à la française par une redingote impeccable. N'étaient son teint jaune, ses yeux bridés et sa chevelure crépue, on l'eût pris pour un « dandy » ! Toujours soucieux de se montrer poli et débonnaire, il embrassait les filles du concierge du ministère des Colonies chaque fois qu'il allait au Pavillon de Flore, serrait la main aux huissiers du ministère des Affaires Étrangères ainsi qu'à tous les employés du Bon Marché qu'il voulut visiter. Il ne manquait également jamais lorsqu'il passait sur la place Victor-Hugo de tirer un grand coup de chapeau à la statue de notre poète national ; j'eus enfin beaucoup de mal à l'empêcher d'envoyer des offrandes sacrées au tombeau de Napoléon Ier... Ayant appris, d'autre part, que les souverains européens avaient l'habitude de déposer leur carte chez certains personnages officiels, il m'avait prié de lui en commander une centaine libellées de la façon suivante :

Preas Bat Somdach Preas Sisovath
Ghom Chakrepongs.

* *

Pourtant, malgré l'incontestable attrait qu'exerçait

sur le souverain du Cambodge les surprises sans cesse renouvelées de la vie parisienne, il ne tarda pas à en éprouver quelque lassitude.

— Paris, disait-il, est une ville féérique mais fatigante. Les maisons y sont trop hautes, et les voitures trop nombreuses. Comment se fait-il qu'on y tolère encore des voitures à chevaux? Si j'étais le maître, je les ferais disparaître et je ne permettrais que des automobiles... »

Quand il eut visité les monuments, et qu'on lui eut montré Fontainebleau, Versailles et Compiègne, quand on lui eut expliqué le mécanisme des phonographes et des cinématographes, il s'ennuya.

Il songea alors à ses danseuses qui étaient restées à

LES DANSEUSES CAMBODGIENNES A L'ÉLYSÉE

Cliché Chusseau-Flaviens.

Marseille. Sous prétexte de les exhiber à une garden-party donnée par le président de la République à l'Élysée, il les fit venir à Paris. Un beau matin elles débarquèrent à la gare de Lyon, un peu dépaysées, légèrement ahuries, sous la conduite de l'austère princesse Soumphady en « sampot » de couleur violette et une rivière de diamants au cou. Elles arrivèrent telles des brebis éperdues, accompagnées de leurs six lectrices, de leurs huit chanteuses, de leurs quatre habilleuses, des deux comiques et de leurs six musiciens.

Ce fut dans le quartier de l'avenue Malakoff une petite révolution. On les installa en face du « palais royal » dans un immeuble au fond d'une cour et lorsque du haut de son balcon, le bon roi Sisowath les aperçut enfin, un large sourire heureux éclaira sa face jaune.

Chaque matin, elles répétaient leurs ballets dans une vaste pièce qui leur servait de théâtre. Admis, par faveur spéciale, à y assister, j'eus ainsi l'occasion d'observer d'assez près ces petits êtres curieux et prodigieusement artistiques, ainsi que leur danses. Leurs ballets débutaient toujours par un prélude musical joué par des instruments de cuivre et de bambou. Puis tandis que des femmes entonnaient une psalmodie religieuse et que d'autres battaient rythmiquement des mains, une à une les danseuses se détachaient du groupe, s'élançaient et se rejoignaient dans le cercle ; et tout un drame fantastique et puéril s'évoquait dans leurs mouvements, dans leurs gestes, dans leurs attitudes qui contrastaient avec l'immobilité hiératique de leurs traits. Elles semblaient tantôt de grandes fleurs vivantes, tantôt des poupées automatiques.

Parfois le ventre oscillait comme si on allait assister à une danse d'almées ; parfois les jambes s'agitaient frémissantes, et la danseuse frappait du pied, levait les bras, haussant la hanche comme si elle allait nous donner quelque « jota » ou quelque « habanera » andalouses. Et dans ces visages qui semblaient inanimés, malgré leurs sourires trop souvent figés, rien ne laissait transparaître les sentiments de l'âme, mais quelles mimiques suggestives, quelles poses harmonieuses et quels merveilleux costumes !

Quand elles dansent en public, les ballerines cambodgiennes revêtent en effet des vêtements féériques : ce sont des corsages de soie brochés d'or et ornés de pierreries, ces corsages très lourds sont moulés sur elles et cousus avant chaque représentation de sorte qu'ils forment comme une nouvelle peau et qu'ils dessinent les moindres ondulations du corps avec une netteté impressionnante.

Les habilleuses mettent de deux à trois heures pour vêtir les danseuses après quoi elles les fardent et elles les parent de bracelets, de colliers, de bagues, d'une richesse inestimable. Parfois aussi elles glissent leurs doigts dans de longs becs d'or recourbés qui dans l'espace, dessinent des courbures harmonieuses.

Leur coiffure se compose enfin, soit du « pnom » légendaire — sorte de chapeau pointu tout en or et qui tient au crâne par des griffes qui l'enserrent, — soit d'une couronne de fleurs monstrueuses, soit d'un foulard aux tons pâlis enroulé et serré sur les tempes.

Les danseuses et leurs danses obtinrent, comme on se l'imagine aisément, un succès considérable à l'Élysée d'abord, au Bois de Boulogne ensuite où elles donnèrent au théâtre de Verdure du Pré Catelan une représentation de gala à la lueur des gerbes électriques. Entre temps elles visitèrent Paris qui provoqua chez elles des étonnements et des enthousiasmes qui faisaient la joie de leurs cicerones car elles avaient des mentalités de petites filles et lorsqu'au bout d'une semaine il fallut les renvoyer à Marseille où l'Exposition coloniale, dont elles étaient l'attraction, les réclamait, leur désespoir fut immense. C'est à peine si on parvint à les consoler en leur donnant des lapins et des poupées incassables.

Et le Roi, de nouveau, s'ennuya.

Il s'ennuyait tellement qu'il résolut quelques jours après le départ de ses ballerines, d'aller passer quarante-huit heures à Nancy afin de rendre visite à une vingtaine de jeunes Cambodgiens qui suivaient depuis un an les cours d'une école industrielle.

L'organisation de ce déplacement fut laborieux, car le souverain, qui avait pris goût aux honneurs officiels, entendait être reçu à Nancy comme il l'avait été à Paris : mais le voyage faillit surtout tourner fort mal par la faute de Sisowath.

Le Roi, en effet, qui sans doute ne s'attendait pas aux ovations enthousiastes que lui prodiguèrent les Nancéens amusés par ce déploiement de luxe oriental, le Roi, dis-je, ne s'avisa-t-il pas le soir de son arrivée de manifester sa joie en lançant des fenêtres de la préfecture, des poignées de pièces d'argent à la foule qui l'acclamait sur la place Stanislas !

On se figure l'effet que produisit cette pluie bienfaisante... on entendit soudain des cris, des clameurs : une véritable bataille se livrait autour de la préfecture : chacun voulait bénéficier des largesses royales.

Je me précipitai aussitôt auprès du Roi, et le suppliai de cesser ce jeu dangereux. Mais Sisowath que ce spectacle amusait follement refusa énergiquement

Cliché Chusseau Flaviens.

HUIT JOURS APRÈS.....

de céder à mes instances. Il ordonna même qu'on

lui changeât un billet de mille francs en pièces d'or.

Voyant que la persuasion était sans effet, je pris aussitôt un grand parti. Je le fis enlever de la fenêtre par force sans me soucier des injures dont il m'accablait en cambodgien.

Je n'étais pas au bout de mes émotions : il se produisit alors, en effet, un incident tragi-comique : Sisowath, trompant tout à coup la surveillance de mes inspecteurs qui n'osaient pas le retenir comme un vulgaire malfaiteur, s'échappa, descendit quatre à quatre les escaliers, ouvrit une fenêtre du rez-de-chaussée et se mit à lancer à la volée en poussant des cris rauques, tous les louis d'or qu'il avait conservés. Dès qu'il nous entendait venir, vite, il s'échappait et se précipitait à une autre fenêtre. Ce fut, pendant un quart d'heure une course effrénée à travers l'hôtel de la préfecture au milieu des hurlements de la foule surexcitée par cette aubaine imprévue.

Le Roi heureusement se lassa bientôt et abandonna la partie. Je ne doutais pas, naturellement, de ma disgrâce certaine. Mais Sisowath, Dieu merci ! n'était pas rancunier.

Le lendemain il me tendit la main et, éclatant de rire il se contenta de me dire :

— Très drôle !

* *

Lorsque huit jours plus tard je lui fis mes adieux sur le pont du navire, il semblait navré de quitter notre pays : navrées aussi, paraissaient les petites danseuses blotties au pied d'un mât avec leurs lapins mécaniques et leurs poupées incassables : — dernier souvenir de leur séjour à Paris — qu'elles serraient tendrement dans leurs bras.

Quand enfin l'heure de la séparation suprême eût sonné, le bon Sisowath tout ému m'appela auprès de lui.

— Tiens, me dit-il, souvenir... pour toi.

Et il me tendit un paquet enveloppé dans un foulard de soie rose.

A peine revenu à terre, je me hâtai de l'ouvrir : à mon grand ahurissement j'en tirai un superbe « sampot » en drap d'or fin.

Le Roi du Cambodge m'avait donné son pantalon de gala. C'est tout ce qui m'est resté de mon joyeux « client » et de mon rêve oriental !...

XIII

LA REINE VICTORIA

Si j'avais suivi un ordre chronologique dans l'évocation de mes souvenirs et surtout si j'avais écouté ce qu'un poète a si joliment nommé l'instinct du cœur, c'est en tête de ce livre que j'aurais inscrit le nom de la reine Victoria à laquelle me rattachent d'indissolubles liens de respectueux attachement et de fervente gratitude... Elle personnifiait en effet une des plus fortes qualités du caractère anglais : la fidélité dans l'amitié. Quand une fois elle avait donné sa confiance au plus humble comme au plus puissant, elle la lui conservait envers et contre tous tant qu'il en demeurait digne.

On le savait... aussi la sympathie de la vénérable souveraine était-elle un talisman précieux pour celui qui en était honoré : je puis dire qu'elle constitua pendant plus de vingt ans mes véritables lettres de créance auprès des souverains et des princes auxquels je fus attaché et c'est pourquoi j'ai voulu terminer ce volume par celle qui m'a, en quelque sorte, fourni l'occasion de l'écrire...

Ma perplexité serait grande assurément si l'on me demandait de « raconter » la souveraine telle que la représentent ses portraits officiels et la chronique de la Cour. Je n'ai point connu, en effet, dans la reine Victoria, celle que la vénération si touchante de son peuple et l'estime si justifiée des hommes d'État ont placé sur un piédestal de gloire. Je revois simplement, l'auguste voyageuse qui, pendant les quinze dernières années de son règne, nous honora d'une visite annuelle et qui, chaque fois qu'elle m'apercevait sur le quai de Cherbourg où j'allais régulièrement l'attendre, me disait, toute souriante : « Toujours fidèle au poste, mon bon Paoli ? » Je revois dans cette Reine, qui me témoignait sa bienveillante sympathie et sa confiance, en m'admettant dans son cercle intime, celle qui personnifiait avec tant de simplicité, de bonté indulgente et d'ingénuité, le type classique de la *Dear Old Lady*, de la « chère vieille dame », dans toute la grâce de son charme secret.

Elle aimait notre pays, non pas comme d'autres souverains, par politesse ou parce qu'ils y trouvent le repos et des distractions à leurs soucis, elle l'aimait d'une affection profonde, sincère, dans laquelle il entrait une sentimentalité étrange, une sorte de superstition mystérieuse... Par suite d'un curieux contraste, en effet, cette souveraine, que son éducation rigide, sa mentalité essentiellement luthérienne, ses idées nationalistes eussent dû éloigner de nous, goûtait notre « latinité », se plaisait à nos enthousiasmes spontanés, admirait nos facultés artistiques et par-dessus tout, appréciait notre climat auquel elle attribuait d'extraordinaires vertus curatives. Dès qu'elle arrivait chez nous, son regard brillait de plaisir, sa figure s'illuminait de satisfaction et elle était plus sensible au salut d'un chef de gare qui l'avait reconnue et au bouquet d'une paysanne, qu'à n'importe quel hommage officiel.

La seule pensée que des événements politiques pouvaient entraver sa villégiature annuelle la désolait. Ainsi, je me souviens qu'à l'époque de la malheureuse affaire de Fachoda qui avait éclaté quelques mois avant l'époque où elle devait se rendre à Nice, une presse mal intentionnée ayant déconseillé ce voyage, la Reine me fit exprimer ses hésitations et ses anxiétés. Sachant le tort considérable que son absence causerait à notre littoral, je fis une rapide enquête sur les sentiments de la population, à la suite de quoi je conseillai vivement à la souveraine de ne rien changer à ses projets. Je n'étais pas, heureusement, seul de mon avis ; j'avais dans la personne de lord Salisbury, alors premier ministre, un auxiliaire précieux. Il ne se lassait pas de répéter :

— Plus que jamais, il est indispensable que Sa Majesté aille cette année en France.

La Reine vint. Un peu inquiète d'abord, elle se rassura bien vite en constatant que la population lui témoignait le même respect et la même déférence que précédemment.

Quelques jours, après, elle disait à l'impératrice Eugénie, qui s'entretenait avec elle du conflit franco-anglais alors dans sa phase la plus aiguë.

— Si une guerre devait éclater entre la France et l'Angleterre je demanderais à Dieu de m'accorder la grâce de mourir avant !

Je suis certain que ces belles et touchantes paroles étaient l'expression vraie de sa plus sincère conviction.

C'est enfin à nous qu'elle pensait encore lorsque, quelques heures avant de mourir, dans une dernière lueur d'espoir, elle s'écriait :

— Ah ! si seulement j'étais à Nice, je guérirais !

Elle arrivait à Cherbourg le soir, à bord de son yacht *Victoria-and-Albert*, et ne débarquait que le lendemain matin pour gagner son train qui l'attendait le long du quai. Composé de sept voitures, dont deux étaient la propriété de la souveraine, le train royal représentait pour l'époque la suprême expression du confort. Entièrement capitonné de soie bleue, le wagon de la Reine, dans sa splendeur un peu rococo, offrait exactement l'aspect d'un antique appartement de province. Tout y était spacieux, moelleux et lourd. Afin de ne pas troubler le sommeil de la souveraine, il ne possédait pas de frein et la suspension en était parfaite ; d'ailleurs, il ne marchait jamais à plus de 56 kilomètres à l'heure le jour et 40 kilomètres la nuit. Il stoppait également pendant les heures de repas et le matin, entre huit et neuf heures, pour permettre à la Reine de vaquer aux soins de sa toilette ; on l'arrêtait enfin, en cours de route, lorsque Sa Majesté désirait recevoir un personnage de distinction ou qu'on devait lui remettre les dépêches du gouvernement. J'avais l'illusion de voyager en roulotte à vapeur et j'avoue que dans ce palais roulant le trajet ne paraissait ni trop long, ni trop fatigant. Il offrait de plus, l'avantage de nous permettre d'admirer le paysage tout à loisir.

... Dès que la Reine était à Nice, une grave responsabilité incombait à ceux qui, comme moi, avaient mission de protéger la résidence royale sans grand déploiement de forces, presque sans manifestation apparente. Jamais, en effet, service d'ordre ne fut organisé auprès d'un grand personnage avec plus de réserve et de discrétion, car, en réalité, le poste d'infanterie que l'on installait dans les dépendances de l'hôtel pendant toute la durée de la villégiature royale ne servait qu'à rendre les honneurs soit à la souveraine, soit aux personnages officiels qu'elle recevait volontiers.

Il m'advint même, à ce propos, une piquante aventure. Je me rendais un après-midi auprès de la Reine lorsque j'aperçois dans la cour, la garde rangée sous les armes. Étonné, j'interpelle l'officier et lui demande la cause de cette mobilisation que ne comportait pas le programme de la journée. Plus surpris encore que moi-même l'officier me répond qu'il a réuni la garde sur l'invitation du courrier de la Reine qui lui a dit qu'on attendait une « tête couronnée. » Un peu vexé de mon ignorance, je m'informe auprès du courrier, M. Dossé.

— Vous ne savez donc pas ?
— Ma foi non.
— Eh bien ! Mais nous attendons la visite de l'impératrice Eugénie.

Je bondis !

— Comment, lui dis-je effaré, vous voulez faire rendre les honneurs à l'ancienne impératrice des Français par les soldats de la République ?

— Je vous avoue, réplique M. Dossé, que je ne m'étais pas placé à ce point de vue.

— Mais moi, je m'y place ; rompez au plus vite, criai-je à l'officier qui n'y comprenait plus rien.

Quelques jours après j'eus l'occasion de raconter la chose à l'Impératrice.

— Oh ! comme je suis contente, me répondit-elle, que vous m'ayez évité cet incident. On n'eût pas manqué dans certains journaux de m'en rendre responsable et ma position si délicate n'en eût pas été améliorée...

Le fait est, qu'on aurait été bien capable d'attribuer

ce simple malentendu à quelque complot politique, à une tentative de restauration impériale, que sais-je ?

.·.

La maison de la Reine lorsqu'elle venait en France se composait presque invariablement des mêmes personnages. Le plus important de tous, celui qui remplit le plus longtemps une des charges les plus considérables de la cour et qui se fit une place à part dans l confiance de Sa Majesté, fut sans contredit le général Ponsonby. Actif et intelligent, expansif et discret à l fois, il cumulait les fonctions de trésorier de la Bours particulière et secrétaire privé de la Reine... lorsqu' mourut, la responsabilité de sa succession parut tellement lourde qu'on la divisa en nommant séparémei un trésorier de la Bourse particulière et un secrétair privé de la Reine. Le lieutenant colonel sir Fleetwoo Edwards fut investi de la première fonction et le lie tenant colonel sir Arthur Bigge de la seconde. L'un c l'autre accompagnait toujours la Reine à Nice. Il éta secondé, soit par le lieutenant colonel Arthur Davidso soit par le lieutenant Ponsonby, fils du général, to deux écuyers de Sa Majesté. Le lieutenant colonel s William Carrington remplissait d'autre part les fon tions de Grand Maréchal de la petite cour niçois tandis que sir James Reid, ce charmant écossais do j'ai tracé la silhouette dans le chapitre sur le Édouard, y occupait celle de médecin particulier ordinaire de Sa Majesté.

Parmi les dames du Palais qui se succédaient aupr de la Reine durant ses séjours à Nice, il faut citer la Southampton, lady Churchill, la comtesse Antrim, comtesse Lytton et miss Harriet Phipps qui elle, ne quittait jamais la souveraine.

Outre ces dignitaires un nombreux personnel subal-

LE THÉ DE LA REINE

terne suivait la Reine dans ses déplacements sur la Côte d'Azur.

Il se composait d'une première femme de chambre secondée par six soubrettes, d'un chef de cuisine français, M. Ferry, ayant sous ses ordres trois ou quatre lieutenants et d'un véritable bataillon de marmitons ; d'un cocher, d'un piqueur, d'une douzaine de valets d'écurie, car la Reine se faisait toujours accompagner de ses équipages et ne sortait même à l'étranger, que dans ses propres voitures.

La « suite » se complétait enfin de la petite troupe de serviteurs indiens qui faisaient volontiers bande à part. Ces personnages mystérieux, impassibles et dédaigneux, étaient de fort beaux gaillards coiffés de larges turbans, vêtus d'admirables cachemires aux couleurs éclatantes. Ils formaient autour de la souveraine une sorte de garde attentive et silencieuse et semblaient comme figés dans l'importance presque religieuse de leur rôle. Ils jouissaient de quelques privilèges, pratiquant librement tous les rites de leur culte, rompus à la discipline, fidèles et dévoués à leur souveraine, à la vie, à la mort. Il y avait aussi le valet de pied écossais, qui portait le pittoresque costume de son pays et jouait de la cornemuse à l'office.

Tous ces serviteurs avaient fort à faire, surtout à l'arrivée et au départ, car la Reine se faisait toujours accompagner de son linge et de sa vaisselle, de la plus grande partie de son mobilier d'Osborne ou de Balmoral depuis la belle glace de Venise qui ornait son boudoir et le petit secrétaire en bois de rose surchargé de photographies et de papiers, jusqu'au lit en acajou, ce lit étroit et haut à la façon d'autrefois qui la suivait partout depuis quarante ans.

Si elle habitait l'hôtel de préférence à une villa, c'est pour la simple raison qu'il lui fallait des appartements spacieux et nombreux. Elle occupa successivement au cours des cinq villégiatures qu'elle fit à Nice le Grand

Hôtel de Cimiez, puis le Regina Excelsior Hôtel : le premier était loué à raison de 40.000 francs pour six semaines, le second, 80.000 pour deux mois. Une pareille « cliente » était — on le conçoit — une exceptionnelle aubaine pour le pays : aussi bien s'ingéniait-on à lui rendre son séjour agréable et à satisfaire ses moindres désirs. Ainsi la municipalité n'hésitait pas à entreprendre d'importants travaux de voirie afin d'améliorer les routes de la contrée ; les propriétaires de la région s'empressaient d'ouvrir leurs jardins à l'illustre voyageuse, voire de percer leurs murs s'ils donnent sur le parc de l'hôtel, afin qu'elle pût se croire partout chez elle. Les journées de la souveraine, dans ce cadre familier et somptueux, étaient méthodiquement réglées.

Elle se levait généralement à neuf heures, procédait à sa toilette, prenait son premier déjeuner, dont le menu variait chaque jour. C'était tantôt du café, tantôt du chocolat, tantôt du thé accompagné de petits pains, d'un plat d'œufs, de poissons frits, de « bacon » et de saucisses de Cambridge, auxquels elle touchait à peine.

Venait ensuite l'heure de la correspondance. Sa Majesté recevait régulièrement les courriers de cabinet qui soumettaient à sa signature les pièces officielles, les rapports ministériels. Elle lisait avec un soin méticuleux toute la paperasserie administrative, échangeait avec son gouvernement un nombre considérable de télégrammes chiffrés et, comme elle tenait à répondre sur l'heure aux lettres qu'elle jugeait importantes, ses deux secrétaires avaient fort à faire. Ajoutez, qu'elle recevait chaque jour une quantité innombrable de lettres de solliciteurs que l'on me transmettait pour le cas où elles eussent nécessité une enquête. Ces missives, la plupart du temps, finissaient au panier : j'en ai pourtant conservé qui s'ajoutent à celles que j'ai recueillies auprès du shah de Perse, du roi d'Italie et du roi Édouard. Ce sont toujours les mêmes procédés, les mêmes « trucs » ingénieux ou naïfs et surtout une étonnante dépense d'imagination.

Les uns faisaient écrire leurs supliques par des mains enfantines dans l'espoir de provoquer plus aisément un attendrissement ; les autres employaient la menace ou l'ironie. Ceux-ci affectaient la plus entière confiance dans le succès de leur entreprise. Tel ce vieillard de quatre-vingt-deux ans qui écrivait :

« Combien il me serait pénible et écœurant, au moment de descendre dans la tombe de changer l'opinion que j'ai de la grandeur d'âme, de la noblesse et de la générosité royale ! »

Ceux-là faisaient preuve de pessimisme :

« Si votre Majesté n'entendait pas la voix de ma prière, il ne me resterait plus d'autre ressource que d'en finir avec la vie. »

Je passe sous silence les offres courantes de participation aux œuvres de charité, de souscription aux entreprises les plus diverses et parfois les plus baroques. Quant aux fous ils apportaient eux aussi, leur contribution à cette correspondance variée.

Un certain comte de C..., somme la Reine de donner des ordres à son gouvernement pour le faire rentrer en possession de « *sa Couronne égyptienne* ». Un autre se croit tout simplement fils de la reine d'Angleterre, et s'avise subitement de faire valoir ses droits en termes d'ailleurs fort respectueux :

« Madame et bonne Mère,

« J'apprends que vous êtes en France en ce moment ; aussi je m'empresse de vous écrire pour vous demander de vous souvenir un peu de moi, qui suis votre fils, que vous avez abandonné dans les Indes. Je ne puis vivre plus longtemps en Afrique où je souffre toutes sortes de misères. Veuillez, je vous prie, m'envoyer quelques secours en argent, pour pouvoir vivre comme je dois vivre, c'est-à-dire comme doit vivre le fils de la reine d'Angleterre.

« Dans l'espoir, chère maman, que vous serez assez bonne pour donner satisfaction à ma demande, je vous embrasse bien tendrement.

Votre fils qui vous aime toujours.

D. Ben A..., à Oran (Algérie).

Comment répondre à tout cela ? C'était en vérité, impossible. Je me souviens qu'un jour un secrétaire de la Reine reçut cette lettre émanant d'un correspondant mécontent :

« Mon voisin qui a un peu mauvaise langue, prétend que, sur sa demande, Sa Majesté Victoria a bien voulu m'accorder un assez joli et généreux secours et que par oubli, Monsieur, vous l'avez mis dans votre poche. »

Nous préférions, je l'avoue, le persiflage voire l'injure aux épîtres désespérées qui s'achevaient le plus souvent par une menace de suicide... Ce moyen d'intimidation, malgré qu'il soit classique, m'impressionnait quelquefois lorsque je croyais reconnaître dans le ton de la lettre, un accent de sincérité. J'expédiais un

de mes inspecteurs à l'adresse indiquée, dans l'inte
tion de prévenir un malheur et chaque fois il reven
m'apprendre qu'il avait trouvé le futur suicidé dans l
meilleurs dispositions à l'égard de la vie...

Mais, revenons à la journée de la Reine. Quand
souveraine avait terminé son travail matinal — c'est
dire vers onze heures, — elle mettait une mante de so
se coiffait d'un large chapeau de jardin qui remplaç
le bonnet de tulle blanc qu'elle portait à la maisc
puis, après s'être fait apporter sa canne, descenda
appuyée sur le bras d'un de ses fidèles Hindous, ju
qu'au perron, où l'attendait sa petite voiture attelée
fameux âne gris qui avait nom Jacquot. Jacquot a jo
à la Cour d'Angleterre, un rôle considérable. Il av
été, en effet, élevé à la dignité de favori, et il ten
son emploi avec modestie. Nullement grisé par sa f
tune inespérée, il accomplissait ponctuellement
devoirs de sa charge, qui consistaient à promener
Reine à travers les jardins des diverses résiden
habitées par Sa Majesté. Docile aux caprices de
royale maîtresse, il s'arrêtait, repartait, attendait
gré de la Reine, et ne marquait jamais d'impatier
lorsque les enfants royaux lui tiraient la queue
venaient pousser des cris stridents dans l'entonnoir
ses longues oreilles. J'éprouvais pour Jacquot
affection émue, sans doute parce que je le savais n
compatriote — il était français — et aussi à causc
l'histoire pittoresque de sa vie : il aurait pu, en el
écrire ses mémoires comme l'âne immortel du livre
Mme de Ségur et raconter comment il advint qu'il pa
un beau jour de la grange d'une pauvre ferme d
Savoie dans les écuries de Buckingham-Palace.

C'était lors du séjour de la Reine à Aix-les-Bain

1892. A cette époque elle marchait déjà avec beaucoup de difficulté et se plaignait de ne pas avoir un moyen

LA PROMENADE MATINALE

de locomotion apte à être utilisé aisément sans grands préparatifs. Or, comme elle se promenait un après-midi en voiture sur les bords du lac du Bourget, elle rencontra un paysan qui, lentement, cheminait dans une petite charrette traînée par un âne assez jeune encore, mais si maigre, si maigre, si mal peigné, qu'il ne payait guère de mine. La Reine fit arrêter sa voiture, et manda le bonhomme.

— Voulez-vous consentir à me vendre votre âne ? lui demanda-t-elle.

Sans savoir à qui il avait affaire, avec la méfiance habituelle, instinctive des gens de la campagne pour ceux de la ville, le paysan répondit :

— C'est selon.

— Combien l'avez-vous payé ? reprit la souveraine.

— Cent francs... et il n'était pas cher à ce prix !

— Je vous en offre deux cents... voulez-vous ?

Le paysan simulait une hésitation. Je lui dis à mon tour :

— Avec cette somme, vous aurez de quoi en acheter deux.

Il se décida enfin. Le marché fut conclu et l'âne devenu une propriété de la Reine, fut lavé, étrié, peigné, bichonné. Il fut surtout mieux nourri. Peu de temps après, il fut chargé de promener la souveraine à travers les petits chemins et les allées étroites où ne pouvait s'engager sa voiture. Baptisé du nom de Jacquot, il eut dès lors une vie facile, douce, agréable, car la Reine adorait les animaux et insistait pour que les meilleurs soins fussent donnés à tous les chevaux de ses écuries.

Quand la Reine fut sur le point de revenir en Savoie, en 1893, il fut décidé que Jacquot serait du voyage. Le jour de son arrivée à Aix, le vieux malin prouva qu'il avait bonne mémoire. Il s'échappa de son fourgon, huma avec délice l'air du pays natal, s'orienta, puis avant qu'on ait pu le retenir, il détala. D'une traite, il se rendit à l'écurie où il avait été si bien soigné l'année précédente.

La Reine, mise au courant de l'aventure, me dit en riant :

— Il faut modifier maintenant le dicton français « bête comme un âne ! »

Jacquot sut en effet se ménager une fin de carrière que bien des fonctionnaires pourraient lui envier. Soigné, dorloté et respecté, il prit sa retraite quelques années avant la mort de la Reine et acheva ses jours à Windsor, traité à l'égal d'un pur-sang.

Il fut remplacé par un poney, puis par un autre âne ; la Reine qui avait néanmoins gardé une reconnaissance affectueuse pour son premier serviteur, voulut perpétuer son souvenir en appelant tous ses successeurs du nom de Jacquot.

* * *

La Reine rentrait à une heure et demie à l'hôtel, déjeunait assez copieusement, puis vers la fin de l'après-midi repartait en landau, cette fois pour une excursion aux environs de Nice qu'elle prolongeait jusqu'à la tombée de la nuit.

On ne dînait guère avant neuf heures ; aussi bien dressait-on dès six heures dans la salle à manger une sorte de copieux buffet froid à la manière russe avec cette différence toutefois qu'au lieu des « zakouski » on y trouvait un choix de rosbifs et de jambons ou bien encore du consommé de volaille en gelée.

La cuisine était pourtant invariablement française, à

l'exception d'un plat — d'ailleurs excellent — que lui confectionnait le cuisinier indien.

La soirée s'achevait autour de la lampe, dans le petit salon royal. La souveraine qui adorait la musique et qui rappelait volontiers l'époque lointaine où, jeune mariée, elle chantait des duos avec le prince consort, accompagnée par Mendelssohn, la souveraine, dont l'éclectisme en matière musicale confondait dans une égale admiration la beauté sereine d'une mélodie de Glück et la sentimentalité expressive d'une romance italienne, priait la princesse de Battenberg, pianiste émérite, de se mettre au clavier et de lui jouer ses auteurs préférés. D'ailleurs, il n'y avait pas que les concerts du soir : il y avait également les aubades du matin. Nous vivions en musique ! Les aubades du matin étaient fournies par les chanteurs napolitains, les chanteurs et guittaristes ambulants qui évoquent si pittoresquement le soleil d'Italie et parmi lesquels on découvre souvent des voix admirables. La Reine aimait leurs chansons et s'amusait de leurs mimiques endiablées. Toute la confrérie des gratteurs de cordes et des Caruso de jardins savaient la prédilection dont ils étaient l'objet et la généreuse obole qui les attendait ; aussi, chaque matin, sur le coup de dix heures, on en voyait surgir à l'entrée du parc... Ils s'approchaient en tapinois jusque sous le balcon de la chambre royale, où, une heure durant, ils égrenaient leurs « Vorrei Morir » et leurs « Funiculi, funicula » avec toute la flamme qui les dévore, cherchant du regard — et de quel regard ! — la fenêtre derrière laquelle un rideau frémissait, parfois s'écartait pour laisser tomber sur les flots d'harmonie et sur les *ut* de poitrine un sourire approbateur et bienveillant.

Quel que fût toutefois le plaisir qu'elle prit à écouter ces musiques populaires, la Reine ne s'intéressait pas moins aux manifestations d'un art plus élevé. Elle tenait en haute estime nos grands artistes. M. Saint-Saëns pourrait, je crois, raconter la réception flatteuse dont il était l'objet chaque fois qu'il était invité à Windsor ou à Londres et les attentions délicates que la souveraine se plaisait à lui prodiguer.

Je me souviens aussi de la vive impression que produisit sur la Reine le jeu et la voix de Mme Sarah Bernhardt lorsqu'elle assista pour la première fois à une représentation de l'illustre tragédienne. C'était précisément à Nice, au printemps de 1897 : la Reine était à l'hôtel Excelsior lorsqu'elle fit prier Mme Sarah Bernhardt qui donnait une série de représentations à Nice de lui accorder la joie de l'applaudir. Celle-ci s'empressa d'accepter et proposa de venir jouer devant la Reine *Jean-Marie* d'André Theuriet. La soirée s'organisa aussitôt. On improvisa une scène dans le grand salon de l'hôtel en plaçant au fond de la salle une simple estrade ; on remplaça les décors par des paravents et l'admirable artiste remporta ce soir-là un des plus inoubliables succès de sa carrière bien qu'il n'eût qu'une trentaine d'auditeurs pour l'applaudir. Sitôt la toile baissée, la Reine appela Mme Sarah Bernhardt près d'elle. Après l'avoir chaleureusement complimentée, elle lui attacha un de ses bracelets et lui offrit sa photographie aimablement dédicacée. A charge de revanche, Mme Sarah Bernhardt inscrivit une pensée sur l'album royal et l'Impératrice des Indes parut considérer comme très précieux l'autographe de la Reine de l'art.

En dehors de ces distractions qui étaient relativement assez rares, et quand, pour une raison ou pour une autre, il n'y avait pas de musique le soir, la vénérable Souveraine se réfugiait volontiers dans la lecture. Elle se faisait lire soit quelques pages d'un roman nouveau, soit un article de « Magazine » dont le titre ou la signature avait éveillé son attention.

Détail curieux : on avait pris l'habitude de lui cacher soigneusement toute publication qui pouvait lui être désagréable ou l'attrister : c'est ainsi que s'explique son imperturbable, son candide optimisme. Elle croyait très sincèrement à la fraternité universelle et le touchant complot qui s'ingéniait à ne lui laisser entrevoir l'humanité que sous un aspect réconfortant, lui assura jusqu'à son dernier jour une quiétude et une sérénité que son entourage finissait par partager et que reflétait son « journal » dans lequel chaque soir, lorsqu'elle se retrouvait seule dans sa chambre, elle avait pris l'habitude de consigner ses impressions ainsi que les moindres incidents de sa vie heureuse et tranquille.

J'ai dit que ses après-midi étaient régulièrement consacrées à de longues excursions en voiture. Ces promenades me causaient toujours une certaine inquiétude. Certes, j'avais la plus grande confiance dans le bon esprit des habitants de Nice. Je n'ignorais pas cependant qu'une population flottante et cosmopolite comme celle de cette ville, pouvait contenir des éléments de désordre.

Sachant d'avance l'itinéraire que devait suivre la calèche royale, j'envoyais en éclaireurs des agents bien stylés qui affectaient le plus souvent des allures de touristes, et je postais le long du parcours les hommes dont je disposais — des gardes champêtres d'ordinaire — qui, sans être remarqués de personne, me renseignaient de place en place sur ce qu'il m'était utile de savoir. Grâce à ces simples précautions, sans autre déploiement de forces, la Reine put faire pendant ses cinq villégiatures, d'innombrables promenades aux environs de Nice sans que jamais le moindre fâcheux incident vint lui en déflorer le charme.

La Reine connut peu à peu tous les sites remarquables de la région. On lui avait fait préparer des guides spéciaux illustrés d'aquarelles que je complétais par des explications orales. Ma royale cliente aimait à recueillir les vieilles légendes que l'imagination populaire avait fait surgir des œuvres de la nature où des vestiges du passé. Elle aimait aussi à se rendre aux fêtes locales notamment à celles qui rappelaient les anciennes coutumes du pays, telles, le « festin des reproches » et le « festin des congourdons ». Le « festin des reproches » se tient à Cimiez, le premier dimanche de Carême. Jadis les jeunes époux venaient mutuellement s'y faire l'aveu des fautes commises pendant les débordements du Carnaval. On se confessait ingénument, on se grondait pour la forme, on assistait à un office, puis on se répandait sur la place ombragée de magnifiques oliviers, dans les arènes et les sentiers voisins, et l'on se réconciliait en s'embrassant et en rompant ensemble le *pan bagnat*, « pain mouillé » traditionnel.

Le « festin des congourdons » a lieu à Cimiez également, le 25 mars, jour de l'Annonciation. C'est le plus important de tous les « festins » et, chaque année, plus de 25 000 visiteurs viennent y assister. Ce ne sont que petites boutiques volantes, étalages rustiques. La Reine aimait beaucoup cette exhibition originale. Presque chaque année, elle y allait faire des emplettes avec les princesses, et l'on devine l'empressement des marchands à attirer son regard sur leurs éventaires, à obtenir la faveur de « fournir » Sa Majesté. Dès sa seconde visite, elle ne fut pas peu surprise de constater qu'un grand nombre de courges ou « gougourdes » (d'où le nom de la fête) étaient ornées de ses armoiries ou revêtues d'inscriptions en son honneur. On me tirait à droite, on m'interpellait à gauche.

— Celle-ci encore, Monsieur Paoli... Regardez comme elle est belle !

Et l'on m'en donnait des brassées. La Reine riait de bon cœur de me voir ainsi aux prises avec les vendeurs et surtout les vendeuses.

— Vous allez être forcé de tout acheter ! me disait-elle.

Elle était devenue très populaire à Nice, à cause de sa bonté, qui lui suggérait des pensées d'une délicatesse touchante et jolie.

Ainsi, elle avait fait la connaissance d'une pauvre mère de famille, Mme B..., à qui elle s'était intéressée, parce qu'un jour, en passant devant la chaumière de cette brave femme, celle-ci, qui n'avait dans son jardin qu'un lilas, l'avait cueilli et offert à la souveraine. Depuis lors, la Reine lui envoyait régulièrement des secours.

Or, un jour qu'elle s'en allait en promenade, en compagnie de la princesse Christian de Schleswig-Holstein et de lady Antrim, elle aperçoit tout à coup un cortège qui se déroulait un peu plus loin sur la route. Aussitôt, elle me fait signe de la rejoindre.

— Qu'y a-t-il là-bas, monsieur Paoli, me demanda-t-elle ; est-ce une procession ?

— Je crois plutôt que c'est un enterrement, répondis-je. Votre Majesté va, du reste, s'en rendre compte dans un instant.

Il s'agissait bien, comme je le pensais, d'un convoi funèbre, mais le plus humble, le plus triste convoi de pauvre qu'on pût imaginer. Quelques personnes à peine marchaient derrière le corbillard sans apparat et sans couronnes ; je m'informai : c'était Mme B... que l'on conduisait à sa dernière demeure. La Reine eut alors une inspiration attendrissante. Au lieu de faire dépasser vivement le convoi, elle donna l'ordre au cocher de se rapprocher du cortège tout doucement et de le suivre au pas jusqu'au cimetière.

Prenant alors une brassée de mimosas qu'une petite fille avait jetée dans la capote de sa voiture, elle me dit :

— Ayez la bonté d'aller déposer pour moi ces fleurs sur le cercueil de ma vieille amie qui m'en offrit si souvent. Je lui dois ce souvenir.

Il n'y avait de sa part nul calcul, nul souci de popularité comme on pourrait le supposer, dans sa constante sollicitude pour les déshérités, pour les humbles et pour les misères humaines. Elle était naturellement spontanément bonne et cette souveraine qui savait diriger d'une main si ferme et si habile les destinées du plus grand peuple du globe, découvrait dès qu'elle quittait son cabinet de travail et qu'elle descendait du piédestal formidable où elle faisait si grande figure « d'homme d'État », un cœur de brave femme dans toute sa simplicité bourgeoise et dans toute son ingénuité touchante. Elle s'intéressait aux petites choses avec autant de sérieux que s'il s'agissait d'un grave problème « mondial ».

Ainsi je me souviens qu'un certain après-midi où elle revenait de la villa de la Bastide, la résidence de lord Salisbury avec lequel elle venait d'avoir une longue conférence politique, nous croisâmes sur la route une « nurse » qui promenait un baby à l'aspect pâle et chétif.

La Reine le regarde, s'émeut, et donnant l'ordre au cocher de s'arrêter, appelle la nourrice tout ahurie.

— Cet enfant est malade ? lui demanda-t-elle.

— C'est-à-dire, Madame, qu'il est anémique, c'est pourquoi nous sommes venus de Copenhague où habite la famille. On lui a ordonné le Midi.

— Fort bien, mais cela ne suffit pas. Voici comment on devrait le soigner.

Et la Souveraine explique minutieusement à la nurse le traitement qui conviendrait à l'enfant. Elle lui recommande entr'autre de lui donner du lait d'ânesse.

La nourrice lui promet d'exécuter à la lettre ses prescriptions.

A quelque temps de là, nouvelle rencontre de la bonne et de l'enfant. La Reine fait arrêter, prend le bébé dans ses bras, constate qu'il est devenu rose et joufflu, complimente la nurse en lui glissant une pièce d'or dans la main et paraît aussi ravie de sa cure que si l'enfant était sien.

Cette sollicitude maternelle s'étendait également aux animaux, ainsi que l'a déjà attesté l'heureux sort de Jacquot et que le témoignaient les soins constants dont on entourait « Spot », le fox terrier, « Roy », le « Collie » et « Marco », le chien lion minuscule. Elle se manifestait encore dans les recommandations qu'adressait la Reine à son piqueur de disposer des relais de distance en distance chaque fois que nous devions parcourir un trajet long et scabreux.

On connaissait si bien ses sentiments d'humanitarisme à l'égard des bêtes qu'on s'ingéniait dans l'entourage royal à les combler de prévenances. Ainsi, le valet de pied écossais qui prenait toujours place à côté du cocher sur le landau royal, se croyait-il obligé, afin de complaire à la souveraine, de descendre de son siège chaque fois que l'équipage gravissait une montée et de marcher à côté de la voiture. Malheureusement, l'écossais était gros et gras, et les coursiers étaient minces et fringants. Le pauvre homme, pour peu qu'il eût copieusement déjeuné et que la côte fût longue, était au supplice. Au bout de dix minutes, il traînait la jambe, cramoisi, fourbu et haletant. J'eus à la fin tellement pitié de lui que je lui proposai un beau jour de monter dans ma propre voiture qui suivait celle de la Reine. Il fit d'abord quelques difficultés, alléguant que « Sa Majesté pourrait s'apercevoir de ce subterfuge ». Je crois, en réalité, que c'était uniquement par amour-propre, car je ne fus pas long à vaincre ses scrupules. Il prit la douce habitude de se hisser dans ma voiture dès que l'équipage s'engageait dans une montée, et il reprenait ensuite tout guilleret son poste sur le siège du landau royal lorsque nous approchions du sommet de la côte. La Reine s'en apercevait-elle ? Peut-être. Mais comme elle était très bonne, elle faisait semblant de ne rien voir.

*
* *

Elle était militariste... et s'intéressait à nos soldats. Sans en avoir l'air, j'exploitais ce sentiment qui flattait mon amour-propre. Il arrivait fréquemment, au cours de nos promenades, qu'une petite troupe surgissait au détour de la route, feignait d'interrompre ses exercices, et rendait les honneurs au passage de la Reine ; d'autres fois, nous tombions au milieu d'un régiment en manœuvres, dans le feu d'un assaut ; l'artillerie tonnait, les fusils crépitaient, une trombe de cavaliers filaient à travers champs, saluant au passage notre cortège qui s'était arrêté au bord du chemin. La bonne Reine ravie applaudissait et me disait :

— Comme ils sont gentils, comme ils ont belle allure !

Convaincu du plaisir qu'éprouvait la Reine aux spectacles militaires, je devins ambitieux... Je m'imaginai qu'un solennel témoignage d'intérêt et de sympathie donné par la souveraine à notre armée produirait un excellent effet non seulement en France, mais à l'Étranger. J'imaginai donc de lui faire passer en revue sur la promenade des Anglais la garnison de Nice et les bataillons alpins de la frontière.

Cette proposition la séduisit aussitôt : devinant même — car elle était très fine — la partie politique que j'attachais à cette manifestation, elle me montra avec une délicatesse charmante qu'elle entrait dans mes vues et qu'elle entendait lui donner la signification que je souhaitais lui attribuer :

— Non seulement je me rendrai à la revue, me dit-elle, mais je quitterai pour cette occasion mon incognito et je prierai les officiers de ma suite de m'accompagner en grand uniforme.

C'est ainsi que par une matinée radieuse, en face de la mer bleue, on put voir dix mille hommes défiler devant un landau dans lequel, entourée de brillants uniformes, une vieille femme souriait sous son ombrelle blanche, un peu émue... lorsqu'enfin fermant la marche dans un ordre magnifique les alertes bataillons de chasseurs alpins s'avancèrent à leur tour et que leur fanfare attaqua une marche entraînante, une formidable clameur s'éleva de la foule.

Comme la Reine s'étonnait que la musique eut provoqué ce redoublement d'enthousiasme :

— C'est qu'ils jouent la marche d'Alsace-Lorraine lui dis-je.

— Ah ! très bien... je comprends répondit-elle en attachant sur moi un regard profond.

Elle était sensible à toutes les nuances et s'alarmait volontiers de ce que les autres n'y fussent point aussi attentifs qu'elle-même.

Je me souviens de son émoi à la suite d'un petit incident qui se produisit lors du passage de M. Félix Faure à Nice au mois d'avril 1898. Il advint en effet que le Président avant qu'il n'ait eu le temps de rendre visite à la Reine, croisa, étant en voiture, le landau de la souveraine qui effectuait sa promenade quotidienne.

Comme il devait se présenter officiellement chez la Reine dans la soirée, et qu'il était très scrupuleux sur le chapitre de l'étiquette, le Président estima qu'il devait se contenter de la saluer. Lorsque son équipage arriva à la hauteur de la berline royale, il lui adressa de ce geste large et solennel dont il possédait le secret, un de ces plus beaux coups de chapeau et passa. Or, dans l'intervalle, la Reine à qui l'on avait dit que le Président venait de la reconnaître et de la saluer, avait aussitôt fait arrêter son attelage persuadée que M. Félix Faure allait revenir sur ses pas pour s'entretenir avec elle. J'espérais qu'il se retournerait : mais, toujours correct, il ne se retourna pas, la voiture présidentielle disparut bientôt dans un nuage de poussière. Il n'y avait plus lieu de s'éterniser : nous repartîmes un peu gênés.

En rentrant à l'hôtel la Reine me dit avec une pointe d'humeur :

— Mais pourquoi le Président ne s'est-il pas arrêté comme je l'ai fait moi-même ?

— Parce qu'il n'a sûrement pas remarqué que Votre Majesté voulait bien l'attendre, lui répondis-je.

— C'est étrange, ajouta-t-elle.

Je me hâtai comme bien vous le pensez, de prévenir M. Félix Faure de l'incident afin qu'il pût s'excuser de ce malentendu involontaire et je n'ai pas besoin d'ajouter que « tout s'arrangea » comme dans les comédies de M. Alfred Capus.

Au reste, de tous les présidents français qu'elle eut l'occasion de connaître, M. Félix Faure est certainement celui qui lui produisit la meilleure impression : elle appréciait son allure cocardière, son amabilité et ses prévenances : elle était très touchée en effet des moindres attentions dont elle était l'objet, étant elle-même très attentionnée à l'égard de toutes les personnes qui l'approchaient. Ainsi, en dehors des gratifications en argent qu'elle distribuait généreusement, elle ne manquait jamais avant de quitter Nice, d'offrir des « souvenirs » à toutes les personnes qui avaient été plus ou moins directement en rapports avec elle. A cet effet elle apportait toujours, en venant en France, une énorme provision de bijoux. La malle des cadeaux dans les bagages royaux représentait un véritable fonds de magasin comprenant, chaînes, montres, épingles, bracelets, bagues, portefeuilles, photographies, encriers. Sa Majesté y puisait à chaque instant pour récompenser le zèle des fonctionnaires, les agents de surveillance, des employés de chemin de fer, etc. Lorsqu'elle allait quitter sa villégiature la distribution s'étendait à plus de cent personnes. Depuis la femme du préfet jusqu'au gendarme, chacun recevait son petit écrin et — chose admirable — il n'y avait jamais d'erreur ni double emploi dans les attributions. La Reine se rappelait parfaitement ce qu'elle avait donné l'année précédente, et tenait son « livre de cadeaux » avec autant de méthode qu'un commerçant son livre de caisse. Si le chef de gare avait reçu l'année précédente un portefeuille, il recevait l'année suivante un fume-cigarettes et ainsi, la Reine méticuleusement, dressait sa liste...

Mais, je ne me lasserai pas de le redire, parce que j'ai été un des rares témoins et l'un des privilégiés complices ; c'est encore plus, c'est encore mieux par ses bienfaits et par ses présents restés volontairement ignorés que par ses largesses notoires, que l'on devrait mesurer et apprécier le grand cœur de la souveraine.

Il me fallait à tout instant la mettre en garde contre les exploiteurs qui sous couvert de misère faisaient appel à sa bonté.

— Tenez, me disait-elle tout bas, prenez cela, portez-le à telle personne sans lui dire que cela vient de moi...

Et fréquemment elle me glissait ainsi 100, ou 1.000 ou 1.500 francs dans la main. Lorsque je savais que le destinataire d'une de ces généreuses aumônes n'était qu'un vulgaire maître chanteur qui cherchait à apitoyer la Reine, je la prévenais aussitôt, sans d'ailleurs la convaincre.

— Voyez-vous, Paoli, me répondait-elle, je sais que je suis quelquefois exploitée, mais je préfère me tromper en donnant, que de me tromper en ne donnant pas. Et qui sait ? Il y a peut-être derrière ce faux mendiant une femme, un enfant qui profiteront indirectement de mon aumône...

Je ne la vis qu'une fois protester — oh ! bien doucement — contre l'abus qu'on faisait de sa généreuse compassion. Un brave cul-de-jatte, en effet, jovial et bavard, avait réussi à attirer son attention en se postant sur sa route dans sa petite carriole primitive et basse attelée de deux gros chiens. Chaque fois, la Reine lui faisait remettre dix francs, et chaque année, elle lui envoyait cinquante francs, la veille de son départ. Le vieux mendiant, qui était Marseillais, avait fini par se considérer comme faisant partie de la Cour d'Angleterre. Il disait « Notre Majesté » et avait appris à baragouiner quelques mots d'anglais. Une année, enfin, il s'enhardit jusqu'à faire inscrire en lettres rouges sur un panneau de sa carriole *By special appointment of her Majesty* formule réservée aux fournisseurs attitrés de la Cour.

Lorsque la Reine apprit la chose, elle trouva que le cul-de-jatte abusait et me pria de le lui faire savoir : elle lui continua néanmoins sa pension.

... Et ainsi, à tout propos en maints détails futiles, s'attestait le cœur charitable de la vieille souveraine et s'affermissaient les liens qui unissaient son cœur à notre sol. J'encourageais de mon mieux ce rapprochement sentimental parce que j'estimais que mon pays devait en bénéficier, et que j'étais déjà, dès cette époque, un partisan convaincu de l'entente cordiale, à laquelle pourtant nul ne songeait encore !

La Reine, de son côté, me savait gré de mes efforts et m'en témoignait la plus touchante gratitude. C'est ainsi que je fus le premier Français titulaire de l'ordre de Victoria qu'elle me conféra elle-même à Nice en 1896, le lendemain du jour où elle signa le décret qui l'instituait ; c'est ainsi qu'elle m'invita à assister comme son hôte, aux fêtes de son Jubilé... J'étais, en effet, à ses yeux, non seulement le confident de ses pensées généreuses, et de ses menues préoccupations, le gardien de sa tranquillité ; j'étais aussi et surtout le fonctionnaire immuable qu'elle trouvait fidèle à son poste, chaque fois qu'elle venait en France. Les Présidents de la République se succédaient, les ministères croulaient, les préfets et les généraux changeaient, seul, je ne bougeais pas, j'étais toujours là, donnant en notre pays où tout casse, tout passe, tout lasse, l'illusion de la stabilité !

TABLE DES MATIÈRES

Préface. 1

Introduction. — Mon rôle auprès des souverains . . . xiii

I
L'Impératrice Élisabeth d'Autriche. 1

II
Le Roi Alphonse XIII 41

III
Le Shah de Perse. 75

IV
Le Tsar et la Tsarine. 113

V
Le Roi et la Reine d'Italie. 143

VI

Le Roi Édouard VII 169

VII

La Reine Wilhelmine 201

VIII

Le Roi Léopold 225

IX

Le Roi Georges de Grèce. 255

X

La famille Royale d'Angleterre 279

XI

Le Roi du Cambodge et ses danseuses 299

XII

La Reine Victoria 349

ÉVREUX, IMPRIMERIE CH. HÉRISSEY, PAUL HÉRISSEY, SUCC^r

www.ingramcontent.com/pod-product-compliance
Lightning Source LLC
Chambersburg PA
CBHW050540170426
43201CB00011B/1501